Gerlinde Unverzagt

Generation ziemlich beste Freunde

Gerlinde Unverzagt

Generation ziemlich beste Freunde

Warum es heute so schwierig ist, die erwachsenen Kinder loszulassen

BELTZ

FSC
www.fsc.org
MIX
Papier aus verantwortungsvollen Quellen
FSC® C089473

Dieses Buch ist erhältlich als:
ISBN 978-3-407-86438-3 Print
ISBN 978-3-407-86458-1 E-Book (EPUB)
1. Auflage 2017

in der Verlagsgruppe Beltz • Weinheim Basel
Werderstraße 10, 69469 Weinheim

Umschlaggestaltung: www.anjagrimmgestaltung.de (Gestaltung), www.stephanengelke.de (Beratung)
Bildnachweis Titelseite: Illustration: Mobiltelefon mit Herz im Display ©Thomas Kappes, gutentag-hamburg.de
Herstellung, Satz, Layout: Antje Birkholz
Gesamtherstellung: Beltz Bad Langensalza GmbH, Bad Langensalza
Printed in Germany
Weitere Informationen zu unseren Autoren und Titeln finden Sie unter:
www.beltz.de

Inhalt

Vorwort

Dass ich gerade sehr viel nachzudenken hätte und gerne mal ausführlich darüber schreiben wollte, warum der Auszug der Kinder aus dem Elternhaus heute so ein großes, einschneidendes Erlebnis für die Eltern sei und nicht wenige in eine tiefe Krise stürze, und wie es eigentlich kommt, dass Eltern und Kinder heute so eng miteinander sind, erzählte ich dem sprechenden Bildschirm vor mir, auf dem meine Tochter Marie herumwackelte. Zwischen uns knisterten und rauschten etwa 24000 Kilometer. Am anderen Ende der Welt hatte sie sich mit ihrem Handy auf die Stufen der geschlossenen Bibliothek gehockt und ans Internet gekuschelt, wie sie sagte, denn das sei in Neuseeland längst nicht überall zu haben. Um ihre Schultern hatte sie eine wärmende Wolldecke gelegt, denn an ihrem Ende der Welt war Winter. In einem kleinen Anflug von Triumph schilderte ich ihr die Plagen des heißen Sommers in Berlin. Sie unterbrach mich. »Du willst also darüber schreiben, wie traurig die Mütter sind, wenn die Kinder ausziehen.« – »Na ja«, murmelte ich, »also es bringt ja auch viele neue Chancen, wenn das Haus wieder leer ist. Viele Mütter freuen sich wie verrückt, wenn sie endlich aus der Verantwortung entlassen sind«, log ich. In Wahrheit kannte ich keine einzige. »Klar«, gab Marie ungerührt zurück. »Die Mütter sind die Verantwortung los, weil sie das alles an uns abgegeben haben.« Wie das denn? »Hast du überhaupt eine Ahnung, wie viele von den Leuten, die ich hier treffe, die Verantwortung für ihre Eltern übernehmen? Irgendwie denkt ihr immer nur an euch! Wir sind nämlich auch traurig und verwirrt und manchmal haben wir Angst vor dem, was kommt. Darüber solltest du mal schreiben. Oder ich.«

Diese vor Unternehmungslust, Gesundheit, jugendlicher Schönheit und unermesslicher Energie strotzenden und über alles geliebten Kinder, denen die Welt zu Füßen zu liegen scheint, die noch so viele Jahrzehnte vor sich haben und mehr Gelegenheiten, alles auszuprobieren, als unsereins, traurig? Worüber denn um Himmels willen?

»Du hast echt keine Ahnung«, bemerkte Marie freundlich. »Wie das ist, wenn man als Backpacker unterwegs ist und sich dauernd fragt, wie die Eltern zu Hause ohne einen klarkommen. Oder dass die Mütter niemanden mehr haben, bei dem sie sich ausweinen können. Oder die Väter plötzlich neue Freundinnen haben.«

So kam die Idee in die Welt, wehte durch unsere Gespräche und begann Wurzeln zu schlagen wie ein Birkensamen auf einem maroden Balkon. Unbekümmert überwand das Pflänzchen meinen Widerstand und wuchs fröhlich vor sich hin: Zu den paar Freuden, die ich nicht mit meinen vier Kindern teile, gehört meine Arbeit. Wer so viele Jahre wie ich mit meinungsstarken Teenagern im Haushalt verbracht hat, kann der Versuchung gemeinsamen Schreibens ganz gut widerstehen. Und doch: Wie wäre es, wenn Marie in jedem Kapitel, das ich längst zu schreiben begonnen hatte, am Ende auf fünf, sechs Seiten ihre Sicht der Dinge aufschreiben würde? Und zwar ohne meinen Text zu kennen, schlug sie vor, denn das würde sie zu sehr beeinflussen. Es würde genügen, wenn ich ihr in ein paar Stichworten sagen würde, worum es in meinem Kapitel ging, meinte sie, damit sie die Dinge vielleicht ergänzen und von der anderen Seite beleuchten könnte. Ob sie mir auch widersprechen dürfte, wollte sie noch wissen.

Wir wechselten viele Worte in den nächsten Monaten. E-Mails, Briefe, Telefonate – ein Austausch von Gedanken über Gott, die

Welt und das Buch. »Du bist meine beste Freundin«, seufzte sie mehr als einmal, wenn ich geduldig zugehört hatte. Zu groß war meine Freude über diese Beförderung, meine Skepsis habe ich einfach heruntergeschluckt. Mütter und Töchter sind genau das, aber keine Freundinnen – das alte Mantra hatte ich plötzlich und gern vergessen.

Man muss sich voneinander entfernen, bevor man aufeinander zugehen kann: Die große räumliche Entfernung zwischen ihr und mir erlaubte auf einmal auch eine vorher nicht gekannte gedankliche Nähe, die dem späteren Schreiben dieses Buches den Boden bereitet hat – einer doppelten Perspektive auf das emotionale Epizentrum der Generation ziemlich beste Freunde.

Nein, wir sind nicht die Gilmore Girls von Berlin-Schöneberg und wollen das auch gar nicht sein, oder?

Danke, Marie!

Marie

Ich muss zugeben, dass ich mir jahrelang gewünscht habe, die Gilmore Girls von Berlin-Schöneberg zu sein, denn keiner hat mich so bestärkt, ermutigt und verstanden wie meine Mutter. Bei keinem meiner Freunde habe ich mich so gut aufgehoben und verstanden gefühlt wie bei meiner Mutter; dass mit so einer Nähe auch ein extremes Verantwortungsgefühl mitschwingt, mit dem ich nicht umgehen konnte, merkte ich in den folgenden Jahren. Was ich allerdings nicht wusste und erst im Laufe meiner Reise feststellte: wie viel wunderbarer und tiefer eine Beziehung sein kann, wenn das gegenseitige Verantwortungsgefühl in den Hintergrund rückt. Wenn man an zwei verschiedenen Orten der Welt plötzlich bemerkt, wie viel mehr man sich zu sagen hat, sobald der übliche Mutter-Tochter-Rahmen zerfällt und ähnliche Charakterzüge und gleiche

Gewohnheiten und Interessen den neuen, festeren Rahmen schreinern. Ohne diese Weite hätte ich die wahre Nähe zu meiner Mutter niemals kennengelernt und ich hoffe, in diesem Buch nicht nur für sie die richtigen Worte dafür gefunden zu haben. Ich wünsche mir mittlerweile nicht mehr, ein Gilmore Girl zu sein, denn in dieser Serie wird jegliche Nähe zwischen Mutter und Tochter auf deren geringen Altersabstand reduziert. Dieses Beispiel ist nicht tief gehend genug, weil es nur unzureichend das vielseitige und meistens harmonische Duett skizziert, das Mütter und Töchter bilden können, wenn sie die Einseitigkeit des Familienlebens mit all seinen Regeln hinter sich lassen.

1. Kapitel
Leeres Nest oder endlich Ruhe?

Der Witz geht so: Drei Rabbis debattieren über die Frage, wann genau das Leben beginnt. Mit der Zeugung, dem Moment der Verschmelzung von Ei und Samenzelle, betont der Erste. Wenn das Kind auf die Welt kommt, hält der Zweite dagegen. Der Dritte überlegt noch etwas länger, dann sagt er: Das Leben beginnt, wenn die Kinder aus dem Haus sind und der Hund tot ist.

Das ist natürlich überhaupt nicht lustig. Je nachdem, wie viel Mutterfreude man sich gegönnt hat, leert sich das Nest abrupt oder schleichend. Doch eines Tages ist es so weit: Die einst turbulente Wohnung wirkt gespenstisch still. Rund zwanzig Jahre lang drehte sich alles mehr oder weniger um die Kinder. Und dann gehen sie ihrer Wege, ziehen vielleicht sogar in eine andere Stadt. Worüber sollen wir Eltern nun reden, wenn nicht über die Kinder? Statistisch gesehen werden die meisten Ehen geschieden, wenn die Kinder kommen – und wenn die Kinder gehen.

Experten nennen es das »Empty-Nest-Syndrom«, das leere Nest. Es beschreibt die Trauer der Eltern, wenn die Kinder flügge werden. Viele Mütter und manche Väter leiden unter Schlaflosigkeit und Unruhe, in schweren Fällen verursacht das leere Nest sogar Lebenskrisen bis zur Depression. Doch der Auszug der Kinder birgt auch ganz neue Chancen: sich als Paar neu erleben, große Reisen unternehmen und die fernen Orte aufsuchen, an denen die großen Kinder längst waren, beruflich durchstarten, schlummernde Träume wecken – eben all die Dinge tun, auf die man wegen der Kinder jahrzehntelang verzichtet hat.

Dass man Kinder nicht kriegt, um sie zu behalten, sondern um sie eines Tages in ihr eigenes Leben aufbrechen zu lassen, ist natürlich allen Müttern klar. Doch die Freude darüber, endlich entbehrlich geworden zu sein, will sich oft nicht einstellen. Mit dem Auszug der Kinder beginnt eine schwierige Zeit für die Mütter, weiß Bettina Teubert aus ihrer Arbeit als Heilpraktikerin und Familientherapeutin, aber auch aus eigener Erfahrung. Ihre beiden Kinder sind erwachsen, die Tochter zog vor vier Jahren, der Sohn vor drei Jahren aus. »Als sie da mit dem gepackten Anhänger stand und weinte, musste ich mich schwer zusammenreißen, um nicht auch in Tränen auszubrechen.« Es muss ja nicht so schlimm kommen wie bei einer Freundin, die ihr anvertraute: »Ich bin ein halbes Jahr im Wald herumgelaufen und hatte Selbstmordgedanken. Aber mit so 'nem Scheiß belastet man doch keinen.«

In Deutschland ist es eher unüblich, über die Trennung von den erwachsenen Kindern und den Zustand der Leere, wenn sie das Haus verlassen haben, allzu offen zu sprechen. Anderswo gibt es Gesprächskreise, Workshops und Seminare, im Internet gibt es ein paar versprengte Blogs und Foren für Eltern, die sich auf ihre neue Rolle einstimmen wollen. Amerika hat's da schon besser: Übergänge in neue Lebensabschnitte geraten dort schon unter den hungrigen Augen der Konsumindustrie routiniert zu Anlässen für Partys, die die Anschaffung von Gegenständen erforderlich machen – von »Baby Shower« bis »Spring Break« und längst haben auch die Empty Nester ihre Devotionalien: Tassen, Thermoskannen, Taschen und T-Shirts mit Aufdrucken, Autoaufkleber, Buttons mit Aufschriften wie »Midlife-Boulevard« oder »Find adventure« – die ganze Maschinerie kommerzieller Aufbereitung beim Start in die neue Lebensphase läuft auf Hochtouren. Doch auch hierzulande geraten die Eltern über 45 und ohne minderjährige Kinder im Haushalt immer stärker ins Visier werblicher Aufmerksamkeiten. Die Empty Nester als Zielgruppe werden längst genauestens vermessen. Schließlich haben sie alles zu bieten, was Marketing schön macht: Geld, Zeit, Lust – und das für viele Jahre. Das macht die Empty Nester zur Zielgruppe mit der zweitgrößten Konsumneigung, direkt nach den Dinks, den kinderlosen Doppelverdienern (double income no kids).

Im Tal der Tränen

Wir können in Wenn-das-Kind-auszieht-Ratgebern stöbern, uns der besten Freundin anvertrauen, im Internet nach fachlicher Unterstützung suchen und das Thema ansonsten eher meiden – aus Furcht, belächelt zu werden, weil es sich anfühlt wie Liebeskummer, nur schlimmer. Das Kind ist weg, die gemeinsame Zeit unwiderruflich vorbei. Doch im Gegensatz sogar zum allerschlimmsten Liebeskummer, der irgendwann abklingt, wird es nach einer Zeit der Trauer kein neues eigenes Kind geben, das den Platz des alten einnimmt.

Dass offen darüber geredet werden muss, wie Frauen zwischen 40 und 60 Jahren den Übergang von der aktiven zur passiven Mutterschaft bewältigen, fand Bettina Teubert wichtig und hat vor einem Jahr in Berlin Deutschlands erste und bislang einzige Selbsthilfegruppe für verlassene Mütter ins Leben gerufen, die Empty Nest Moms (Enmoms). Die Frauenrunde hier am Tisch freut sich schon mächtig auf Weihnachten – und das schon Monate vorher! Denn an Heiligabend werden alle Kinder wieder zu Hause sein. Weihnachten ist Wiedersehen. »Da fallen wir dann alle wieder ins Mutterloch«, spottet Bettina Teubert liebevoll, »kochen und wirbeln, und alle spielen für ein paar Tage die alten Rollen.« Die Mütter, die sich in den Räumen des Frauenvereins »Eulalia Eigensinn« in Berlin-Spandau versammelt haben, nicken. »Und dann ist die Wohnung wieder leer«, sagt eine und seufzt. »Wenn sie länger blieben, würde es aber auch schwierig werden«, wirft Bettina Teubert ein.

Nur hinter vorgehaltener Hand, unsicher und voller Selbstzweifel wagten Mütter, ihren Schmerz zuzugeben, hat Bettina Teubert beobachtet. Sie fürchteten, einen Makel zu offenbaren, wenn sie ehrlich darüber sprächen, wie sie sich im leeren Nest fühlten. Sie wollen stark wirken, auch wenn sie sehr trauern. Der verwirrend wabernde deutsche Mutter-Mythos nimmt aber auch die an die Kandare, die nicht sehr trauern. »Ich habe doch keine Kinder in die Welt gesetzt, um sie bis zu meinem Ende zu bemuttern«, schreibt eine Mutter in einem Internetforum und nimmt den Vorwurf vorweg: »Ich muss wohl eine Rabenmutter sein, aber ich empfinde es nicht als schmerzhaft, wenn die Kinder ausziehen.«

Ob am Boden zerstört bleibend oder nur ein paar Wochen lang niedergeschlagen und sich dann nüchtern-pragmatisch in die neuen Lebensumstände findend oder vielleicht auch jubelnd über wiedergewonnene Freiheiten – den Auszug der Kinder umweht ein Schmerz, der heute viele Mütter durchaus auf ihren eigenen verschlungenen Wegen durchs Tal der Tränen schickt.

Leeres Nest und Hotel Mama sind zwei Seiten derselben Medaille

Aber über die unterschiedlichen Leidenswege hinaus wirken große gesellschaftliche Veränderungen auf das sehr private Geschehen ein, die den Abschiedsschmerz noch zusätzlich befeuern, aber auch lindern können, in jedem Fall aber relativieren. Das leere Nest und das sprichwörtliche Hotel Mama, von erwachsenen Nesthockern belegt, zeigen sich als zwei Seiten derselben Medaille.

Wie sich im Detail die Ablösung von Eltern und Kindern vollzieht und welchen Kräften dieser Prozess gehorcht, ist immer auch in den Hintergrund des jeweiligen Zeitgeistes eingebettet. Dass sich noch nie zwei Generationen so nahestanden wie heute, hat nicht nur mit klammernden Eltern oder bequemlichen Kindern auf lebenslangem Kuschelkurs zu tun. Veränderte Rollenbilder, ein gewandelter Erziehungsstil, der grassierende Jugendwahnsinn oder die Herausforderungen des digitalen Wandels stellen Eltern und Kinder heute vor ganz neue Herausforderungen. Wie im Zerrspiegel liegen ihre Bedürfnisse und Wünsche in marketingstrategischen Überlegungen zur ökonomischen Verwertbarkeit dieser heiklen Lebensphase nackt und bloß. Aber auch die verstörenden Botschaften eines höchst widersprüchlichen Mutterbildes und wohlfeil gewordenen Eltern-Bashings orchestrieren das individuelle Empfinden und setzen eigene Akzente. Der Erwartung, die Abnabelung der Kinder ohne größere Einbrüche zu schaffen, steht eine andere gegenüber, die ebenfalls Druckpotenzial entfaltet. »Für meine Kinder tue ich alles« oder »Wenn es um meine Kinder geht, kenne ich nichts!« und »Meine Kinder kommen immer zuerst!« sind Sätze, mit denen sich Eltern gern offenbaren: Sich für seine Kinder aufopfern zu müssen, ist ein universeller Glaubenssatz im Eltern-Dogma, der längst zum Bekenntnis gereift ist. Wie man sich früher fragte (und vom Pfarrer fragen lassen musste), ob man ein guter Christ sei, fragt man sich heute, ob man eine gute Mutter, ein guter Vater ist. Dabei ist nicht abschließend geklärt, was gute von schlechten Eltern unterscheidet. Doch wen fragen wir überhaupt? Die Kinder? Ist ihr Lebenserfolg oder ihre Liebe zu uns der Pokal der guten Elternschaft, den sie uns überreichen? Was all die Jahre täglich als bohrende Frage wiederkehrte, steht mit dem Auszug der Kinder erneut und mit enormer Wucht zur Debatte. Anders gesagt: Wenn die Kinder früh und gerne ausziehen, hat dann die Mutter alles richtig oder alles falsch gemacht?

Wenn sie lieber noch daheim bleiben wollen und sich pudelwohl unter Mutters Fittichen fühlen – dieselbe Frage.

Seit wir uns angewöhnt haben zu glauben, dass gezielte Handlungen von Erwachsenen die Entwicklung der Kinder positiv oder negativ beeinflussen, steht die Frage im Raum, wie Eltern eigentlich sein müssen, um ihre Aufgabe gut zu erfüllen. Die Ansicht, das Kind sei mehr oder weniger das Produkt seiner Eltern, hat deren Status gehoben und gleichzeitig erniedrigt, weil sie zur Zielscheibe von Expertise geworden sind. Kinder sollen die Kompetenz ihrer Eltern belegen: Das Verhalten eines Kindes, seine Fähigkeiten, sein Wesen und seine Intelligenz dienen als Zeugnis über Fähigkeiten und Fehler seiner Eltern. Für Tugenden wie Gelassenheit ist die Luft dabei immer dünner geworden. Mittlerweile ist Elternschaft zu einem festen Bestandteil des Selbstbildes geworden, die Elternrolle prägt die Persönlichkeit. »Für mich zählen nur meine Kinder« beschreibt deshalb mehr als die große emotionale Bedeutung, die Kinder für das Leben ihrer Eltern nun mal haben. Es drückt eine Selbstdefinition aus: Es kommt nicht allein darauf an, dass es dem Kind gut geht, sondern dass es uns zu guten Eltern macht. So heilen wir in unseren Kindern eigene Verletzungen, befriedigen eigene unerfüllte Wünsche und verwirklichen eigene ungelebte Träume. Und wir entwickeln ein großes Stück Identität über die Kinder. Früher ging man davon aus, dass Eltern ihre Entwicklung im Großen und Ganzen abgeschlossen haben. Heute wollen wir mit unseren Kindern weiter wachsen und wähnen uns beide in einem Entwicklungsprozess befindlich. Indem wir Kinder großziehen, ziehen wir uns selbst groß. Auch aus dieser Quelle speist sich der Wunsch, den Kindern nahe sein zu wollen – wie auch der Schmerz, wenn sie gehen. »Für mich gibt es nichts Wichtigeres als meine Kinder« ist auch eine Möglichkeit zu sagen, dass wir Mitglieder im Club der guten Eltern sind.

Besonders Mütter stünden allerdings unter Druck, das alles nebenher zu erledigen, sagt Bettina Teubert. Im Bekanntenkreis reagiere man unterschiedlich auf die Traurigkeit der Mütter. Manche mitfühlend und verständnisvoll. Viele auch irritiert. Das sei doch normal und gut so, dass Kinder ausziehen. Ist es ja auch, doch bevor man die neuen Freiheiten richtig genießen könne, müsse man eben erst mal durch eine schwere Zeit. Zweimal im Monat treffen sich jetzt Mütter in der Selbsthilfegruppe, um sich über die neue Lebenssituation auszutauschen. »Super hier. Wie Krabbelgruppe ohne Kinder«, habe eine mal gesagt, und eine andere freute sich darüber, »endlich mal wieder über die Kinder reden zu können«.

»Es ist toll, Frauen in meiner Situation zu treffen, die gerne Mütter sind, darüber kann man ja auch sonst nicht offen sprechen«, sagt Gabi, deren Tochter schon mit 19 Jahren das Nest verließ, um mit ihrem Freund zusammenzuziehen und zu studieren, und zwar in Frankfurt/Oder, nicht in Berlin. »Das hat sie absichtlich so eingerichtet«, vermutet Gabi, »denn hätte sie hier studiert, hätte ich sie wohl nicht so einfach gehen lassen.« Das ist jetzt fünf Jahre her und die Traurigkeit ist Gabi noch immer anzumerken. Sie wird wohl bald wieder größer werden: Wenn ihre jüngste Tochter, die jetzt fünfzehn ist, ausziehen wird. »Davor graut mir jetzt schon und meinem Mann auch.«

Nur wenige Dinge erschüttern eine Mutter nachhaltiger als die Erkenntnis, dass es ein Leben ohne Kinder gibt. Sogar ein heimlich herbeigesehnter oder gefürchteter, am Ende tränenlos und rundum vernünftiger Abschied, egal ob kalt erwischt oder lange vorbereitet, kann sie völlig am Boden zerstören. »Ein halbes oder sogar ein ganzes Jahr kann das dauern«, weiß Bettina Teubert. »Viele finden sich dann zu zweit, gehen zum Sport oder ins Theater und knüpfen Kontakte zu anderen Frauen.« Zum Beispiel über die Selbsthilfegruppe. »Wir machen jedes Mal eine ausführliche Runde, wo's gerade drückt, und finden sehr schnell ein Thema, das alle verbindet.« Sie würde sich freuen, wenn sich noch mehr Frauen trauen würden. Die Online-Resonanz auf ihre Website sei riesig. »30 bis 40 Anfragen pro Woche«, sagt sie und liest die E-Mail einer Mutter vor, die stellvertretend für viele steht: »Ich weine viel und bin tief traurig. Als verlassene Mutter habe ich eine Identitätskrise, denn es ist, als sei ein Bestandteil von mir entfernt worden. Ich fühle mich absolut nicht wohl in meiner Haut, bin appetitlos, antriebslos, lustlos, machtlos, kriege zeitweilig kaum Luft und Kapazitäten für andere Personen habe ich kaum noch.«

Kinder weg, Krise da?

Das Empty-Nest-Syndrom beschreibt eine Krise, doch manchmal kann es auch die Tür für eine echte Depression öffnen. Dazu müssten dann aber noch andere Faktoren kommen, sagt Bettina Teubert. »Dieses andere Ding taucht dann nämlich auf«, sagt sie, »plötzlich fühlt man sich alt, nutzlos und nicht mehr gebraucht.« Der Auszug der Kinder fällt oft in eine Lebensphase, in der alles auf einmal kommt: Pensionierung, Wechseljahre, der Tod der eigenen Eltern. Wie kommt man da gut über die Runden?

»Sich neue, sinnstiftende Beschäftigungsfelder suchen. Darüber nachdenken: Was ist mir jetzt, in dieser neuen Lebensphase, wirklich wichtig? Was wollte ich schon immer tun, was ich bisher stets aufgeschoben habe? Und wie hindere ich mich daran, das jetzt zu tun?«, rät der Kölner Psychotherapeut Peter Groß, der sich seit Jahren mit den Krisen seiner Klienten in der Lebensmitte befasst. »Sicher hat man's lieber nacheinander. Aber so ist das Leben. Jede Umbruchsituation ist eine Herausforderung. Eine oder zwei verträgt man vielleicht noch ganz gut, aber wenn es mehr werden und einen vielleicht auch noch der Mann verlässt oder die

Eltern sterben, wird's schon mal schwierig, muss man sich ein bisschen zurücknehmen und nicht auf allen Hochzeiten tanzen. Da gibt's Wege, die Kräfte einzuteilen.«

Auch bei Jutta traten berufliche Belastungen zur Loslösung der Söhne dazu. Als auch der zweite Sohn ausgezogen war, hielt sie dem Stress am Arbeitsplatz nicht mehr stand und verfiel in eine tiefe Depression. Heute bezieht sie Erwerbsunfähigkeitsrente und hat sich zur Tagesmutter ausbilden lassen – eine Arbeit, »bei der ich wieder aufgeblüht bin«, lacht sie, »es ist doch schön, gebraucht zu werden«. Ganz ohne Angst, ein Frauenbild zu vermitteln, bei dem die Frau ihren einzigen Lebenssinn in der Aufzucht der Kinder findet, spricht sie von der Freude, Mutter zu sein, und der Traurigkeit darüber, dass die heiße Phase vorüber ist.

»Früher wurden wir fürs Loslassen mit Enkelkindern belohnt«, formuliert Bettina Teubert eine steile These, »das ist heute nicht mehr in jedem Fall so.« Jutta konnte die Belohnung allerdings bereits einstreichen. »Ich habe schon ein Enkelkind bekommen«, sagt sie und schaut mit blitzenden Augen in die Runde, »aber dann ist mein Sohn nach Norwegen ausgewandert.« Da hilft jetzt nur die Technik. Skypen mit Kamera, das ist doch schon fast wie ein Gespräch. Nur knuddeln kann man noch nicht übers Internet. »Die Kleine fehlt mir schon sehr«, sagt Jutta, »aber wir haben uns schon fünfmal in diesem Jahr besucht.«

Enkelkinder, ja, das wär's – da sind die Mütter sich einig. Doch man weiß ja nicht, wie die Kinder sich entscheiden. »Wenn bei meiner Tochter mit 35 noch nichts passiert ist, fange ich an zu drängeln«, lacht Bettina Teubert den Ernst dieser Ankündigung weg und alle anderen lachen mit. Doch vorerst gelte es, an der guten Beziehung zu den Kindern zu arbeiten. »Kinder brauchen die Trennung, um dann wieder Nähe zuzulassen«, sagt Bettina Teubert. »Heute haben meine Kinder und ich ein neues, aber sehr enges und partnerschaftliches Verhältnis.« Auch Jutta schwebt eher

Freundschaft vor, wenn sie an die Beziehung zu ihren erwachsenen Söhnen denkt, in der auch sie lernen musste, sich zurückzuhalten. Es sei wichtig, dass man seine Meinung sage, wenn man gefragt werde, aber nicht versuche, sie zu bevormunden. Gabi stimmt ein. »Ich unterbreche mich im Satz, wenn ich sagen will, hast du schon … oder warum machst du nicht …« Die ständige Angst davor, sich zu sehr einzumischen, betonen alle Mütter hier. »Damit verjagt man sie«, sagt Jutta, »und das will man ja nicht.«

Immer länger im Elternhaus

Ganz loslassen, so scheint es, will heute niemand mehr so richtig. Eltern bleiben immer Eltern, Kinder immer Kinder – die Unauflöslichkeit der Konstellation schimmert auch in den Hoffnungen der Eltern auf ein freundschaftliches und enges Verhältnis mit den erwachsenen Kindern durch. Ein gewisser Unwille der Kinder, auf eigenen Füßen zu stehen, lässt sich auch am durchschnittlichen Alter ablesen, in dem die Kinder das Nest verlassen: Zogen 1970 noch etwa um den 20. Geburtstag herum die Kinder aus, hat sich das Ereignis heute bei etwa der Hälfte aller jungen Erwachsenen um fast zehn Jahre nach hinten verschoben – wobei junge Frauen den Schritt in die Unabhängigkeit zwei Jahre früher gehen als junge Männer. In Deutschland leben etwa dreißig Prozent der 25- bis 34-Jährigen noch bei ihren Eltern, zwei Drittel davon sind Söhne. Das Phänomen, dass Kinder immer länger bei ihren Eltern wohnen oder wieder zu ihnen zurückkehren, ist nicht neu. Längere Ausbildungszeiten, wirtschaftliche Erfordernisse und was mehr man für diese Entwicklung verantwortlich machen will, mag dahingestellt sein. Neu aber ist, dass sich zwischen Kindern und ihren Eltern etwas Grundlegendes verändert hat: Noch nie waren zwei Generationen so nah beieinander. Eltern und Kinder können heutzutage rund 50 bis 60 Jahre gemeinsam erleben, den größeren Teil davon als Erwachsene. Sie halten nicht nur engen Kontakt, sondern fühlen sich auch eng verbunden – zwei, manchmal sogar drei Generationen, die den Modus ziemlich bester Freundschaft untereinander pflegen, wenn auch aus unterschiedlichen Motiven. Auch wenn die Eltern ihre Beziehung zu den Kindern oft enger einschätzen als umgekehrt, »auch für den Nachwuchs rangiert die Beziehung zu den eigenen Eltern in ihrer emotionalen Bedeutsamkeit gleichauf oder sogar höher als die zu guten Freunden. Getoppt wird sie lediglich von der Beziehung zur Partnerin oder zum Partner oder zum eigenen Kind.« Dies ist das Ergebnis einer Fragebogenstudie, die an den Universitäten von Jena und Paderborn die Qualität der Beziehungen zwischen 25- bis 45-jährigen Erwachsenen und ihren Eltern erkundet. »Wie ist es mit Abgrenzung und Verbundenheit im Erwachsenenalter bestellt?«, fragten die Wissenschaftler um die Psychologieprofessorin Heike Buhl und fanden ein positives Bild: »Erwachsene Kinder wünschen sich zu den Eltern eine symmetrische Beziehung – jedoch nicht in allen Bereichen. So sehen Erwachsene ihre Eltern weiterhin gerne als sicheren Hafen und als Ratgeber.«

Eltern und Kinder: Freunde fürs Leben

Freundschaft zu pflegen ist das erklärte Ziel vieler Eltern, die Nähe soll aufrechterhalten werden, auch wenn man sich räumlich trennt. Nach wie vor wohnt nur ein kleiner Anteil junger Erwachsener weiter als eine Stunde vom Elternhaus entfernt, heißt es beim Deutschen Jugendinstitut in München. Aber Eltern und Kinder sind auch bei Facebook befreundet, tägliche Telefonate zwischen Müttern und Töchtern sind keine Ausnahme, sondern die Regel. Das gegenseitige Festhalten ist offenbar zur Norm geworden, und das macht die Trennung heute auch so knifflig, verglichen mit den Auszügen früherer Generationen aus dem Elternhaus. Nicht im Traum wäre mir eingefallen, mit meiner Mutter in die Sauna, ins Kino oder zum Pilates-Kurs zu gehen. Beim Gedanken, dass sie mit mir zur Studienberatung hätte gehen wollen und mich dann auch in der Erstsemester-Einführungswoche begleitet hätte, falle ich noch rückwärtig tot um. Heute machen die das alles! Niemals hätte ich mir Klamotten von ihr geborgt oder wäre gar im reifen Alter von 16 Jahren noch mit meinen Eltern in den Urlaub gefahren. Nur eine Generation zuvor war es eine Unabhängigkeitserklärung zu sagen, ach, Ferienhaus in Dänemark? Lass mal gut sein, ich will mit zwei Freunden nach Portugal trampen.

Auch mein Bruder hätte unseren Vater nur zuerst verständnislos und dann mitleidig angeschaut, wenn der ihn zu einem Angelwochenende oder einem Konzertbesuch bei den »Toten Hosen« eingeladen hätte. Aber meine Geschwister, ich und alle unsere Freunde und Freundinnen von damals hätten uns auch niemals dazugesetzt, wenn die Freunde unserer Eltern abends auf ein Bier vorbeischauten, und wir hätten uns die Ohren zugehalten, wenn Mama oder Papa unseren Rat in ihren Ehestreitigkeiten erfragt hätten, geschweige denn, dass wir unsere Herzensangelegenheiten mit den Eltern besprochen hätten. Dafür hatten wir Freunde!

Die blöden Alten von einst

Wir fanden an unseren Eltern alles schlimm: wie sie sich kleideten, welche Musik sie hörten, mit welchen Möbeln sie sich umgaben, welche Bilder an ihren Wänden hingen, wen sie wählten, wie sie feierten und welche Ansichten über Politik sie kundtaten. Da gab es keine Überschneidung und schon gar keine gemeinsamen Interessen. Und die waren auch nicht gewollt, beiderseits.

Was immer man darüber denken mag – die Abnabelung von den Eltern, die wir erlebt haben, ging glatter, weil die Grenzen klar gezogen und die Fronten abgesteckt waren. Es ist auch leichter, sich von einer harten Wand abzustoßen als von einem weichen Kissen.

Nichts wie weg. Nach der Devise haben wohl die meisten Eltern der Kinder von heute damals den Auszug gestaltet, sobald die Schule ein Ende hatte. Danach sah man sich häufig monatelang nicht – hin und wieder gab es Telefonate, die pflichtbewusst erledigt wurden. Weihnachtsbesuche, die absolviert wurden. Aber sonst? Der Sprung ins eigene Leben war spannend und ließ Heimweh erst gar nicht aufkommen, das Ende der nervtötenden Bevormundung war ein Grund zu feiern.

Die digitale Nabelschnur

Nestflucht geht heute anders und nicht nur später als früher vonstatten. Ausgezogen wird noch immer analog, aber dank der digitalen Zaubermedien bleiben wir zusammen. Trennung light statt Abschieds-Leid: Kam früher die Tochter auf einen Schwatz am Schreibtisch vorbei, meldet sie heute per Skype Gesprächsbedarf an. Aus Neuseeland! Wie schön, dich zu sehen, mein Schatz! Geht's dir gut? Und dann entschuldigt sie sich als Erstes, dass sie sich jetzt schon seit vier Tagen (!) nicht gemeldet hat. Unterwegs sei sie gewesen, ohne WiFi. »Aber«, sie räuspert sich, »könntest du meine Online-Bewerbung um den Medizinstudienplatz abschicken? Heute noch?« Sie hat das Passwort vergessen und ihr ist so, als würde da bald eine Frist ablaufen ... »Klar, mein Schatz«, sage ich wie ferngesteuert und schlucke den anderen Satz herunter, den meine Mutter mit Sicherheit gesagt hätte: Das ist doch deine Sache! Nur kurz wundere ich mich einmal mehr über meine Verwandlung von einer Person in eine Präsenz, die das Füttern auf Verlangen der ersten Monate klaglos noch ins dritte Lebensjahrzehnt ihrer Babys ausdehnt.

Stolpersteine beim Selbstständigwerden hätten wir früher experimentell gelöst und ungefragt ratschlagende Mütter selbstbewusst und etwas gelangweilt abgewimmelt. Fragen wie die, wie man die beste Hausratversicherung ermittelt, Kaffeeflecken aus Bettdecken rauskriegt und welche Zutaten noch mal für einen Marmorkuchen gebraucht werden, beantworte ich heute mit dem linken Daumen, per SMS und jederzeit. Andere Mütter halten es ebenso. Wie die Kollegin, deren Handy während einer Besprechung fiept. Sie entschuldigt sich, schaut auf das Display, lächelt plötzlich weich. »Meine Tochter. Da muss ich rangehen.« Bald stellt sich heraus, dass die 20-jährige Tochter am nächsten Tag auf Reisen gehen will und dafür gern Mamas schicken Koffer hätte. Klar, nickt die Mutter und setzt wenig später entschuldigend in die Runde hinzu: »Bevor sie gar nichts mehr von mir braucht.«

Dank der digitalen Medien bleiben meine Kinder und ich zusammen, während wir uns voneinander entfernen. Und simsen, skypen, whatsappen, mailen täglich. Dass es in Bangkok heiß ist und stinkt, erfahre ich von der reisenden Tochter per WhatsApp. Und antworte, dass es in Berlin kalt ist und regnet. Da stellt sich doch die Frage, was das eigentlich soll? Unwillkürlich frage ich mich, wie es wohl der Mama von Columbus ergangen sein mag. Monatelang hat sie nichts von ihrem kleinen Cristóbal gehört. Ob ihr darüber das Herz gebrochen ist? Vielleicht hat sie sich auch in Hoffnung und Zuversicht geübt, still um den guten Ausgang des Abenteuers gebetet, das Schicksal ihres Jungen in die Hände des Herrn gelegt und sich ergeben ihren eigenen Belangen gewidmet.

Wir hingegen nuscheln hin und wieder etwas von Funklöchern, leeren Akkus und schwachem WiFi, um dem sanften Terror der immerwährenden Erreichbarkeit ein paar kostbare Momente lang zu entgehen – und zwar beiderseits.

Man könnte meinen, dass, wenn beide Seiten, also Eltern und Kinder, sich in dieser engen Konstellation am wohlsten fühlen, doch alles bestens sei. Aber kann Selbstständigkeit ohne Eigenständigkeit gelingen? Die Verbindung halten und sich gleichzeitig abnabeln ist eine schwierige Aufgabe und gleicht der, den Bus zu schieben, in dem man sitzt. Das kann auch für die Kinder zum Problem werden. Höheres Heiratsalter, längere Ausbildungszeiten, finanzielle Gründe hin oder her – könnte es auch sein, dass all diese großen und vielen alleinerzogenen Kinder im Nest verharren, weil sie sich mehr oder weniger verantwortlich fühlen für das Wohlergehen ihrer Mütter?

Zimmer frei

Hat das Ausziehen nicht auch sein Gutes? Wenn die Kinder erst einmal weg sind, hat man mehr Geld, mehr Zeit und mehr Platz. »Das habe ich auch versucht, mir einzureden«, sagt Gabi leise und die anderen Frauen in der Runde nicken still. »Der Arbeit, meiner Leidenschaft«, sagt Bettina Teubert fröhlich, »kann ich jetzt mehr Zeit widmen.« Eines der leeren Kinderzimmer bewohnt sie jetzt. »Es ist meins. Dorthin kann ich mich zum Lesen zurückziehen und da kann ich auch mal einfach alles rumliegen lassen.«

Und auch andere Mütter, außerhalb der Selbsthilfegruppe, sehen das so. Die Erste kichert etwas Altmodisches von dem attraktiven möblierten Herrn, den sie sich zuzulegen gedenkt. Die Nächste hat allen Familienballast abgeworfen, sagt sie, sich freigeschwommen und ist im Begriff, eine schicke Penthousewohnung mit zweieinhalb Zimmern für sich allein zu beziehen. Eine andere plant, sich neu zu verlieben. Bei Elternpaaren ausgezogener Kinder gestaltet sich die räumliche Herausforderung, die Leerstelle mit neuem Leben zu füllen, nicht weniger heikel. »Mütter lassen gerne alles so, wie's ist, und stellen Gläser mit Sand und getrockneten Hortensien in das verwaiste Kinderzimmer, das dann zu ihrem Rückzugsort wird«, sagt eine Freundin. Eine andere berichtet von Vätern, die flugs den Billard-Tisch oder den Crosstrainer ins leere Kinderzimmer gestellt haben. Dann erzählt sie von ihren eigenen jüngeren Geschwistern, die damals im Elternhaus jedes leer werdende Zimmer einfach besetzten und bewohnten. »Wir nannten sie nur die Kammerjäger.«

Bündig fasst sie zusammen: Die erste Frage ist, wem gehört das Zimmer, Mutter oder Vater? Der Konflikt ist da, wenn das Kind zurückkommen will. »Nach einer Party, einfach zum Ausruhen oder nach einer gescheiterten Beziehung«, sagt sie, »und wenn es dann wieder in sein altes Zimmer will.« Hm, vielleicht ist das genau das Problem. Wenn die Leerstelle gefüllt ist, gibt's keinen Platz mehr für das Kind, dem wir bislang den größten Platz in unserem Leben eingeräumt haben. Und das doch so gerne!

Hin- und hergerissen zwischen Veränderungs- und Beharrungskräften steht das leere Kinderzimmer als Chiffre für den Stand der Auseinandersetzung mit der Realität. Die gemeinsame Familienzeit unter einem Dach mit überquellenden Kinderzimmern ist vorbei. Soll man also weiter die Kräfte im inneren Widerstand gegen das Unabänderliche verschleißen oder hinnehmen, was nicht zu ändern ist, und den Rest der Wirklichkeit nach eigenen Wünschen gestalten?

Doch was ist die Realität zwischen den Generationen heute? Was sind das für äußere Einflüsse, die eine nie da gewesene Nähe zwischen Eltern und Kindern schaffen und den Abnabelungsprozess heute so heikel gestalten? Welche Zuflüsse lassen den Strom der Freundschaft heute so anschwellen, wo sich früher Eltern und Kinder auf verschiedenen Seiten des Flusses gegenüberstanden? Beginnen wir mit der viel beschworenen Liebe, die heute das Feld beherrscht ...

Marie

Mit einem Seufzen lassen meine Freundin Emma und ich uns in der prallen Mittagssonne in einem Potsdamer Café nieder und bestellen Apfelstrudel mit Sahne und Vanilleeis plus Latte macchiato. Zwei Stunden haben wir nun schon geredet und sind irgendwie wieder bei dem Thema Eltern hängen geblieben. Wie man sich dem Druck entzieht und warum man da eigentlich überhaupt so einen Druck verspürt, wenn es um Themen wie Auszug, Weltreisen, Start ins unabhängige Leben und generelle Wegtrennung geht. Nachdem auch das letzte Krümelchen von unseren Tellern verschwunden ist, fragen wir uns eigentlich nur noch, ob Eltern bewusst ist, wie abhängig und anhänglich sie manchmal auf uns wirken? Denn entweder scheinen sie es nicht zu wissen, oder es ist ihnen komplett egal, dass diese ewige Klammer- und Jammerei uns eigentlich nur noch eher dazu bringt, die Taschen zu packen und das noch Weitere zu suchen.

Wie immer, wenn es bei uns um dieses Thema geht, müssen wir uns stark zusammenreißen, damit das Gespräch nicht ins Negative abrutscht und wir unsere Eltern als egoistische, sich selbst bemitleidende Erzeuger, die nicht verstanden haben, dass wir eigenständige Lebewesen sind, sehen. Eltern, die meistens behaupten, nur das Beste für uns zu wollen, es in der Praxis aber ganz anders aussehen lassen und den verqueren Gedanken in sich aufkommen lassen, dass Kinder sie verlassen würden.

So auch Emmas Mutter, die zwar sagt, wie toll sie das findet, dass Emma nun in einer anderen Stadt studieren, allein wohnen, unabhängig sein wird, auf der anderen Seite aber auch gestern schon wieder angerufen hat, um von ihrer Tochter getröstet zu werden, weil ihr plötzlich aufgefallen war, dass dann ja wirklich alle vier Kinder aus dem Haus sind.

Während ihre Mutter eine halbe Stunde weinte und sich dann

schon wieder beruhigt hatte, brauchte Emma den ganzen Abend, um sich von so einem gefühlsschwangeren Gespräch mit ihrer Mutter zu erholen.

Als meine Freundin sich so über das Gespräch und seine Folgen auslässt, habe ich das Gefühl, dass sie sich gar nicht richtig entscheiden kann, ob sie sauer, mitleidig, genervt oder besorgt in Bezug auf ihre Mutter sein soll. Und ich kann sie so gut verstehen. Denn egal, wie alt man ist und wie lange man schon sein eigenes Leben hat, scheint es Müttern immer wieder zu gelingen, in uns Kindern diesen Kampf zwischen Mitgefühl, Eigensinn und Verantwortlichkeit zu entfachen, bei dem wir uns am Ende nicht sicher sind, wie wir uns nun fühlen.

Neugierig geworden, ob wir die einzigen Töchter sind, denen es so geht, schmeißen wir die berühmteste Suchmaschine der Welt an und werden innerhalb von Sekunden fündig. Wie gewohnt liefert uns Google schon nach einer Zehntelsekunde die Bestätigung dafür, dass wir nicht die einzigen jungen Erwachsenen sind, die sich von ihren Müttern emotional so unter Druck setzen lassen und sich in eine Position hineingeschoben vorkommen, in der sie sich eigentlich nicht wohlfühlen. Dass Emma sich wöchentlich für eine halbe Stunde diesen verheulten Gesprächen widmen muss, scheint kein Einzelfall und bei Weitem auch nicht der Härtefall zu sein.

In Blogs und anonymen Internetforen lassen sich Kinder über ihre Eltern aus und beschreiben, wie ihre Eltern einfach nicht loslassen wollen. Vermehrt scheint dieses krampfhafte Klammern von den Müttern auszugehen und sich vor allem auf die Töchter auszuwirken. Dabei ist es egal, wie alt die Töchter sind, und den Müttern ist jedes Mittel recht, um an ihr Ziel zu gelangen, noch irgendwie eine große Rolle im Leben der Töchter spielen zu können. Entweder setzen sie auf Mitleid oder schieben den sich rapide verschlechternden Gesundheitszustand des Vaters bei ausbleibendem Besuch des Kindes im Elternhaus vor. Dass Mütter offensichtlich oder unterschwellig Druck ausüben und damit in den meisten Fällen erfolgreich sind, scheint eine Tatsache.

Wenn meine andere Freundin Miri eigene Pläne hat, aber ihre Mutter bemängelt, dass sie schon wieder viel zu lange nichts mehr miteinander gemacht hätten und sich nur noch wie eine Putze oder Köchin fühle, dann verschiebt Miri meistens ihre Pläne, weil sie nicht möchte, dass ihre Mutter sich so fühlt. Oder sie sitzt den ganzen Abend mit schlechtem Gewissen bei der Party, die Mutter vergessen und trotzdem eine gute Zeit haben, fällt ihr schwer.

Das Gerede, dass man ein Recht darauf hätte, man sich distanzieren und Grenzen setzen müsste gegenüber den Eltern, ist in der Theorie leicht zu verbreiten, in der Praxis dagegen schwer anzuwenden.

Was bei meiner Freundin dabei dann häufig herauskommt, sind Samstagabende auf der Couch mit Weißwein und einem Liebesfilm, während ihre Mutter ihr herunterbetet, was Männer für Schweine sind, vorzugsweise am Beispiel ihres Vaters, und Emma schwören lässt, mindestens alle zwei Tage aus dem weit entfernten Hamburg anzurufen.

Eine andere Freundin, die zwar in derselben Stadt wohnt wie ihre Mutter, aber erst gerade frisch mit ihrem Freund zusammengezogen ist, erzählt, dass sie sich jeden Tag gegen Telefonterror wappnen muss, wenn sie ihre Mutter nicht vor sieben anruft und ihr von ihrem Tag erzählt. Unter einer Stunde kommt sie ihrer Mutter nicht davon, und als es ihr einmal zu viel wurde, klingelte sie einfach an der eigenen Haustür und behauptete am Telefon, dass sie nun spontan Besuch bekommen hätte und auflegen müsse.

Manchmal habe ich das Gefühl, dass sich die Rollenverteilung um 180 Grad gewendet hat, denn was unsere Eltern heute mit uns machen, ist das emotionale Unterdrucksetzen, dass wir früher mit knapp drei Jahren machten, wenn wir nicht unseren Willen bekamen. Wurde mir früher ein Spritzkuchen verwehrt, warf ich mich entweder heulend auf den Boden oder schob meine zitternde Unterlippe vor, guckte bedrückt zu Boden und behauptete, dass Papa mir immer einen Spritzkuchen kaufen würde, und sofort landete das klebrige Hüftgold in meiner Hand. Und auch wenn es von außen scheint, als wären Eltern erwachsen und reifer, fällt es mir schwer, in ihren Einladungen, uns immer wieder in ihre alten Familienbande zurückzuziehen, etwas anderes zu sehen als den lächerlichen Versuch, doch noch einen Spritzkuchen zu bekommen, auch wenn die Zeit der Spritzkuchen jetzt einfach vorbei ist.

Eltern übersehen häufig oder ignorieren wissentlich, dass wir es viel mehr zu schätzen wüssten, wenn sie uns das Gefühl vermitteln würden, dass wir getrost unseren eigenen Weg gehen können und die Zeit der Bemutterung auch durch den Vater nun vorbei ist.

Während der Nachmittag in den Abend übergeht und wir von Apfelstrudel zu Weißweinschorle wechseln, malen wir uns aus, wie viel lustiger und leichter es wäre mit unabhängigen und nicht klammernden Eltern. Mit Eltern, die nicht 24 Stunden am Tag für uns bereitstehen und stattdessen analog zu uns einfach auch eigensinniger werden würden.

Als ich Emma erzähle, dass ich meine Mutter letzten Samstag zu einem Spaziergang durch den Schlosspark von Sanssouci einladen und ihr sogar eine Bratwurst am Ende spendieren wollte, ich aber mit der knappen SMS versetzt wurde: »Süße Idee, Mariechen, aber ich habe ein Date. Ein anderes Mal ....«, wirft Emma theatralisch die Hände in die Luft und ruft laut: »Hast du ein Glück! Wenn meine Mutter das mal machen würde!« Stattdessen nuschelt ihre Mutter mit leicht weinerlicher Stimme ins Telefon, dass sie in Emmas Alter ja auch nichts mehr mit ihrer alten Mutter machen wollte und dass sie ja auch allein ins Kino gehen könnte. Miri versucht, als letztes Kind auch noch die drei anderen Portionen Kartoffelpuffer ihrer längst ausgezogenen Geschwister zu verdrücken, nur weil ihre Mutter sich innerlich gegen eine angepasste Portionierung beim

Kochen wehrt und noch nicht so ganz verstanden hat, dass sie als aktives Familienoberhaupt und Köchin für eine Großfamilie schon vor einiger Zeit abgedankt hat.

Wie wunderbar wäre es, wenn Eltern einem signalisieren würden, dass es Zeit zum Ausziehen ist oder dass sich nun nicht mehr alles um einen selbst dreht. Es fühlt sich fast so an, als hätten sie uns jahrelang darauf vorbereitet, wie man vom Zehn-Meter-Brett springt, nicht nur das tiefe Fallen, sondern auch den harten Aufprall verkraftet, und wenn wir dann tatsächlich springen wollen, fragen sie, ob wir nicht doch vom Einer springen wollen, weil das ist doch näher und sicherer und sie würden dabei auch mitspringen. Ohne zu verstehen, dass es nicht ums gemeinsame Springen oder gemeinsame Landen geht und dass man selbst im Fall des gemeinsamen Springens vom Einer in unterschiedlichen Becken landen würde.

Egal, wen meiner Freunde ich frage, meistens kommt als Antwort, warum sie bestimmte Dinge mit ihren Eltern tun, dass sie sich verpflichtet fühlen. Weil die Eltern ja auch viel für einen getan und geopfert hätten und deshalb fühle man sich, als müsse man etwas zurückgeben. Bei solchen Antworten frage ich mich, ob es das ist, was sie wollen? Dass wir aus Mitleid und Verantwortungsgefühl mit ihnen vom Einer springen, und warum sie uns nicht vom Zehner springen lassen, während sie sich auf dem Einer austoben?

Warum fordern Eltern so vehement weiterhin einen Platz als Regisseur und geben sich aber auch mit der Rolle des immer zur Verfügung stehenden Assistenten zufrieden, wenn sie es eigentlich verdient hätten, mit ihrer Einzigartigkeit einen ganz eigenen Film zu bekommen? Wünscht man sich nicht, dass jemand Zeit verbringt mit einem um seinetwillen und nicht, weil er sich verpflichtet fühlt?

»Willst du was gelten, mach dich selten«, ist ein Spruch, den meine Mutter mir beigebracht hat, noch bevor ich meinen ersten BH getragen habe. Bezogen war es damals auf jegliche Beziehungen zum männlichen Geschlecht, aber ich denke, man kann den Wirkungskreis dieses Spruches ausweiten auf die Beziehung zwischen Eltern und Kindern. Denn auch Eltern würden sich sehr viel geltender machen, wenn der bittende, abhängige Blick aus ihren Gesichtern verschwinden und stattdessen eine Beschäftigung mit dem eigenen Leben beginnen würde. Dann würden Kinder sich um das Apfelstrudelessen und Weißweinschorletrinken mit den Eltern reißen und das wahre Begegnen auf Augenhöhe wäre möglich.

2. Kapitel
Wie Liebeskummer, nur schlimmer

Nichts gegen die Liebe, die zweifellos die Mutter-Kind-Dyade im Innersten zusammenhält, besonders wenn immer mehr Väter sich anschicken, von selbst das Weite zu suchen, oder von den Müttern ihrer Kinder dringend darum gebeten werden. Soll er doch! Was hat er schon zu bieten gegenüber dieser strahlenden Naturgewalt von Innigkeit, Hingabe und Reinheit? Männer kommen und gehen, ein Kind bleibt einem für immer, so wollen wir glauben und verschließen die Augen vor dem Tag, an dem das Kind geht. Nicht wenige Mütter fühlen sich dann und nennen es auch so: verlassen. Schon das Wort lässt aufhorchen. Entlehnt aus einer anderen Parzelle im weiten Feld der Liebe, nämlich der zwischen Erwachsenen, die dem Verlassen einen vorangehenden Entschluss und Entscheidungen abverlangt – zu Beginn einer Beziehung sich für einen anderen Menschen zu entscheiden, zum Ende einer Beziehung sich gegen diesen anderen Menschen zu entscheiden. In der Zeit dazwischen kann man sich nach Herzenslust am romantischen Ideal und seiner Verwirklichung auf Erden abarbeiten.

Ganz anders die Liebe zwischen Müttern und Kindern. Wer kriegt schon Kinder, weil er sie liebt? Liebe allein genügt nicht, um Kinder zu erziehen, nicht einmal um sie liebenswert oder liebesfähig zu machen, sagt der französische Philosoph André Comte-Sponville. Und man möchte ergänzen, dass Liebe allein noch nicht einmal ausreicht, um zu erklären, warum Frauen Kinder haben wollen. Wer seine eigenen Beweggründe genau mustert und andere Mütter fragt, findet jede Menge Belege für Simone de Beauvoirs gallige Behauptung, dass Mutterliebe meist eine seltsame Mischung aus Narzissmus, Altruismus, Traum, Aufrichtigkeit, Unaufrichtigkeit, Hingabe und Zynismus ist. Es gibt ungefähr tausend gute Gründe, ein Kind in die Welt zu setzen. Die Liebe zu Kindern, der Wunsch, für sie zu sorgen und immer für sie da zu sein, ist eher ausnahmsweise darunter, von der mythischen oder biologischen Treibkraft einmal abgesehen. Wie soll man auch jemanden lieben, der noch gar nicht da ist und den man noch gar nicht kennt? Bei näherem Hinsehen bekommen Frauen Kinder, die ganz anderen und nicht minder achtbaren Wünschen geschuldet sind: Weil Freunde dauernd fragen, wann es so weit ist, weil Eltern drängeln, weil sie selbst finden, dass es längst so weit ist, weil sie herausfinden wollen, was ihre Gene mit denen des tollen Typen auf dem Kissen nebenan zustande bringen, weil sie dem Gedanken anhängen, dass etwas von ihnen bleibt, wenn sie selbst gehen müssen, weil sie hoffen, Mr. Right an sich zu binden, weil sie es besser machen wollen als die eigene Mutter, weil's irgendwie zu einem Frauenleben dazugehört ...

Aus lauter Liebe

Aber einen Grund muss es doch geben, warum wir unseren Kindern ein Leben lang so innig zugetan bleiben und dauerhaft leidenschaftliche Beschützerinstinkte entwickeln. Darüber lässt sich trefflich streiten, doch die modernen Biologen sagen: Es liegt an der Natur. Das fein abgestimmte und wenig störanfällige Zusammenspiel zwischen Hormonen und Genen ist der Grund dafür, dass sich diese Bindung so haltbar und intensiv wie keine zweite gestaltet – und zwar bei allen menschlichen und manchen tierischen Lebewesen.

Deswegen müssen wir die Mutterliebe noch nicht wegschütten wie saure Milch. Doch viel schlechtes Gewissen gedeiht in den Appellen, Kinder lieben zu müssen, oder auch den Bekenntnissen, für seine Kinder immer alles tun zu wollen und dabei unentwegt Gefühl zu produzieren. Hätten wir mehr als unsere Unentbehrlichkeit, Unersetzlichkeit und Allzuständigkeit zu verlieren, wenn wir den Zwiespalt ertragen würden und die begrenzte Episode im Gegensatz zur auf Dauer angelegten Liebe erkennen würden? Je besser man das versteht, desto eher wird man mit Gefühlen fertig, die das Verhältnis zum Kind in ungesunder Weise trüben. Außerdem hilft es dabei, das Kind vor den eigenen überspannten Erwartungen in Sicherheit zu bringen.

Es ist eine andere Art Liebe als die zwischen Erwachsenen. Die ist, zumindest in der romantischen Theorie, immer auf Ewigkeit angelegt und führt idealerweise dazu, dass zwei Menschen, die einander ausgesucht haben, sich nah und näher kommen, sich auch ohne viele Worte verstehen, aufeinander Rücksicht nehmen, gerne zusammenbleiben, sich nacheinander sehnen und fortan gemeinsam durchs Leben gehen wollen, am liebsten für immer und noch ein bisschen länger. Ganz anders gestrickt ist die Liebe zwischen Mutter und Kind, denn da beginnt die Trennung genau genommen schon mit der ersten Morgenübelkeit in der frühen Schwangerschaft. Ein Wesen, das zu kühnsten Hoffnungen und schönster Vorfreude berechtigt, aber nicht ihr eigenes Wesen ist, hat vom Mutterkörper Besitz ergriffen. Es wohnt und wächst in ihr, aber es ist nicht sie. Ist das Baby geboren, wird die Tatsache, dass es sich um zwei deutlich voneinander unterscheidbare Körper handelt, augenfällig. Das Baby ist gelandet, so fremdartig und faszinierend wie ein Alien, so rein, unschuldig und schutzbedürftig wie ein Engel, so unberührt wie Neuschnee. Zweifellos handelt es sich um ein atemberaubendes Wunder und präsentiert sich seiner Mutter als das wunderbarste Kind aller Zeiten. Doch nur wenig erdet zuverlässiger als die Erkenntnis, dass wir diesen überwältigenden Eindruck mit allen anderen Müttern teilen. Doch alles Hingerissensein täuscht darüber hinweg, dass es eine Episode in unserem Leben, aber nicht das Leben selbst ist, was jetzt beginnt – oder eine Lebensaufgabe in des Wortes tristester Bedeutung.

So verrückt diese große Liebe ist, so groß ist auch ihr Schatten. Da können Mütter sich emotional schadlos halten: Das Kind ist abhängig von der Mutterliebe und steht zur Verfügung, wenn wir kuscheln wollen. Das Kind muss sich damit auseinandersetzen, wenn wir gestalten und walten wollen, über alles bestimmen wollen, und kann sich nicht entziehen, indem es sich betrinkt, den Scheidungsanwalt aufsucht, ins Hotel zieht oder sich eine andere Mutter sucht. Weglaufen gilt nicht für eigene Kinder, sie müssen sich mit ihren Müttern arrangieren, selbst wenn die sich in ihren Söhnen den Mann ihrer Träume erschaffen, den sie vergeblich gesucht haben, oder in ihren Töchtern über den Ansporn zu bizarren Leistungen verwirklichen, was sie selbst im Leben nicht erreicht haben.

Als wär's ein Teil von mir ...

Ist es ja, aber eben nur ein Teil. Wenn alles gut geht, sehen wir das Kind im Laufe der Jahre immer mehr so, wie es ist, und nicht so, wie wir es gerne hätten. Dann wären wir auch besser gerüstet für den Moment, wenn der süße kleine Kerl, der sich so schmeichelhaft an uns geschmiegt hat, heranwächst und wir ihn an ein albernes Mädchen im Minirock abtreten müssen, das noch nicht einmal kochen kann. Oder wenn das bezaubernde kleine Mädchen von einst, in deren fröhlichem Geplapper, blonden Löckchen und aufgewecktem Naturell die Mutter so viel von sich selbst wiedererkannte, zu einem unscheinbaren Mauerblümchen heranwächst, das grundsolide Ansichten zum Besten gibt und gerne Tierpflegerin oder einfach nur Hausfrau und Mutter werden will.

Die Jahre schreiten voran und wir tun, was wir können, um die Kinder von uns weg zu erziehen, groß und größer werden zu lassen und eines Tages gehen lassen zu können. Für unsere Kinder tun wir alles, oder besser für die Liebe, die sie uns entgegenbringen, tun wir alles. Denn auch das weist uns als gute Eltern aus. Von den Kindern geliebt werden zu wollen, ist eine relativ neue Idee mit beträchtlicher Strahlkraft. Dieser Lockruf der Liebe zielt auf unseren Hunger nach Status, Bestätigung und Anerkennung. Deshalb fragen wir uns dauernd, ob wir als Eltern versagt haben, sobald eine Schwierigkeit auftaucht – und deshalb fühlen wir uns so von allen guten Geistern verlassen, gleichsam kinderseelenallein, wenn sie gehen. Nicht weil sie uns nicht mehr lieben oder mögen würden, gehen sie, sondern weil es in der Natur der Sache liegt, dass sie in ihr eigenes Leben aufbrechen. Anders als in einer Liebesbeziehung, in der einer aufgehört hat zu lieben und deswegen geht: Das Lieben, das Mögen steht überhaupt nicht zur Debatte, wenn ein Kind auszieht. Diese Art Liebe zwischen Mutter und Kind endet nicht, sie verändert sich nur. Wenn der Schmerz sich etwas gelegt hat, warten ganz neue Freuden wie die des frischen Blicks auf den jungen Menschen, der da heranwächst und im Großen und Ganzen den Eindruck macht, sein Leben meistern zu können. Sie werfen Ballast ab und nehmen Neues auf. In diesem Balanceakt zwischen Dazutun auf der einen und Weglassen auf der anderen Seite schält sich langsam der Mensch heraus, der in den Spiegel sehen und sich sagen kann: So. Fürs Erste kann ich so mit mir leben.

Köstliche Momente kommen: Nach ein paar Wochen Abwesenheit kommt der Sohn oder die Tochter zu Besuch. Entzückt, die Kinder wiederzusehen, wundert man sich insgeheim, wie nett sie geworden sind, wie klug und schön und humorvoll und originell und verantwortungsbewusst. Mir ist es jedenfalls so ergangen und etliche Mütter ausgezogener Kinder haben das bestätigt: Jetzt nämlich, da die Kinder sich dem täglichen Zugriff der liebenden, sich sorgenden Eltern entzogen haben, setzen sie noch einmal zu einem gewaltigen Entwicklungssprung an. Sie tun Dinge, zu denen man sie mit allen Tricks nie hatte veranlassen können. Sie ziehen sich wochenlang zurück, um sich für eine Prüfung vorzubereiten, stellen eine atembeklemmende Ordnung in ihren Schränken her und arbeiten nebenher, freiwillig und ehrenamtlich in Flüchtlingsunterkünften.

Wir stehen zum Anlehnen bereit und machen es gleichzeitig überflüssig, so etwa könnte man den verzwickten, ambivalenten Zuschnitt dieser Art Liebe vielleicht beschreiben, die genau in diesem Widerspruch auch wieder viel Platz für das eigene Leben der Mütter und Väter eröffnet. Statt sich bei dieser großen, verrückten Liebe durch eine romantische Fantasie leiten zu lassen, die für die Beziehung zu den Kindern so sinnvoll ist wie High Heels am Wandertag, wäre vielleicht diskretes Desinteresse oder etwas innere Distanz hilfreich. Schon lange bevor sie gehen: Wie sonst will man auch Kinder rund um die Uhr, jahrein, jahraus ertragen, beschützen und sich an ihnen erfreuen und dabei aushalten, dass wir eines (absehbaren) Tages nur noch die nutzlose Vergangenheit darstellen werden? Kinder sind keine Geschenke, keine Offenbarung, keine Partner und keine Erfüllungsgehilfen für die Sehnsüchte erwachsener Frauen, sie heilen nichts und helfen auch nicht, ihre Väter zu binden. Bestenfalls sind sie einfach da. Doch während die T-Shirts auf der Leine immer größer werden und die winzigen Schuhe, in die wir einst die kleinen Zehen hineingebastelt haben, längst wahren Elbkähnen gewichen sind, müssen wir uns an unsere eigentliche Aufgabe erinnern: Die besteht nicht darin, einander immer wichtiger zu werden und näherzukommen, sondern darin, die Einseitigkeit zu ertragen, uns überflüssig zu machen – und eines Tages zurückzubleiben.

Wie die Eltern-Monde heute um die Kinder-Planeten kreisen

Wer kennt das nicht: Man ist bei Freunden zum Abendessen eingeladen oder sitzt in einem Restaurant und ein Kleinkind, Schulkind oder Teenager beherrscht die Szene. Schon Babys sind nicht nur dabei, sondern ziehen alle Aufmerksamkeit auf sich. Alle Augen ruhen auf ihrer niedlichen Gestalt. Ein Gespräch jenseits von Hutzidutzi führen zu wollen, wird zum aussichtslosen Unterfangen. Das Kleinkind stört vielleicht, es schreit oder rennt umher. Vielleicht sind die Eltern verlegen, peinlich berührt oder lassen es gewähren, aber sie machen keine Anstalten, das Kind aus dem Mittelpunkt zu verbannen. Das Schulkind wird vielleicht von den Erwachsenen gebeten, seine Ansichten kundzutun, die sein Wissen oder Können demonstrieren sollen. Einige Kinder beteiligen sich ungebeten an jeder Unterhaltung, in der Überzeugung, dass ihre Kommentare willkommene und sehr wichtige Gesprächsbeiträge sind. Ein Teenager wird die Zusammenkunft wahrscheinlich eher dadurch dominieren, dass er nörgelt, motzt oder sich entzieht, wenn er gefragt wird, was er essen oder als Nächstes tun möchte. Oder bizarre, überhebliche Ansichten kundtun, die, von keinerlei Lebenserfahrung getrübt, plötzlich im Raum stehen und das Gespräch der Erwachsenen versiegen lassen. Jetzt kriegen wir es immer häufiger mit jungen Erwachsenen zu tun, die beim Boxenstopp im Elternhaus zwischen zwei hochinteressanten Praktika im Weißen Haus und bei der UNESCO oder nach dem Gap Year Down Under und vor dem Wirtschaftsingenieurstudium im Ausland laute Weltläufigkeit und ambitionierte Visionen verkünden. Bei einem gemeinsamen großen Essen, family and friends, zu dem die befreundeten Eltern, die sich seit Grundschulzeiten kennen, geladen haben. Weil das doch früher immer so schön war, wir alle zusammen. Die Kinder reden aufgeregt und laut, wissen alles besser, trumpfen auf, unterbrechen, performen wie im Bewerbungsgespräch und die Eltern schauen sich stumm an und verdrücken sich zur Rauchpause auf den Balkon. Irgendwann sagt es einer: Haben wir diese Monster großgezogen?

In Augenblicken, in denen Kinder dominieren, fühlen sich Erwachsene gewöhnlich unbehaglich, scheuen sich aber, ihre Verstimmung zu äußern, weil sie fürchten, für herzlos oder grob, gar kinderfeindlich gehalten zu werden. Es sind doch schließlich Kinder. Sollte sich die Welt nicht um sie drehen?

Nein. Bei Kindern kann die Annahme oder Erwartung und erst recht die Erfahrung, immer im Mittelpunkt zu stehen, zu verzerrten Selbsteinschätzungen führen, die später ihre Fähigkeiten untergraben, das Geben und Nehmen in einer Gemeinschaft zu erkennen und zu begreifen, dass sie Schwierigkeiten und Prozesse durchmachen müssen, um in der Welt der Erwachsenen etwas zu erreichen. Ob sie schreien, quengeln, das Gespräch der Erwachsenen unterbrechen, Sonderwünsche geltend machen oder materielle Dinge fordern – von klein auf haben viele Kinder offensichtlich den Vorteil der Kontrolle in gesellschaftlichen Zusammenkünften und geraten damit in die ungünstige Position verfrühter sozialer Macht.

Der Mittelpunkt kann ein einsamer, ungeborgener Ort sein. Vor fünfzig Jahren noch wäre eine gesellschaftliche Zusammenkunft, die von einem Kind, gar von einem Teenager dominiert wird, undenkbar gewesen. Aber da gab es ja auch noch Katzentische, an denen Kinder unbehelligt von erzieherischen Ambitionen ihrer Eltern fröhlich futtern und Eltern ungestört von den Einwürfen der Kinder tafeln und reden konnten. Auch wenn Kinder einfach dabei waren und sich vielleicht auch danebenbenahmen, nahmen sie sich niemals heraus, sich in der sozialen Rangordnung mit den Erwachsenen auf die gleiche Stufe zu stellen.

Wir brauchen die Kinder, um uns gebraucht zu fühlen

Seltsamerweise sind wir heute der Meinung, dass wir uns den Respekt der Kinder verdienen müssen, anstatt ihn von ihnen zu verlangen. Wir sind innerlich so angewiesen auf unsere Kinder, dass wir kaum aushalten, abgelehnt zu werden, und vergessen, dass sie uns ablehnen müssen, um ihren eigenen Weg zu finden. So gesellt sich zu der Angst um die Kinder die Angst vor den Kindern: vor ihrer Gleichgültigkeit, vor ihren verletzenden Bemerkungen, vor ihrem Achselzucken, vor ihrem Weggehen.

Und schon vergrößern wir jede Aufmerksamkeit, jede nette Bemerkung, jedes freundliche Erkunden nach unserem Wohlergehen wie in einem Brennglas und nehmen das als gutes Zeichen, dass wir den großen Kindern noch längst nicht ganz egal sind. Kaum ein Vater, der sich nicht geschmeichelt fühlt, wenn sein 18-jähriger Sohn einen gemeinsamen Stadionbesuch in Erwägung zieht. Kaum eine Mutter, die sich nicht freut, wenn ihre Tochter am liebsten mit ihr shoppen geht. Ist doch wunderbar, wenn sie noch mit zwanzig gerne mit uns in den Urlaub fahren. Im Glauben, nur der Mittelpunkt der Aufmerksamkeit sei dem Kind ein angemessener Ort, sind wir jahrelang bereitwillig in die Rolle der Haushälterin, des Lerncoaches, der Putzfrau, des Geldautomaten, des Chauffeurs und der Animateurin geschlüpft und sind dabei zu Dienstmädchen und Lakaien geworden. Wir sonnen uns im Gefühl, gebraucht zu werden. Wir brauchen das Gefühl, gebraucht zu werden. Und wir klammern uns an das

Gefühl, wenigstens noch ein kleines bisschen gebraucht zu werden: Wir bezahlen die teuren Umzugswagen und ruinieren uns beim IKEA-Powershopping für das zu beziehende Zimmer in der Wohngemeinschaft, verbringen ein freies Wochenende damit, den antiken Küchentisch abzubeizen, den die Tochter beim Trödler erstanden hat und den selbst zu restaurieren es ihr an Sachverstand, Geduld und Zeit mangelt. Wir überbieten uns in Aufmerksamkeiten und zögern nicht, von einer tief empfundenen Bringschuld angefeuert, das Kind mit bedingungsloser Aufmerksamkeit und allgegenwärtiger Liebe zuzuschütten. Und führen uns auf wie verlassene, sitzen gelassene Liebende, wenn die Kinder ausziehen.

Die meisten Menschen reagieren verärgert auf diese großen Kinderplaneten, die von ihren kleinen Elternmonden emsig umkreist werden. In einer seltsamen Verkehrung der Rollen haben wir als Leitwölfe abgedankt, und jetzt sind die Welpen an der Macht: Familienoberhaupt ist heute das Kind – eine Rolle, die es nicht ausfüllen kann. Denn Kinder suchen Orientierung und lernen über Modelle. Sie brauchen und wollen Vorbilder und kriegen es mit Erwachsenen zu tun, die sich kleinmachen. So wachsen in der Familie Riesen heran, denen die bittere und heilsame Erfahrung unweigerlich bevorsteht, dass sie außerhalb ihrer Familie nur Zwerge sind. Vielleicht bleiben sie auch deshalb so oft lieber im Nest hocken, als die Entdeckung zu riskieren, dass einen außerhalb der Familie wenige so hochgradig toll wie die Eltern daheim finden werden?

Mein Kind, mein Partner?

Ein epochaler Wandel hat sich vollzogen in dem, was wir unseren Kindern beibringen, und dem, was wir von ihnen erwarten. Bequemlichkeit, Anspruchsdenken, Narzissmus und überstarke Elternbindung sind Merkmale, die mancherorts den jungen Erwachsenen heute attestiert werden. Kinderverliebtheit, Klammern, emotionale Bedürftigkeit – was sich immer stärker in ganz normalem Elternverhalten manifestiert, sind zwei Seiten einer Medaille, die sich in den 1960er-Jahren des vergangenen Jahrhunderts zu drehen begonnen hat. Startschuss war die Suche der 68er-Eltern nach neuen Inhalten, Formen, Schwerpunkten und Zielen der Erziehung. Diese Eltern beschreibt Gudrun Lukasz-Aden in einer Studie über den Generationenkonflikt der Nachkriegskinder mit ihren eigenen Eltern so: »Sie erzogen ihre Kinder in einer Zeit, als ihre Lebensmodelle, Illusionen zerbrochen, ihre Ideale und das Land in Schutt und Asche gefallen sind ... Was die Kinder dachten, fühlten, wo ihre Bedürfnisse lagen, Neigungen, Talente, was sie ersehnten, worunter sie litten, das wurde nicht wahrgenommen.« Gleichzeitig genossen Werte wie Gehorsam, Unterordnung, Pflichterfüllung, Fleiß, Ordnung und Sauberkeit hohes Ansehen. Doch genau in diesen Werten sah die Nachkriegsgeneration den Nährboden für Nationalsozialismus, Autoritätshörigkeit und Kriegsbegeisterung. Ihre eigenen Kinder sollten unbeleckt von diesen Werten vor allem zu freien, friedlichen, emanzipierten Wesen heranwachsen und sich entfalten. Und so stürzten sich diese Eltern voller Begeisterung in den neuen Erziehungstrip. Unzählige Ratgeber verbreiteten Anleitungen, wie man es besser machen konnte. Psychologie und Pädagogik reüssierten als Leitthemen in unzähligen Zeitungsartikeln. Man bestritt, dass Talente, Intelligenz oder Charakter ererbt sein könnten, und setzte die wissenschaftlich fundierte Förderung von Kindern mit Lernspielzeug, beständiger Anregung und totaler Zuwendung bei gleichzeitiger Unterlassung jeder Einschränkung dagegen. Feste Essenszeiten, feine Sonntagskleidchen, verschlossene Türen oder der Drill zu guten Manieren – die Nachkriegsgeneration verabschiedete das meiste des Vorgefundenen auf den

Müllhaufen der Geschichte und befand, Kinder sollten an allem teilhaben, sich ausprobieren, die Welt erkunden und dürften sich niemals unerwünscht fühlen und abgeschoben werden. Kinder wurden zu Hoffnungsträgern der Selbstverwirklichung und freien Entfaltung – ihrer Eltern. Sie zu etwas zu zwingen, war verpönt. Kaum jemand akzeptierte noch körperliche Strafen als Erziehungsmittel, kaum jemand behauptete noch, dass man den Willen eines Kindes brechen müsste. »Die Eltern sind bemüht, Verständnis für ihre adoleszenten Kinder an den Tag zu legen, ihnen eher als Freund denn als Autoritätsperson zu begegnen«, schreibt die Bildungsforscherin Yvonne Schütze über die Eltern der heutigen jungen Erwachsenen. Sie spitzt zu: »Eltern versuchen sogar, sich den Jugendlichen anzupassen, anstatt Anpassung an eigene Prinzipien und Verhaltensmuster zu verlangen.«

Ein weiterer Glaubenssatz gegen die autoritäre Erziehung, die man selbst genossen hatte, war die Überzeugung, dass im Kind ein gleichberechtigter Partner gegenüberstehe. Gerade in dieser Idee liegt ein weiterer Schlüssel zum Verständnis der heutigen Beschwerden über leere und auch immer noch volle Nester. Von hier führt eine gleißende Spur zu dem Wunsch danach, beste Freunde der Kinder zu sein und das bitte auch zu bleiben.

Erziehung gibt – in jedweder Ausprägung und Zielrichtung – immer vor, nur an den Bedürfnissen der Kinder orientiert zu sein. Das unterschlägt aber den Umstand, dass sich die Bedürfnisse der Erziehenden genauso im gewählten Erziehungsstil niederschlagen. Einem anderen Menschen etwas zu geben, das man selbst schmerzlich vermisst hat, ist ein gangbarer Weg, eigene Wünsche im Nachhinein doch noch zu erfüllen. Im engen Verhältnis, das wir heute zu unseren Kindern pflegen, sind deutliche Spuren dessen zu lesen, was wir uns von unseren Eltern gewünscht hätten.

Mit dem Kind partnerschaftlich umgehen zu wollen ist ein hehres Erziehungsziel, das von allen am wenigsten verdächtig ist, dem Eigennutz der Eltern zu dienen. Schließlich lässt man sich auf ein langwieriges, anstrengendes Verfahren ein: Das Mitspracherecht der Kinder bei allen Entscheidungen führt nicht zu schnellen Ergebnissen. Gleichberechtigung ist schön und gut, aber können Kinder da wirklich mithalten?

Wenigstens über das Ziel ihrer erzieherischen Anstrengungen sind die meisten Eltern heute einig: Sie wollen starke Kinder, die selbstständig, selbstbewusst, belastbar und leistungsmotiviert sind, Kooperationsfähigkeit, Hilfsbereitschaft und Verantwortungsgefühl zeigen. Und auch sich selbst verlangen die Eltern viel ab: Das Einfühlungsvermögen muss groß und beständig sein, das Verständnis fürs Kind soll grenzenlos und fein empfunden und die miteinander verbrachte Zeit reichlich bemessen sein. Früher beanspruchten Eltern selbstverständlich, ihrem Kind Vorschriften zu machen und auf deren Befolgung zu dringen; Protest, Verweigerung, Widerstand war dabei ausdrücklich mit eingeplant. Schiefe Haussegen belasteten auch frühere Generationen, aber nicht in dem Maße, wie heutige Eltern angestrengt vermeiden, dass ihre Kinder sauer auf sie sind. Wenn große Menschen heute kleine Menschen großziehen, liegt der Akzent auf Partnerschaft. Man soll diskutieren, Kompromisse erzielen, jede Entscheidung kindgemäß begründen und ganz unaufdringlich Hilfestellung bei der Persönlichkeitsentwicklung leisten. Pädagogische Fachkenntnisse sind ein Muss in der zeitgemäßen Eltern-Kind-Beziehung. Manche Eltern vergessen dabei, dass sie Eltern sind. Sie bitten um Verständnis, wo ihre eigenen Eltern Gehorsam verlangten.

Es gibt zwar immer wieder schöne Momente, in denen es gelingt, ein willensstarkes Kind zum Einlenken zu bewegen – mit nichts als der Überzeugungskraft eines Arguments, einem sorgsam dosierten Gegenvorschlag, einem Appell an die vier-, fünf- oder sechsjährige Vernunft. In dieser Sternstunde blitzt der schöne Elterntraum wieder auf – von einer liebevollen Beziehung, die wie eine gute Ehe oder Freundschaft funktioniert. Doch alles aushandeln zu wollen, treibt selbst wohlmeinende Eltern in den Wahnsinn. Natürlich muss man Kinder angemessen am Familiengeschehen beteiligen. Aber mal ehrlich: Die gefundenen Lösungen sind in den allermeisten Fällen doch das Ergebnis der erwachsenen Ansichten – und die Kinder müssen sich damit arrangieren.

Es hilft nichts: Eltern haben manchmal keine andere Wahl, als darauf zu bestehen, dass bestimmte Dinge stattfinden und andere unterbleiben. Das hilft in vielen alltäglichen Konfliktsituationen, aber es hilft auch, dass die Grenzen zwischen den Generationen aufrechterhalten werden. Viele sind es mittlerweile nicht mehr: auch die Idee der Gleichberechtigung, die in den 1960er-Jahren viele Anhänger fand, führte im Familienalltag dazu, dass Kinder an allen Familienunternehmungen teilhaben durften, alle Annehmlichkeiten, die die Eltern geschaffen hatten, uneingeschränkt genießen durften; selbstverständlich ohne dass Eltern einforderten, sich an Pflege, Ersatz oder Beschaffung der Dinge zu beteiligen, dafür sorgten ja sie – die im Geiste des Pflichtbewusstseins, der Verantwortlichkeit Erzogenen. Wichtiger als die klassische Erziehung ihrer Kinder wurde den Eltern damals und ist uns bis heute die gute Beziehung zu den Kindern. Dass sie eines Tages so gut werden könnte, dass die Kinder überhaupt nicht mehr ausziehen wollen und die Mütter den Gedanken, dass sie es doch tun, gar nicht wahrhaben wollen, war so nicht eingeplant, hat sich aber so entwickelt. Dass die Partnerschaft zwischen Eltern und Kindern damit stark ins Asymmetrische triftete und so funktionierte, dass gleiche Rechte für alle, aber Pflichten nur für die Eltern gelten, beschäftigt uns bis heute und gibt einen satten Nährboden für meist gut verhohlenes Unwohlsein und das merkwürdige Empfinden ab, dass hier etwas nicht richtig gut läuft. Der Deal geht so: Wir machen's dir hier richtig schön und du bleibst da.

Kinder sind (keine) Freunde

In großen, erwachsenen Kindern beste Freunde sehen zu wollen, ist die logische Konsequenz der verrückten Idee, kleine Kinder als Partner behandeln zu wollen. »Eltern wollen die gute Beziehung erhalten und sind nur bedingt bereit, mehr Autonomie zuzugestehen. Kinder wollen bestehende Beziehungsformen mit Eltern verändern, um mehr Autonomie zu erlangen«, fasst Christiane Wempe, Privatdozentin an der Uni Mannheim und Psychotherapeutin in eigener Praxis in Ludwigshafen, das prekäre Gleichgewicht zwischen Eltern und ihren erwachsenen Kindern zusammen. Erwachsene Kinder und ihre Eltern können sich gut verstehen, aber das basiert trotzdem nicht auf Augenhöhe. Ein Freundschaftsverhältnis zwischen Eltern und Kindern wird es nie geben, und das ist ja auch nicht Sinn der Sache. »Eltern bieten Halt, und das soll aus Sicht der Kinder auch so bleiben. Ein einseitiger Investitionsfluss, der nicht umkehrbar ist«, sagt Christiane Wempe. Die Ambivalenz zwischen Autonomie und Abhängigkeit prägt die Wegstrecke, die Kinder und Eltern gemeinsam gehen. Wir reisen zusammen und entfernen uns voneinander.

Ganz egal, wie das Leben läuft, ob Eltern und Kinder sich gut verstehen oder anhaltend zoffen – man gehört zueinander wie die Haut, in der man steckt. Freunde dagegen suchen wir uns aus. Weil wir uns mögen, verstanden fühlen, den gleichen Humor teilen, unsere Gedanken austauschen und gegenseitige Kritik gut aushalten. Freundschaften kommen freiwillig zustande, Eltern kann man sich genauso wenig aussuchen wie Kinder. Freundschaften kann man beenden, das Verhältnis zwischen Eltern und Kindern ist unkündbar. Die Rollenverteilung wird nie ganz aufgehoben werden können, auch wenn das Verhältnis zwischen Müttern und Kindern mit der Zeit relativ symmetrisch werden kann, während das Verhältnis zwischen Vätern und Kindern zumeist asymmetrisch bleibt. »Väter bestimmen eher, sehen sich in der Ratgeberrolle und die Kinder haben das gerne«, weiß Heike Buhl, Professorin für Pädagogische Psychologie an der Uni Paderborn, aus ihrer Forschung zu den Beziehungen zwischen jungen Erwachsenen und ihren Eltern. Sie und ihr Team haben 500 Kinder und Eltern befragt. »Freunde habe ich genug, Eltern nur einmal«, beschreibt sie das Credo der jungen Generation. »Eltern sollen Eltern bleiben!« Von ihren Eltern wünschen sich die Befragten: mehr Nähe, mehr Wertschätzung, mehr Interesse – vom Vater. Weniger Einmischung, weniger Bevormundung, weniger Fürsorge – von der Mutter.

Eltern bleiben Versorger, Kinder kämpfen um Unabhängigkeit. Eltern betonen die Gemeinsamkeiten, Kinder die Unterschiede zu ihren Eltern. Emotional, sozial und finanziell investieren Eltern viel mehr in die Beziehung zu ihren Kindern als umgekehrt. Um das auszuhalten, nehmen Eltern die Beziehung als besser wahr, neigen zu Beschönigungen und spielen Konflikte herunter. Das wirtschaftssoziologische Prinzip des geringsten Interesses wirkt auch hier: In jeder gefühlsmäßigen Beziehung kann derjenige, der sich weniger eingelassen hat, demjenigen, der sich mehr eingelassen hat, die Bedingungen diktieren. »Das könnte evolutionsbiologische Gründe haben«, vermutet Heike Buhl, denn »meine Gene haben nichts davon, wenn ich meinen Eltern etwas gebe, sondern mehr, wenn ich meinen Kindern etwas gebe.« Geben und Nehmen in schöner Balance, das wäre ein Grundbaustein gelingender Freundschaften unter Gleichen. Bei Eltern und Kindern passiert das bestenfalls nacheinander: »Eltern geben so lange sie können, Kinder erst, wenn Eltern mehr brauchen.« Und das ist viel besser, als es klingt: »Eltern können nicht erwarten, dass Kinder wieder gutmachen, was sie an Gutem erfahren haben. Kinder werden das nämlich an ihre eigenen Kinder weitergeben«, deutet Christiane Wempe den Generationenvertrag ins Tröstliche, der heute viel länger halten muss. Noch nie in der Geschichte war Eltern und Kindern eine so lange Phase gemeinsamen Erwachsenseins vergönnt. Wir teilen ähnliche Lebenssituationen: Wir sind berufstätig, wir verlieben uns, wir haben Kinder und Pflichten. Und wir kommunizieren viel mehr: die tägliche E-Mail, die SMS zwischendurch und selbst das wöchentliche Telefonat war früheren Generationen nicht gegeben. Was liegt für zwei einander innig verbundene Erwachsene näher, als in Freundschaft auszuweichen, wo altgediente Modelle aus Respekt, Gehorsam und Tradition nicht mehr reichen, um das Vakuum auszufüllen? »Wir haben da viel zu lernen«, sagt Heike Buhl.

Das werden wir. Doch die grundsätzliche Asymmetrie bleibt. Den Mutterinstinkt gibt es, doch keinen Tochterinstinkt. Mütter fürchten, ihre Söhne zu verlieren. Söhne sorgen sich selten, jedenfalls nicht ausdrücklich, ihre Mütter zu verlieren. Väter danken zugunsten ihrer Schwiegersöhne spontan ab. Eltern stellen die nutzlose Vergangenheit dar – und das tut manchmal weh: »Die Idee, in Kindern Freunde sehen zu wollen, hat auch mit dem aberwitzigen Jugendwahn unserer Gesellschaft zu tun«, meint Christiane Wempe und denkt an Kumpelpapas mit Baseballkappe. Oder an Mutter und Tochter beim gemeinsamen Shoppen. Sie wirken wie beste Freundinnen, aber in Wahrheit braucht die Tochter das Geld der Mutter und die Mutter die Gesellschaft der Tochter. »Wäre das so schlimm?«, fragt Heike Buhl. Eigentlich nicht. Auf einem Gläschen, das meine Tochter mir geschenkt hat, sieht man zwei weibliche Wesen, die eine hält ein Herz in der Hand, die andere eine Shopping-Bag, aber sie halten sich an den freien Händen.

Wie man Kinder aufzieht und festhält, nicht wie man einander entkommt und neu begegnet, sind die beherrschenden Familienthemen unserer Kultur. Dabei neigen auch wir Älteren dazu, die Warte der Jüngeren einzunehmen. Alles Recht, aber auch alle Not scheint auf ihrer Seite zu liegen. Selbst Dichter werden zu Parteigängern: Ob ihre Helden nun Holden Caulfield, Werther oder Törless heißen, die Leiden der Heranwachsenden scheinen uns näher zu sein als die ihrer Eltern – als dürften Eltern nicht zugeben, dass es schwerfällt, die Kinder loszulassen. Eltern leben mit der gesellschaftlichen Erwartung, das alles ganz großartig und reibungslos zu absolvieren. Sie neigen dazu, ihr eigenes Verständnis für die Ansichten, Lebensweisen und Entscheidungen ihrer Kinder zu überschätzen, und sind enttäuscht, wenn Kinder es ihrerseits an Verständnis für die Gefühle ihrer Eltern missen lassen. Mehr noch: Allzu freimütige Äußerungen über eigene komplizierte Seelenlagen, Ängste, Wünsche, Hoffnungen oder gar detaillierte Einlassungen zu sexuellen Vorlieben und schon lockere Sprüche oder modische Entgleisungen katapultieren Eltern in die verbotene Zone kindlichen Fremdschämens. Nie werde ich die Verachtung im Blick meines Ältesten vergessen, mit dem er meinen supercoolen neuen Eastpak-Rucksack strafte. »In deinem Alter solltest du eine Handtasche tragen.«

Wer hat noch nie einen Vater schmollen sehen, weil sein Sohn nicht mit ihm, sondern mit seinen Kumpels Fußball spielen wollte? Oder eine Mutter, die ihre Tochter um die unbeschwerten Nächte auf dummen Teenagerpartys beneidet? Hat man je ein Kind sagen hören: »Oh, es war mein schönstes Weihnachtsgeschenk, als Mama zur Abteilungsleiterin befördert wurde. Ihre Karriere ist mir so wichtig!« Oder: »Ich bin ja so froh, dass Papa endlich eine Frau gefunden hat, die ihn so liebt, wie er ist, und nicht versucht, ihn umzuerziehen!«

Kindern ist die emotionale Erfüllung der Eltern ziemlich egal, ebenso wie die berufliche. Sie trennen sich auch nur mühsam vom Bild der starken Eltern. »Ich habe fürchterlich geheult. Das hat sie sehr negativ berührt, sagte sie später, mich zum ersten Mal schwach erlebt zu haben«, berichtet eine Mutter über die herbe Enttäuschung ihrer Tochter, als sie einmal aus der üblichen Rolle fiel. Auch eine frisch verliebte Mutter erwachsener Kinder wird eher auf angewidertes Unverständnis stoßen, wenn sie Anstalten macht, laut über den neuen Mann in ihrem Leben nachzudenken.

Filiale Reife, parentale Reife, umreißt die Wissenschaft die Aufgabe. »Ein mühsamer Prozess, der über die Lebensspanne andauern kann«, sagt Heike Buhl, »aber auch Kinder müssen lernen, Eltern nicht nur als Figuren, sondern als eigenständige Personen zu sehen.«

Gleiche verstehen alles, fragen nicht und vergeben alles. Kinder sind konservativ. Die Beziehung ist nie symmetrisch und hat strikte Tabus. Reden über Sex wie mit guten Freunden? Ausgeschlossen. »Gerade weil das Verhältnis so eng ist, muss es Grenzen geben«, sagt Christiane Wempe und rät, die berechtigten Distanzierungsbemühungen aufseiten der Söhne und Töchter zu beachten.

Es ist deshalb noch lange keine Einbahnstraße, auf der Eltern und Kinder miteinander unterwegs sind. Eher eine Wippe, auf der wir uns gegenübersitzen. Die lichten Momente gleicher Augenhöhe, es gibt sie durchaus. Doch sie sind winzig, flüchtig, köstlich und kippelig. Das ganze Ding bleibt immer in Bewegung und genau das macht ja einen Heidenspaß – beim Wippen und im Leben.

Marie

Es ist Montagmorgen und meine Schicht im Eisladen beginnt. Während mein Chef Stefan zu ruhig klimpernder Klaviermusik Eisbehälter füllt, beginne ich geladen, kleine, bunte Plastiklöffelchen in Behälter zu knallen.

Dabei ist es nicht die Unlust des Arbeitens, die mich auf die Palme bringt, sondern das Wiederzusammenleben mit meiner Mutter, das mich nach zwei Jahren voller Unabhängigkeit in Neuseeland nun wieder in die alte Position der kleinen Tochter rückt. Wenn ich von Unabhängigkeit spreche, meine ich nicht nur, mein Geld frei und ungebunden auszugeben für jeden Mist, den ich meinte zu brauchen, sondern auch emotional frei und unabhängig von allem hier in Berlin zu sein. Zu jedem Familienproblem habe ich bedauernd den Kopf schütteln und Ratschläge geben können und nach dem beendeten Skype-Gespräch einfach den nächsten Skydive in Taupo gebucht. Und nach der anfänglichen Euphorie des Zurückkommens bin ich plötzlich wieder Teil der Familie. Ich wohne wieder zu Hause und nach nur einem Monat scheint mich mein altes Leben wieder eingeholt zu haben.

Während ich vor einem halben Jahr noch meinen Morgen langsam mit einem Kaffee begonnen und meinen Tag geplant hätte, kam meine Mutter heute ins Zimmer gestürmt und fragte, wann sie kochen soll. Ich antwortete, dass wir gar nichts verabreden sollten, weil ich nicht wüsste, wann ich da bin, und nicht will, dass sie umsonst kocht, woraufhin sie sichtlich geknickt das Zimmer verließ. Mein schlechtes Gewissen veranlasste mich, nur Sekunden später zu rufen: »Heute Abend klingt super. Passt dir halb sieben?« Auch wenn sie weiter scheinbar beleidigt davonstampfte, ahnte ich ihr kleines Lächeln, das jedes Mal mit der Freude verbunden ist, für uns zu kochen.

Momentan meint »uns« nur noch meinen kleinen Bruder und mich und ich weiß, wie sehr sich meine Mutter freut, wenn wir zu dritt am Tisch sitzen, weil dann plötzlich alles »wie früher« ist.

Das Problem ist nur, dass nicht alles wie früher ist. Früher gab es Regeln, an die wir uns zu halten hatten, aber mit zunehmendem Alter wurde uns mehr Unabhängigkeit und Eigenverantwortung seitens unserer Mutter zugestanden und trotzdem blieben die alten Erwartungen bestehen. Auf der einen Seite sind wir noch eine Familie, aber unser eigenes Geld verdienen wir ja auch schon. Zum

Haushalt sollen wir etwas beitragen, aber über Themen wie Miete haben wir noch nie wirklich geredet.

Dadurch sind keine klaren Linien vorhanden, weil entweder undefiniert oder umdefiniert ist, was wir drei nun sind. Eine WG, ein Überbleibsel der großen Familie oder Freunde? Diese Unklarheit schafft bei uns ein ständiges Problem, das meistens mit schlechter Laune und Unzufriedenheit bei einer Partei endet und zwangsläufig aufzutreten scheint, wenn man weiterhin dieselbe Wohnung »Zuhause« nennt. Während sie sich nun also freut und plant, ärgere ich mich, weil, so doof das auch klingt, ich mich in meiner Unabhängigkeit eingeschränkt fühle. Wenn meine Mutter dann zehn Minuten später meine verwelkten Blumen auf dem Weg nach unten zum Müll bringt, fällt es mir schwer, das als nett gemeinten Gefallen zu sehen – dann würde ich am liebsten rufen, dass ich selber entscheiden will, wann meine Blumen auch wirklich vertrocknet sind.

Als ich das Stefan alles erzähle, lächelt er nur vor sich hin und merkt an, dass ich vielleicht einfach ausziehen müsste, und sofort verpufft mein Ärger. Denn wahrscheinlich hat er recht, vielleicht sind das alles Zeichen, um nun die Umzugskartons zu packen?

Aber auch bei diesem Gedanken wird mir das Herz schwer, weil ich weiß, wie sehr meine Mutter es genießt, mich nach zwei Jahren wiederzuhaben.

Und auch ich genieße nicht nur die Vorteile des typischen »Hotel Mama«, sondern auch das Zusammenleben mit meiner Mutter. Meine Zimmernachbarin hat sich für mich in den letzten Jahren zu einer wunderbaren Ratgeberin entwickelt, deren Hilfe ich häufig eher zu schätzen weiß als die meiner Freunde. Das Gin-Tonic-Trinken habe ich mir in Neuseeland selber beigebracht, und anstatt wie früher die Nase zu rümpfen, wenn ich dieses Getränk für sie zubereitet habe, stelle ich mittlerweile ein zweites Glas daneben und wir machen uns eine schöne Stunde mit Tomate und Mozzarella auf dem Balkon. Lachen, essen und trinken tue ich meistens mit meiner Mutter viel lieber als mit Freunden, und diese Situationen möchte ich eigentlich auch nicht missen.

So sehr ich diese Nähe genieße, merke ich trotzdem, dass sich dadurch bei mir ein erhöhtes Verantwortungsgefühl entwickelt hat, das mich immer wieder auch belastet. Denn wenn es meiner Mutter schlecht geht, dann geht es irgendwie auch mir nicht so gut. Ihre Sorgen werden, ohne dass ich es merke, zu meinen Sorgen und nach den letzten zwei Jahren kompletter Pause von diesem Verantwortungs- und Belastungsknäuel reichen zwei Monate, um meine lieb gewonnene Gelassenheit verpuffen zu lassen.

Seit Monaten erklärt meine ältere Schwester, dass ich ausziehen müsste und mir das bei der Abgrenzung und Selbstständigkeit helfen würde. Dass dieses ständige Verantwortungsgefühl für meine Eltern dann nachlassen würde, aber sie war bei ihrem Auszug in einer anderen Situation. Sie konnte damals das »Nest« verlassen, ohne sich Gedanken um unsere Mutter machen zu müssen, denn ihre beiden Geschwister waren ja noch da. Auch mein großer Bruder versucht mir seit Jahren zu erzählen, dass ich nicht für meine Eltern verantwortlich sei und die das allein schaffen müssten, aber seine Ausgangsposition in den Schritt der Eigenständigkeit war eine andere. Als mein Bruder damals die Taschen packte, war die Familie auch zwei Jahre nach seinem Auszug in der gleichen Kombination vorzufinden. Meine beiden älteren Geschwister konnten mit der Gewissheit das Weite suchen, immer wieder dasselbe Heim vorzufinden, falls sie zurückkommen würden. Wenn mein kleiner Bruder und ich in einem halben Jahr diese Wohnung verlassen, dann sind wir in einer anderen Position, weil dann keiner mehr da ist für unsere Mutter; dann ist sie allein. Während wir den Stöpsel dann also ganz herausziehen müssen, konnten unsere großen Geschwister damals immer wieder zurück ins warme Badewasser springen.

Ich scheine da mit meinen Bedenken kein Einzelfall zu sein, denn wenn ich mich bei Leuten in meinem Alter nach den Gründen für einen späteren Auszug erkundige, erhalte ich nicht nur die typische Antwort, dass es bequemer sei. Egal ob alleinerziehende Mütter oder zusammengebliebene Eltern oder Mütter mit neuen Partnern oder Väter mit neuen Partnerinnen, häufig gucke ich dann in besorgte Gesichter von Freunden, weil die nicht wissen, was ihre Eltern denn machen sollen, wenn sie wieder allein mit sich sind. Bei Alleinerziehenden mag das vielleicht offensichtlicher erscheinen, aber die Entscheidung meiner Freundin, in Berlin zu studieren, fällte sie am Ende, weil ihre Mutter sie dreimal die Woche anrief und erklärte, wie gemein ihr Vater schon wieder gewesen sei. Ihre ältere Schwester schaffte die Abgrenzung besser und studiert mittlerweile in Ungarn.

Was sich warum und wie in den letzten Jahren verändert hat, weiß ich nicht genau, aber irgendwie scheint das stereotype Bild des Erziehungsberechtigten ein wenig verzerrt.

Manchmal habe ich das Gefühl, die Eltern meiner Generation versuchen eine Art Allrounder zu sein. Der strenge Erziehungsberechtigte, die wissenden Freunde, die coolen und »hippen« Tanten, große Geschwister und der erste Gesprächspartner für Krisensituationen. Dadurch entstehen mehr Nähe und gleichzeitig eine Grenzaufhebung, die auf der Seite der Kinder zu erhöhter Verantwortung führt. Vergessen wird dabei nur häufig, dass diese Grenzen ja für etwas standen und geholfen haben, andere Prozesse in Gang zu setzen, so z. B. das Ausziehen und Unabhängigsein. Ein Vorgang, der gesund, natürlich und notwendig ist, aber dem Verantwortungsgefühl gegenüber den Eltern zu widersprechen scheint. Auch ich freue mich, wenn meine Mutter bei Problemen zu mir kommt, denn in gewisser Weise ist das ein Vertrauensbeweis und zeigt unsere Nähe, allerdings frage ich mich nur, wie viele unabhängige, freie und vor allem unbeeinflusste Entscheidungen ich für mein Leben tatsächlich treffen kann, wenn ich als Kind ein verstärktes Verantwortungsgefühl gegenüber meinen Eltern empfinde.

3. Kapitel
Ihr Kinderlein, bleibt doch!

»Soo viel Lamento um das bisschen Älterwerden!«, schimpft eine Leserin per E-Mail über mein letztes Buch. »Ich bin 53 und habe mir niemals so viele Gedanken um das Altwerden gemacht. Vor allem nicht so angstbesetzte!« Dann erklärt sie, ungetrübt von Ironie oder zart aufkeimender Selbsterkenntnis, wie sie der Angst vorm Älterwerden beikommt, und damit beschreibt sie den ausgetretenen Königsweg, auf dem heute Horden von Müttern unterwegs sind: »Meine Freundinnen 50plus sind so gut drauf, dass sich ihre Töchter, Schwiegertöchter und Nichten darum reißen, mit ihnen bzw. uns ein paar unbeschwerte, lustige Tage und Stunden zu verbringen ...«

Houston, wir haben ein Problem. Wenn der eigene Wert sich so beinhart daran bemisst, wie gern gesehen bei der Jugend man (noch) ist, läuft etwas gründlich schief. Auf der Flucht vor dieser Mischung aus Herablassung, Spott und Verachtung, mit der heute Gespräche über ältere Menschen getränkt sind, aus Furcht, für die Alten gehalten zu werden, biedern wir uns bei den Jungen, den eigenen Kindern und deren Freunden, an und verlieren den eigenständigen Wert, den unser gelebtes Leben hat, dabei aus dem Blick. Ganz ähnlich wie die feministische These, wonach die Stellung der Frauen kein Ergebnis eigenen Erringens sei, sondern ihnen von den Männern zugewiesen wird, rücken wir die Jüngeren in die Position derjenigen, die uns den Rang zuweisen dürfen.

Verhandeln bis der Arzt kommt …

Eltern weigern sich heute vielfach und aus den unterschiedlichsten emotionalen Gemengelagen, ihre Führungsaufgabe im Familienbetrieb zu übernehmen und die Distanz zwischen den Generationen auszuhalten, geschweige denn ihr würdevolles Abdanken im Reich der Kinder auch nur in Erwägung zu ziehen. Sie verzichten auf die innere Wahrnehmung und die äußere Darstellung ihrer Überlegenheit und versagen damit auch den Kindern ein Gegenüber, an dem sie wachsen und sich messen können, gegen das sich später auch zu rebellieren lohnt, um den eigenen Weg zu finden. Eltern diskutieren seltsam hilflos und jahrelang Fragen wie: Kann ich meiner 13-jährigen Tochter das Kiffen verbieten, wo ich doch selbst früher Joints geraucht habe? Darf ich meinem 16-jährigen Sohn untersagen, enorme Handy-Rechnungen zu produzieren, ohne damit seine sozialen Kontakte zu gefährden? Darf ich meiner 14-jährigen Tochter verbieten, bei ihrem 20-jährigen Freund zu übernachten, obwohl mir doch eigentlich am Herzen liegt, dass sie ihre eigene Sexualität frei und unbelastet entdecken kann? Dürfte ich meinem Sohn, dem frischgebackenen Abiturienten, der gerade in seinem Aushilfsjob richtig viel Geld verdient, einen Mietanteil, gar Kostgeld abverlangen? Warum zahle ich reflexhaft die Kinokarten für meine erwachsenen Kinder und mich, wo sie längst eigenes Geld verdienen, und warte insgeheim darauf, dass auch sie mich mal einladen? Doch vorerst bin ich stolz und freue mich darüber, dass meine großen Kinder tatsächlich noch mit mir ins Kino gehen wollen.

Die wolkig-wirre Befangenheit, die sich einstellt, wenn die eigenen Kinder verlangen, dass man ihnen wie Erwachsenen begegnen soll, die sich auf Augenhöhe treffen, entspringt aus zwei Quellen: Aus der einen sprudelt unsere überfürsorgliche elterliche Vorstellung, dass sie immer noch unsere Kinder sind. Man will sie beschützen, beraten, beeinflussen. Und müsste sie doch loslassen. Der unbedingte Wunsch, geliebt, gelobt und geschätzt zu werden, speist die andere Quelle.

Nur nicht unbeliebt machen …

Wenn man als Mutter oder Vater seine Sache gut machen will, werden die Kinder manchmal sauer und mögen uns nicht mehr. Sie rollen mit den Augen, motzen und knallen die Türen, wünschen sich lauthals, in einer anderen Familie geboren zu sein. Doch wenn wir uns von ihrer Liebe, Achtung und ihrem Lob abhängig machen, werden wir nachgiebig, eiern rum und lassen uns zu Verhaltensweisen aus purer Verzweiflung verleiten, weil wir die Billigung unserer Kinder zu verlieren drohen. Das hat nichts mit Liebe zu tun, sondern mit Bedürftigkeit. Sind die Kinder erwachsen und entweichen uns, fühlen wir uns plötzlich alt und nicht mehr gebraucht. Das ist kein schönes Gefühl – und wir sind sehr bereit, viel dafür zu tun und zu geben, dass wir der Jugend noch nahe sein dürfen. Das tun viele Eltern, wenn auch aus unterschiedlichen Gründen. Die einen haben sich mit den Jahren in die Rolle der Alleskönner, Besserwisser und Immergutmeiner so komfortabel eingelebt, dass sie sich nicht entschließen können, sie zu gegebener Zeit abzulegen. Die anderen sind in ihrer lang geübten Schutz- und Aufsichtsfunktion aufgegangen und haben darüber vergessen, wer sie selbst eigentlich sind. Aber alle neigen dazu, sich im Zweifel lieber mit Jugend zu schmücken, als das Alter selbstbewusst zu verkörpern.

Sogar Eltern, die wissen, dass stundenlanges Computerspielen schadet, finden es unendlich schwierig, den Medienkonsum ihrer Kinder zu reglementieren. Natürlich haben sie ein Gefühl dafür, was geht und was zu viel ist. Doch sie trauen sich selbst nicht über den Weg und lassen sich von Experten belehren. Sie resignieren vor der Weigerung des Kindes, den eigenen Dreck wegzuräumen, und machen es lieber gleich selbst. Es geht ihnen auf die Nerven, ständig das Dienstmädchen zu spielen. Aber sie erkundigen sich bei Experten, ab wann ein Kind in der Lage sein sollte, sein Zimmer aufzuräumen. Eltern geben schnell klein bei, wenn unter Hinweis auf Gebräuche in anderen Elternhäusern Taschengelderhöhungen, vollgetankte Familienauto-Freigaben oder exklusive Ferienreisen angemahnt werden, und wagen viel zu oft den Hinweis nicht, dass anders eben anders ist und der eigene Etat nicht mehr erlaubt.

Doch wenn Eltern schon so früh auf ihre Richtlinienkompetenz verzichten, geben sie auch einen Hintergrund von Autorität auf, der in kritischen Situation Halt geben und auch beizeiten erlauben würde, die Grenze zwischen sich selbst und dem Kind wenigstens in Augenschein zu nehmen, die mit dem Entschluss auszuziehen, so unbarmherzig klar zum Ausdruck kommt. Gerade weil sie so verzweifelt von ihren Kindern gemocht und geliebt werden wollen, halten sie es in den ersten zwanzig Jahren kaum aus, wenn der Nachwuchs schmollt, bockt oder einfach ganz furchtbar traurig ist. Mehr noch: Wenn wir glauben, erst die Liebe oder die Nähe zu uns oder der Erfolg unserer Kinder mache uns zu guten Eltern, hören wir auf, sie zu führen und zu schützen und ja, sie eines Tages ziehen zu lassen, weil das nun mal der Lauf der Dinge ist. Dauerverunsicherte, emotional abhängige Eltern erwecken früh und nähren jahrelang in ihren Kindern das Gefühl, wirkliche Macht über sie zu haben.

Eltern kommt von älter!

Zum Diktat des Ewig-jung-Seins passt die Elternrolle schlecht, denn sie macht die Menschen unweigerlich älter. Dabei ist es schon verdammt schwer, jung und unbeschwert zu wirken, wenn man für jemand Kleineren sorgt. Doch während das Leben mit kleinen Kindern noch die goldene Belohnung bereithält, tatsächlich der allerwichtigste Mensch auf der Welt für das eigene Kind zu sein und mehr als jeder andere von ihm gebraucht zu werden, geben kleine Kinder uns auch die Lizenz, selbst wieder ein bisschen zum Kind werden zu dürfen. Nicht nur kuscheln, sondern auch kindisch herumalbern: köstlich! Die Jahre gehen ins Land und über die Auseinandersetzungen mit den Kindern in der Pubertät tauchen erste Risse in der Illusion auf, man stünde auf der gleichen Seite des Flusses. Doch noch versuchen wir mit aller Kraft, daran festzuhalten, und beschwören Augenhöhe, beeilen uns, mitzuhalten. Die akut vorherrschende Meinung über die schwierige Zeit der Pubertät, die naturwissenschaftliche Begründung von sich lockernden Synapsen, zeitweise ausgeschalteten Hirnarealen, die für Empathie, moralisches Empfinden und Antizipation von möglichen Folgen törichten Handels zuständig sind, mag stimmen oder nicht. Sie signalisiert uns: Die können nichts dafür. Das ist Biologie. Und wir üben uns in Verständnis, wo unsere Altvorderen noch darauf gedrungen hätten, dass bestimmte Dinge stattfinden müssen und andere nicht.

Ist doch schön, dass Eltern heute viel stärker am Leben ihrer Kinder interessiert sind als noch frühere Generationen! Aber dieser Schuss kann auch schnell nach hinten losgehen. Aus einer geteilten Welt werden zwei Welten – die der jüngeren und die der älteren. Wenn wir davor die Augen verschließen, wird es immer schwerer, die Grenze zwischen ihnen und uns selbst zu ziehen. Wenn wir unsere Kinder zu einer Erweiterung unserer selbst machen, sehen wir sie als zweite Chance an, auch darauf, noch einmal mit ihnen jung sein zu dürfen. Und auf einmal geht es immer weniger um die Kinder als um uns selbst. Und dann fangen wir an, ihr Glück mit unserem zu verwechseln. Wir machen ihnen möglich, was immer uns möglich ist, auch dann noch, wenn längst die Übergabe des Staffelholzes das Gebot der Stunde wäre. Wir versuchen auf diese Weise, unsere Portion Jugend abzubekommen, weil außer Jugend nichts zählt. »Ich bin wie ein Mutter-Parasit, der sich vom Lebenssaft des Sohnes nährt. Seine Freude wird meine Freude«, schreibt Silke Burmester in ihrem Buch *Mutterblues* über die Schmerzen des Loslassens. »Dieses Parasitentum hilft zwar eine geraume Zeit, irgendwann aber kommt man nicht länger drumherum, zu registrieren, dass unsere Kinder an unsere Stelle treten. Dass sie das Jetzt bestimmten, während wir in Richtung Alter gehen.«

Die Beziehung zwischen den Generationen zuvor, so schwierig und voller heimtückischer, gefährlicher Flussübergänge sie auch war, beruhte auf Unterschieden zwischen Erwachsenen und Kindern und einem Verlangen nach einem gediegenen Erwachsenenleben. Doch die infantile Gesellschaft erhebt die Symbiose zu etwas Erstrebenswertem und verwischt, indem sie am Leitbild der Ähnlichkeit webt, die Unterschiede: zwischen Männern und Frauen, aber auch zwischen Eltern und Kindern, zwischen Alten und Jungen. Wir neigen zu einer Verschmelzung der Existenzen und weniger zu einer Beziehung zwischen erwachsenen Menschen, in der die Unterschiede zwischen ihnen zu Themen ihres Gesprächs werden dürfen.

Und trotzdem: Wir haben viel dafür getan, unseren Kindern beizubringen, unabhängig zu werden, aber jetzt sagen wir: Ach verdammt, so unabhängig brauchst du nun auch wieder nicht zu werden! Erst bekommen sie ihren Führerschein, damit sie wegen des Autos nicht mehr von uns abhängig sind. Dann finden sie einen Teilzeitjob, damit sie finanziell unabhängiger werden. Schließlich ziehen sie aus. Und wir nehmen es als ein weiteres Zeichen für den Alterungsprozess. Für kinderlose Erwachsene mag diese Entwicklung des Älterwerdens schleichend und unter anderen Vorzeichen vonstattengehen. Für Mütter und Väter beginnt die neue Lebensphase mit einem Paukenschlag: Das Kind geht und wir fühlen uns plötzlich alt, ungeachtet der Tatsache, dass wir bereits von Geburt an altern, fühlen wir uns von einem Tag auf den anderen zum sprichwörtlichen alten Eisen geworfen. Wer will da schon hin? Wer will sich schon alt gleich unwichtig fühlen? Was liegt näher, als sich an die Beziehung zum Kind, an die Nähe zu den Jugendlichen zu klammern wie der Nichtschwimmer an den Beckenrand? Sich in Verhalten, Sprache, Musikgeschmack und Mode, aber auch in der Wahl der Freunde eher an der Jugend zu orientieren und damit die eigene Verwendbarkeit als gefragter Gesprächspartner, gefeierter Gastgeber und im Herzen immer noch junger Mensch unter Beweis zu stellen? Die Jugend gibt den Ton an und im Glauben, in einer Art emotional wechselwarmem Mimikry gut aufgehoben zu sein, hecheln wir hinterher und japsen: Wir sind wie ihr! Schließlich ist, wer auch jenseits der 50 von der Jugend noch goutiert wird, nicht so alt, wie er vielleicht aussieht, sondern so jung, wie er sich fühlt. »Jugendkultur? Geil, gib mal her!«, überschreibt Silke Burmester ein Kapitel ihres Buches über die kulturelle Kluft, die frühere Generationen trennte, den Absprung erleichterte und heute beinahe aufgehoben scheint.

Eltern sind heute nicht mehr das Schreckgespenst und auch nicht mehr per se blöd. Aus Sicht ihrer Kinder sind sie sogar ganz nett, gechillt, gar cool steht auf dem begehrten Pokal, den unsere Kinder uns bestenfalls überreichen. Eine Jugendkultur, die Eltern auf die Palme bringt? Keine Spur. Eher neugieriges Interesse und freudiges Nachahmen.

Vom Generationenkonflikt zum Generationenneid

So weit sind wir jetzt: Wir sind Eltern, die von ihren Kindern cool gefunden werden können, ohne dass die sich dafür schämen müssten. Und wir sind der Mühe enthoben, ständig das Unverständnis, Befremden und Ablehnen dessen hervorkehren zu müssen, was unsere Kinder da veranstalten. Wir müssen ihnen keine Auseinandersetzung mit uns oder sich selbst abverlangen und sonnen uns in der Vorstellung, dass sie im Großen und Ganzen ganz gut geraten sind. Dabei bringen wir die Message ungefragt und immer wieder rüber: Das ist die Zeit deines Lebens! Genieß es! Nie wieder wirst du so jung, attraktiv und frei sein! Im Blick auf die großen Kinder und im Rückblick auf unsere eigenen jungen Jahre und die Jugend hartnäckig verklärend – auch das ist eine Form von Teilhabe, wenn nicht Bemächtigung. Dabei könnten wir uns genau daran erinnern, dass es etwas wie jugendliche Unbeschwertheit in den Jahren zwischen zehn und dreißig eher selten gegeben hat, sondern dass die Zeit gespickt war mit quälenden Fragen und schwierigen Entscheidungen: Wer bin ich? Was will ich? Wo soll's hingehen? Wen soll ich lieben, mit wem eine Familie gründen? Welcher Beruf passt zu mir? Und alles kann falsch sein.

»Weil es uns nicht gelungen ist, Gesellschaften zu schaffen, in die unsere Jugend gerne hineinwachsen möchte, idealisieren wir die Phasen der Kindheit und Jugend«, stellt die Philosophin Susan Neiman fest und nimmt die schädlichste Idealisierung ins Visier, mit der wir uns an den erwachsenen Kindern schadlos halten: Die weitverbreitete Ansicht, die besten Jahre unseres Lebens seien das Jahrzehnt zwischen sechzehn und sechsundzwanzig, unterschlägt die Wahrheit. Wenn wir die schwerste Zeit des Lebens als die beste ausgeben, machen wir diese Zeit nur noch schwerer für alle, die sie gerade durchmachen. »Wenn wir das Leben als einen Prozess des Niedergangs beschreiben, bereiten wir junge Menschen darauf vor, sehr wenig davon zu erwarten – und zu verlangen.«

Die Altersverleugnung in der jugendwahnsinnigen Gesellschaft transportiert ein Bild vom Erwachsensein, das abschreckend ist, und bringt Eltern dazu, sich ihren jugendlichen Kindern an die Fersen zu heften und ihnen selbst dann immer noch nahe sein zu wollen, wenn sie schon längst auf dem Absprung sind. Paradox, dass die Sehnsucht der Mütter und Väter nach mehr Nähe zu den Kindern mit einer großen Enttäuschung zusammenfällt. Jahrelang haben sie uns gebraucht und jetzt, wo sie uns immer weniger brauchen, brauchen wir sie mehr ...

Wehmütig beschreibt eine Mutter, wie sie abends aufgeblieben ist, um auf die Heimkehr ihrer 17-jährigen Tochter zu warten, die mit ihren Freundinnen ins Kino gegangen war. Sie wollte nur dasitzen und noch ein bisschen mit ihr reden. Es wird nicht mehr lange dauern, bis die Tochter Ausreden parat haben wird, weshalb sie nicht beim gemeinsamen DVD-Abend dabei sein wird. Sie ist mit ihren eigenen Unternehmungen beschäftigt, und das ist auch gut so: Großen Kindern den Part zuzuschieben, die eigene Wichtigkeit, das Gebrauchtwerden, die Anerkennung zu bekräftigen, und sich in ihrer Gunst gut aufgehoben zu fühlen, verschiebt die Pole der Batterie: Leider hat das scheinbare Verschwinden der Generationenkluft, das den Eltern die Illusion ewiger Jugend vermittelt, Risiken und Nebenwirkungen.

Solange wir uns am Zustand der Jugend laben, wollen wir nicht erwachsen werden. Susan Neiman beschreibt die invasiven und subtilen Mittel, mit denen man uns im Zustand der Unmündigkeit hält, denn die Kräfte, die unsere Welt bestimmen, wollen nicht mit Erwachsenen umgehen müssen. Kinder sind gefügigere Untertanen – und Konsumenten. »Wir werden mit widersprüchlichen Botschaften bombardiert. Die eine Hälfte drängt uns, ernsthafte Menschen zu werden, das Träumen aufzugeben und die Welt so zu akzeptieren, wie sie ist; sie verbreitet das Bild des Erwachsenseins als Kapitulation vor dem Status quo. Die andere Hälfte überschwemmt uns mit Produkten und Vorschlägen, die uns jung halten sollen. Nur selten erhalten wir dagegen ein Bild, das Erwachsensein als das Ideal darstellt, das es sein sollte.«

Und so verlieren wir uns im Jugendwahn einer Gesellschaft, der noch in die intimsten familiären Beziehungen hineinwirkt und uns weismacht, selbst der natürlichste und normalste Vorgang seit Menschengedenken, die Lösung der Kinder von den Eltern und das Klaffen einer Distanz zwischen den Generationen, ohne die es übrigens keinen Fortschritt geben kann, löse eine schmerzhafte Lebenskrise aus, die die Partei der Älteren mit Gefühlen der Nutzlosigkeit, des Verlassenseins und plötzlichen Eintritts in die Altersatmosphäre überfalle.

Das Bild des Erwachsenwerdens als eines unausweichlichen Verfalls verleugnet nicht nur den Gewinn, der für die gedankliche Anstrengung des Reflektierens lockt, sondern wird durch ein Netz von Interessen gestützt, die gegen unser Erwachsenwerden arbeiten. »Die Tragödie liegt darin, wie wir ständig selbst daran mitwirken und sogar dort noch nach Bestätigung für dieses Bild suchen, wo sie gar nicht zu finden ist.«

Jugendlichkeit als Lifestyle-Produkt

Dazu kreieren die Einflüsterungen der Konsumgüterindustrie, die Schmeicheleien der Mode, das Wispern der kindlichen Gesellschaft eine große Verlockung, sich über die Tatsache hinwegzutäuschen, dass man, sobald man nicht mehr nur Eltern hat, sondern selbst zu Mutter oder Vater geworden ist, unwiderruflich die Seiten gewechselt hat. Wo die ganze Gesellschaft immer kindlicher und kindischer wird, verdrängt das Kindgerechte das Erwachsenengemäße. Dieser Vorgang entfaltet beträchtliche Strahlkraft, die auch der Art und Weise, wie die Generationen heute beieinanderbleiben, ihren unverwechselbaren Stempel aufdrückt.

Alte Menschen leben wie junge, auf der Karriereleiter überholen Frauen die Männer, immer mehr Produkte werden gemeinsam genutzt. Das sind nach Einschätzung des Zukunftsinstituts von Matthias Horx drei Trends der Zukunft. So schrumpfe zwar der Anteil Jugendlicher an der Gesamtbevölkerung, aber ihre Bedeutung wachse. Davon ist Christian Schuldt vom Zukunftsinstitut in Frankfurt überzeugt, »vor allem als Seismographen gesellschaftlicher Wandlungsprozesse und als Vorreiter von Lebensweisen«, schreibt er in seiner Studie *Youth Economy.* »Jugendlichkeit ist ein generationenübergreifendes Lifestyle-Prinzip« geworden. 70-Jährige könnten in der digitalen Netzwerkgesellschaft auf die gleichen Lebensstile zurückgreifen wie 20-Jährige. Manch alter Mensch lebe jugendlicher als ein junger. Das Verhältnis zwischen den Generationen werde partnerschaftlicher. Jugendforscher Klaus Hurrelmann formuliert es so: »Junge Leute werden zu Experten im Umgang mit Offenheit und Unsicherheit. Dies färbt auf die ältere Generation ab.« Wohl wahr, möchte man heimlich seufzen und streckt sich sogleich weiter nach der Decke; und verkneift sich den erwachsenen Einwand: Wer immer ganz offen ist, ist auch nicht ganz dicht.

Vorbei die Zeiten, in denen die Älteren den Jüngeren etwas zu sagen hatten. Seit Platon geht die Klage, dass die Jugend alles besser wisse und wir ehemaligen Jugendlichen wissen, dass das stimmt. Auch wir wussten alles besser als unsere Eltern, und wir konnten nach und nach alles besser als unsere Eltern: Autofahren, Kochen, Lieben, Tanzen, Diskutieren. Mark Twain hat diesen schlichten Sachverhalt in ein paar Sätze von erlesener Bosheit gegossen: »Als ich vierzehn war, war mein Vater so unwissend. Ich konnte den alten Mann kaum in meiner Nähe ertragen. Aber mit einundzwanzig war ich verblüfft, wie viel er in sieben Jahren dazugelernt hatte.« Diese große Wahrheit könnten unsere Zwanzigjährigen heute noch genauso gelassen aussprechen, allerdings käme das Statement heute trocken, sachlich und frei von sämtlicher fein ziselierter Ironie daher: Es ist so. Leider wahr.

Digitale Placebos und ihre Nebenwirkungen

Kinder wissen heute alles besser: Was der digitale Wandel mit dem Verhältnis der Generationen gemacht hat, ist noch nicht einmal ansatzweise zu ermessen. Permanente Erreichbarkeit auf allen Kanälen und tägliche Schreibschwätzchen zwischen Eltern und Kindern sind nur die Spitze des Eisbergs, Familiengespräche zwischen zwei Kontinenten im digitalen Skype-Tunnel längst Alltag. Das kann wundervoll sein, wenn das Heimweh drückt, und doch ist es ein So-tun-als-ob. Stimme und Anblick suggerieren Nähe, wo physisch keine Nähe ist, und die digitalen Beziehungsverlängerer helfen dabei, sich etwas vorzumachen und eben nicht zu sehen, was ist. Ganz ähnlich wie manche Menschen ihren toten Wellensittich oder Dackel ausstopfen lassen, um weiter mit ihm zusammenzuleben, als wäre nichts geschehen. Für den Moment mag das tröstlich sein, doch zum notwendig gewordenen Austarieren der neuen Positionen, der Frage von Nähe und Distanz, der Balance zwischen Zusammenbleiben und Loslassen kann das digitale Placebo wenig beitragen.

Im Gegenteil: Es wird schwieriger, die gewohnte Überfürsorglichkeit abzulegen, wenn wir über Mail, Skype, SMS oder WhatsApp jede Kleinigkeit mitkriegen und uns unweigerlich Sorgen machen, allerdings ohne rettend eingreifen zu können: dass eine Schlange den Weg unseres Babys gekreuzt hat, dass da so komische Typen unser kleines Mädchen im australischen Pub belästigen, dass ein Zyklon im Anmarsch auf das kleine Dorf in Neuseeland ist und was immer mehr an Unbill da draußen in der Welt dem Kind droht. Die Gleichzeitigkeit und Unmittelbarkeit elektronischer Botschaften wirft unweigerlich das Kopfkino an, 140 Zeichen explodieren und bringen hundert Horrorfilme in einer Minute hervor, wenn man es zulässt, täglich. Wir sind in Echtzeit dabei, wenn sie ihre Fehler machen, und halten uns künstlich in Sorge und Aufregung, kreisen lange über der Zeit in den Gedanken ständig um die Kinder. Töchter, die auf dem Heimweg von irgendeiner Party am Rheinufer entlanglaufen und während der ganzen Zeit Handy-Kontakt mit Mutti haben, damit die mitkriegt, wenn etwas passiert? Die Technik macht's möglich. Und was immer die Technik möglich macht, tun wir einfach. Wo eine Rolltreppe da ist, geht kaum wer noch zu Fuß.

Loslassen wird unter diesen medialen Umständen zur mentalen, emotionalen Schwerstarbeit. Ganz anders die guten alten Briefe – die schrieben früher weltreisende Adoleszenten in Ruhe und Sicherheit, und zwar nach überstandenen Abenteuern. In der Zwischenzeit dachte man vielleicht aneinander, aber die Unmöglichkeit von Kommunikation hat Eltern auch viele Panikattacken erspart und ihre besseren Seiten zutage gefördert: Hoffnung, Zuversicht, Geduld, Besinnung. Medien formen Beziehungen, doch wie auch immer sich das jeweils ändert, die Fragen bleiben die alten: Wie oft telefonieren wir? Was berichten wir und was nicht? Wofür bin ich noch verantwortlich und wofür nicht mehr? Was ist Unterstützung, was Einmischung?

Doch die Omnipräsenz von Kommunikationsmedien und digitalen Geräten, mit denen wir spielen, uns informieren oder kommunizieren, hat den Alltag und beinahe alle Lebensbereiche noch viel tiefer durchdrungen. »Das Medium ist die Botschaft«, so formulierte der kanadische Medienwissenschaftler Marshall McLuhan Anfang der 1960er-Jahre. Stark verkürzt steckt dahinter die These, dass neue Technologien, wie früher der Buchdruck und in der kürzeren Vergangenheit die elektronischen und digitalen Medien, die Art und Weise unseres Denkens verändern, und damit auch das soziale Miteinander beeinflussen. Der Buchdruck schuf Leser, wo vorher nur Erzähler und Zuhörer waren. Elektronische Medien schickten Bilder und Töne breit über Landesgrenzen hinweg und generierten erstmals zeitgleich vielfältige Zuhörer und Zuschauer. Digitale Medien sind weltumspannende Alleskönner im Nanosekundentakt. Buch, Radio, Internet – jedes Medium hat seine eigenen Gesetze, die seine Nutzung prägen.

Medien gestalten Beziehungen, auch in der Familie, und dabei verrücken sie Schwerpunkte auch zwischen Generationen. Die Nutzerkompetenz im Internet unterscheidet sich so sehr zwischen den vor 1970 und den nach 1980 Geborenen, dass die Spaltung in digital immigrants und digital natives längst sinnfällig geworden ist. Die jüngere Generation lebt von Kindesbeinen an mit Computerspielen und ist mit dem Netz vertraut, was zu großer Akzeptanz und Risikobereitschaft in Bezug auf Smartphones, Tablets und sozialen Netzwerken führt.

Im Gegensatz dazu tut sich die ältere Generation schwer und versteht oft gar nicht, was das Internet eigentlich bedeutet. Liken, Simsen und Twittern sind Dinge, die für Jugendliche selbstverständlich und für Erwachsene häufig Bücher mit sieben Siegeln sind. Während Erwachsene noch Zeitung lesen, checken die Jugendlichen in der News-App die aktuellen Nachrichten oder schauen bei WhatsApp nach letzten Infos aus einer ihrer Gruppen. Sobald sie mit ihren Smartphones oder übers Festnetz Internetzugang haben, schauen sie bei Facebook, ob es neue Statusmeldungen gibt. Ihre Eltern sind noch mit Sparbuch, Walkman, Festnetztelefon und Tageszeitung aufgewachsen, sie selbst würden Briefpapier oder Faxgeräte wohl eher im Heimatmuseum vermuten. Eltern jenseits der Fünfzig stehen mitten im Leben – und doch zwischen den Stühlen.

Wie wohl kaum eine Generation vorher brauchen wir heute unsere Kinder im Umgang mit Medien, dabei haben sich die Rollen einmal mehr verkehrt. Wir brauchen unsere Kinder, damit sie uns die Rechner einrichten, die Fotos aus der Kamera im Computer speichern, den Router konfigurieren, Programme im Internet finden und diese oder jene App installieren. Wir stehen daneben und begreifen mitunter nicht einmal, was sie da tun. Und sie haben auch keine Geduld, uns das zu erklären. Es geht nämlich schneller, wenn sie's selbst tun. Die Rollen sind vertauscht. Ich kann mich nicht entsinnen, dass es etwas gegeben hätte, was ich meinen Eltern hätte erklären können, etwas Grundlegendes, das sie ohne meine Hilfe weder verstehen noch hätten handhaben können.

Der Umstand, dass wir heute in vielen Fällen auf unsere Kinder angewiesen sind, dass wir sie brauchen, damit sie uns helfen und uns Dinge erklären, ebnet die Eltern-Kind-Hierarchie weitgehend ein und stellt uns bestenfalls einander auf Augenhöhe gegenüber und ermöglicht ein gemeinsames Agieren, zu dem jeder mit seinen unterschiedlichen Fähigkeiten beiträgt. Wenn es nicht so gut läuft, steht der Erwachsene schnell als Digital-Depp da, weil er Doodle nicht kapiert und seine Termine immer noch mit dem Stift im Papierkalender einträgt. Doch wie groß die jugendliche Affinität zu digitalen Medien auch sein mag, sie wissen und können ja nicht alles. Es bleiben Lebenslagen und Alltagsherausforderungen, in denen der technologische mediale Vorsprung nicht reicht und analoges Lebenswissen gefragt ist. Da haben wir die Expertise und wissen, wo es langgeht. Denn es ist ja nicht so, dass unsere Kinder wirklich so viel Ahnung von allem haben, oft vom Leben eher nicht.

Auch wenn der Nachwuchs groß ist, gibt es noch genügend Situationen und Bereiche, in denen wir wissen, wo es langgeht, in denen wir die Expertise haben und etwas sagen können. Und wenn es die Frage ist, was eigentlich bei Liebeskummer hilft oder warum es schlau wäre, im Bewerbungsschreiben keine Rechtschreibfehler zu haben.

Gleiche Augenhöhe – in Sichtweite

Dass die Rollenaufteilung zwischen Starken und Schwachen, Wissenden und Unwissenden, Bestimmern und Gehorchern, die eine Generation vorher noch die Verhältnisse geordnet hat, inzwischen einer vermeintlich partnerschaftlichen Durchlässigkeit zwischen Eltern und Kindern gewichen ist, macht es ja auch so nett, mit den großen Kindern ein enges, freundschaftliches Verhältnis zu pflegen, wie es das mit den eigenen Eltern nie gegeben hat. Es macht uns aber auch den Abschied von den Kindern heute so schwierig und so schmerzhaft. Wir haben wirklich gerne mit unseren Kindern zusammengelebt und viele Gespräche genossen. Sie haben uns auf Trab gehalten. Sie haben uns bereichert, verblüfft, aufgeheitert und in viele festgefahrene Situationen frischen Wind gebracht. Aus dem neugeborenen Baby, das damals wie ein Tornado in unserem Alltag das Unterste zuoberst gekehrt hat, ist ein etwas schräger Mitbewohner geworden, den wir wirklich sehr gern mögen und liebend gern um uns haben, auch wenn er nicht redet oder plötzlich herumschreit, mit den Türen knallt und sein Lebenswandel, sein Ordnungssinn, sein Schlaf-Wach-Rhythmus schon lange nicht mehr zu unserem passt. Jemand geht, der uns jedenfalls nie gelangweilt und immer viel abverlangt hat und von dem wir viel darüber gelernt haben, wie man das Leben meistert. Und ja, auch jemand, der Leben in die Bude bringt.

Marie

Vor gut 14 Monaten befand ich mich gerade in Nelson auf der Südinsel Neuseelands, von wo aus ich den Bus nahm, um in Kaikoura einen neuen Putzjob in einem Hostel anzunehmen. Mit meiner Sitznachbarin Birgit aus Estland war ich schon während der Busfahrt ins Gespräch gekommen, aber interessant wurde es erst, als wir auf einen kurzen Zwischenstopp in Blenheim hielten, dort mit einer waschechten Neuseeländerin namens Renae ins Gespräch kamen und uns über die Gründe für den Antritt dieser Reise austauschten. Während ich in meiner Reise damals eher einen Selbstbeweis für meine Unabhängigkeit vor allem der Familie gegenüber gesehen hatte und diese dementsprechend auch eher vor vollendete Tatsachen gestellt hatte, verkörperte Birgit mit ihren 23 Jahren das komplette Gegenteil. Obwohl sie älter war und mir in unseren Gesprächen sehr bestimmt und selbstbewusst erschienen war, eröffnete sie uns, dass ihre Eltern diese Reise erst erlaubt hatten, nachdem sie versprochen hatte, jeden Tag mit ihnen zu skypen. Ich hielt das zunächst für einen Witz, doch Renae schien sich sehr verstanden zu fühlen von Birgit, als diese erzählte, dass sie sich immer ein Hostel mit kostenlosem WLAN heraussuchen würde, um jeden Abend mit ihren Eltern skypen zu können. Was mich an diesem Gespräch fast noch mehr überraschte als Birgits Erläuterungen war Renaes Verständnis. Denn obwohl sie das Reisen liebte und über so eine Weltreise häufiger nachdachte, hatte sie damals ihren Eltern keine Sorgen bereiten wollen und sich deshalb für ein Studium im acht Stunden entfernten Dunedin entschieden, eine Entfernung, die schon so schwer für ihre Eltern zu verarbeiten war.

Ich hatte meine Eltern damals gar nicht gefragt, ob einmal im Monat skypen und ein paar E-Mails genügend Kontakt gewesen waren, sondern es eher bestimmt. Für mich war nicht klar gewesen, dass Eltern da auch ein Mitspracherecht haben sollten und wie es denen nun ging, wenn ich mich nur selten meldete. Dass dieses Verhalten egoistisch und selbstbezogen gewesen sein könnte, war mir tatsächlich nicht in den Sinn gekommen.

WhatsApp hatte ich schon zu Beginn meiner Reise in Thailand gelöscht, weil die Fotos vom Gansessen meiner Familie eher Heimweh auslösten und mich zweifeln ließen an der Richtigkeit meiner Reise. Der Facebook-Messenger wurde kurz danach deinstalliert, weil ich die dauernden Benachrichtigungen einfach satthatte, und ich wusste auch wieder warum, als ich da mit Renae und Birgit auf der Bank saß. Ständig bimmelte Birgits Telefon, weil einer ihrer WhatsApp-Gruppen auf ein Bild geantwortet hatte. Alle zwei Minuten unterbrach sie sich also entweder selber oder uns und sagte mit entschuldigt gequältem Lächeln: »Sorry, dauert nur eine Sekunde«, und versank in einer ihrer hundert WhatsApp-Gruppen. Entweder mussten Renae und ich dann mit dem Fortgang des Gespräches auf sie warten oder wurden dauernd von ihren kleinen Lachern und Ausrufen der Freude unterbrochen, während sie uns zehn Bilder von ihrem hässlichen Pudel zeigte, der komische Dinge bei ihren Eltern zu Hause machte, dabei fotografiert worden war und von der Mutter mit folgender Unterschrift betitelt wurde: »Diego vermisst dich fast genauso sehr wie wir dich. Wann kommst du zurück?« Birgit hatte für alle ihre Lieben eine eigens eingerichtete WhatsApp-Gruppe, so auch für ihre Großeltern, auf die sie besonders stolz war. Nicht selten kam es dann vor, dass als Antwort auf ein lustiges Bild mit wilden Robben aus Nelson ein Bild vom estländischen Asphalt in der Gruppe auftauchte mit der nachfolgenden Bitte, ihr noch einmal zu erklären, wie man denn nun ein Foto schießen würde mit so einem Smartphone.

Es kam eine richtige Diskussion auf, ob man dem Wunsch der Eltern nachgeben oder sie ein Stück weit »erziehen« müsse und eher gewissenlos seine Unabhängigkeit fordern sollte.

Während des Gesprächs kamen wir auf keinen gemeinsamen

Nenner und so fuhren wir gemeinsam nach Kaikoura, aßen Sushi und verabschiedeten uns, weil sie noch mit ihren Eltern vor dem »New World« skypen wollte, da bekam man nämlich »free WiFi«.

Ich habe sie nie wiedergesehen, aber zum Nachdenken hat sie mich trotzdem gebracht, denn obwohl es nicht den allumfassenden besten Weg für jeden gibt, sehe ich in dem heutzutage vereinfachten Kontakthalten mehr Last als Erleichterung. Auch wenn einige Reisebekanntschaften den regelmäßigen Kontakt tatsächlich brauchten, hatte ich bei den meisten den Eindruck, sie würden es eher für die Eltern als für sich tun. Meine Freundin Miri hat beispielsweise immer den Kontakt vermieden, weil sie und ihre Mutter sich über Skype nur gestritten haben, und andere Freunde wollten keinen Kontakt, weil es sie traurig gemacht hat, zu sehen, was sie gerade verpassen.

An Weihnachten meine Familie vor dem geschmückten Baum mit Lebkuchen in der Hand zu sehen und zu hören, wie meine eigentlich schon großen Geschwister sich um das Geschenkeaufmachen stritten oder sich über meine Mutter belustigten, während ich auf einem muffigen Sofa neben einem Plastikbaum mit einem Anhänger saß und niemanden kannte, hat mich damals nicht besonders glücklich gestimmt.

Egal ob wir Kinder ausziehen, auf eine Weltreise gehen, denken, den Waisenkindern in Afrika helfen zu müssen, oder uns als französische Nanny versuchen, liegt dem allen zugrunde, dass man irgendwie herausfinden möchte, was denn überhaupt »sein eigenes Ding machen« bedeutet. Unser Versuch des Abgrenzens und Lösens ist aber nicht möglich, wenn der übertriebene Kontakt über alle möglichen Apps immer wieder erfordert, temporär in alte Verhältnisse zurückzugehen.

Das Skypen soll uns suggerieren, dass wir ganz nah beieinander sind und normal mit einer Person reden können, aber wenn ich auf Reisen skypen sollte, hatte ich immer das Gefühl, die tollsten

Geschichten auf Lager haben zu müssen, weil ich fünf erwartungsvollen Augenpaaren gegenübersaß, und nicht selten kam es vor, dass wir uns einige Augenblicke zu lange anschwiegen oder Fragen doppelt stellten.

Ich verstehe, dass Eltern nur wissen wollen, ob es einem gut geht, aber selbst wenn es einem schlecht geht, können sie aus der Ferne nichts ausrichten oder verbessern, und genau darum geht es uns Kindern. Dass man auch einmal weg von der Versuchung kommt, sofort wieder die Eltern zu fragen und um Hilfe zu bitten. Dass man auch mal den Arsch in der Hose haben muss, um aus einer unangenehmen Situation herauszukommen, wenn es finanziell, freundschaftlich oder jobmäßig mal nicht läuft.

Noch dazu habe ich die Erfahrung gemacht, dass es Platz für neue Bekanntschaften und Erfahrungen nimmt. Rückblickend ist es kein Wunder, dass ich in meiner ersten Woche im Hostel in Auckland niemanden kennengelernt habe, weil ich, sobald ich die Tür zur Küche aufmachte und begann, meine billigen Spaghetti mit Fertigsoße in der Mikrowelle zu kochen, zwar mit zehn anderen Leuten im selben Raum zu sein schien, aber acht davon mit irgendwelchen Kabelhaufen umwickelt lachend oder weinend in eine fünf Millimeter große Kamera blinzelten und die anderen zwei damit beschäftigt waren, die coolsten Hüpfbilder vor einem Vulkan bei WhatsApp zu verschicken oder diese in irgendwelchen von nur den Eltern gelesenen Reiseblogs hochzuladen.

Anfangs wunderte ich mich noch über vollkommen überfüllte, aber mucksmäuschenstille Gemeinschaftsräume in Hostels, und irgendwann wurde das in den Hostels mit kostenlosem Internet ein normaler Anblick. Meine Freundin Laura und ich machten uns manchmal einen Spaß daraus, uns in die Mitte zu setzen und trotz mangelnden Sprachverständnisses zu erraten, mit wem die vor sich hin brabbelnden, in anderen Welten reisenden Backpacker nun gerade bei Skype sprachen. Als uns dieser Anblick irgendwann auf die Nerven ging, fingen wir an, gezielt Hostels ohne Fernseher und Internet herauszusuchen, weil man da immer die lustigsten Abende verbrachte und nach nur einigen Stunden mit Muskelkater vom Twisterspielen auf der Couch saß und lernte, wie man sich auf Russisch, Koreanisch und Spanisch so richtig beschimpfte.

Für Eltern ist WhatsApp bestimmt wie ein implantierter GPS-Sender, denn wenn das Kind vor zwei Stunden noch online gewesen ist, dann muss es sich irgendwo in der Zivilisation befinden, anstatt im australischen Outback zu verdursten. Skype ist die visuelle Bestätigung, dass es dem Kind gut geht, und die neuen Titelbilder bei Facebook beweisen, dass es das Haitauchen auf Fidschi überlebt hat, sonst wären die Bilder ja nicht hochgeladen.

Aber inwieweit hat irgendeines dieser digitalen Medien Lauras Wunsch unterstützt, einfach mal weg von allem zu kommen? Von den Eltern, der Verantwortung und Sorge in Bezug auf ihre kleinen Geschwister und der Frage, wie es nun nach dem Abitur weitergehen soll. Kennengelernt haben wir uns damals in Wellington, weil sie mich völlig verheult um ein Taschentuch bat, nachdem sie jeweils eine Stunde mit ihrer Mutter und ihrem Vater geskypt hatte, um deren Scheidung von Neuseeland aus zu verhindern, und per WhatsApp-Sprachnachricht hinterher klarstellen musste, dass es ihren Geschwistern gut ging.

Ich habe das Gefühl, dass diese Wege der Kommunikation eine Wirklichkeit suggerieren, die nicht da ist, und darüber hinaus keinen Platz für Gelassenheit und Vertrauen sowohl bei den Eltern als auch bei den Kindern lässt. Ohne Skype hätten in Lauras Fall die Eltern miteinander, nicht übereinander sprechen müssen, weil Laura als unfreiwillige Mediatorin nicht anwesend gewesen wäre. Bei Birgits Eltern wäre weniger Kontakt über Skype ein Beweis dafür, dass sie ihrer Tochter vertrauen und wissen, dass sie es allein schafft, und Miris Mutter musste sich schlichtweg in Gelassenheit üben und das, dachte ich immer, sei das Ziel aller Eltern. Möchte man nicht starke, unabhängige, allein lebensfähige Kinder auf die Welt loslassen? Kinder, die schon wissen, was richtig für sie ist? Ist »überflüssig werden« nicht das, worauf man als Eltern jahrelang hinarbeitet, um dann gelassen dabei zuzugucken, wie wir hinfallen und darauf vertrauen, dass wir schon wissen wie man wieder aufsteht, weil sie es uns doch beigebracht haben?

Weniger Kontakt hat bei mir und vielen meiner Reisebekanntschaften häufig zu ganz neuen Wegen der Kommunikation geführt. Ich fing an, seitenlange Briefe an meine Mutter zu senden und wahlweise Zwiebelsamen von meinem Arbeitsplatz, Fotos oder Sand mit in den Umschlag zu legen. Ein Franzose nahm den Glücksbringer seiner Mutter mit ans Filmset der Hobbits, um vor jeder kleinen Hütte ein Bild mit dem kleinen Stofftier zu schießen und an sie zu schicken. Caro sammelte unterschiedliche Harley-Davidson-T-Shirts für ihren Vater, und Regina gab zu, ihren Neuseelandaufenthalt leider gar nicht zu genießen, was mich nicht sehr verwunderte, weil sie andauernd mit Freunden und Familie geskypt hat, und wenn ich morgens um sieben aus dem Pub kam, bereits skypend in der Küche saß und immer wieder sah, was sie in Deutschland zurückgelassen hatte.

Die vereinfachte Kontaktaufnahme hat Regina die Notwendigkeit genommen, sich mit ihrer neuen Umgebung absolut auseinanderzusetzen und anzufreunden, Birgit wurde die Möglichkeit genommen, sich selbst komplett anders kennenzulernen, als die Tochter, die sie schon seit zwanzig Jahren ist. Sie nimmt einer Laura die Möglichkeit, sich der Verantwortung als große Schwester, Vermittlerin der Eltern und Beschützerin der Geschwister zu entziehen, und es hat mir anfangs die Notwendigkeit genommen, meiner Mutter seitenlange Briefe zu schreiben mit detaillierten Ortsbeschreibungen.

Dass zu viel minimierter Kontakt auch zu neuen Erkenntnissen meinerseits führen konnte, durfte ich nur kurz nach Birgits Bekanntschaft erfahren: Ich hatte mittlerweile mit dem Putzen begonnen, als die Abendnachrichten die Südinsel verunsicherten mit der Ankündigung, dass Zyklon »Pam« auf dem Weg nach Kaikoura sei, um alles in Schutt und Asche zu legen. Während wir das alles nicht ganz so ernst nahmen, liefen die Leitungen von Deutschland aus auf Hochtouren, weil unzählige Eltern wissen wollten, wie es uns ging.

Als nach einem Tag Entwarnung gegeben wurde, weil Pam sich entschieden hatte, woanders zu wüten, kam diese Nachricht nicht bis nach Deutschland durch. Denn während Miri und ich fröhlich Toiletten putzten, wurden wir vom Manager unterbrochen, der Miri bat, einen Anruf ihrer Mutter entgegenzunehmen. Vier Tage lang hatte diese keine Antwort auf ihre Mails bekommen und deshalb die Nummer des Hostels gegoogelt, um herauszufinden, ob ihre Tochter noch lebte. Auch andere Eltern meldeten sich in den nächsten zwei Stunden, und so kramte ich mein Handy mit schlechtem Gewissen aus der Tasche. Ich erwartete schon E-Mails, Facebook-Nachrichten und verpasste Anrufe meiner Eltern, aber das vertraute Bimmeln meines Telefons wollte sich nicht einstellen. Während ich zunächst annahm, dass mein Handy kaputt sei, musste ich im Laufe des Tages feststellen, dass sich niemand in Deutschland um mich sorgte. Immer wieder checkte ich mein Telefon, bis meine Mutter dann bei Skype online war und sich folgende Konversation ergab: »Was gibt's denn, Mariechen? Ich wollte gerade los!«. Relativ beleidigt antwortete ich: »Mama, wir hatten hier einen Zyklon, der fast auf uns zukam und dann doch nicht. Alle bekommen besorgte Nachrichten nur ich nicht. Warum hast du dir keine Sorgen gemacht?« Nach einer kurzen Übertragungspause kommt lachend zurück: »Wie, da war ein Sturm in Neuseeland? Das muss ich wohl verpasst haben, ist alles in Ordnung?« Sie lässt mich die Frage kaum bejahen und ruft: »Schätzchen, ich muss jetzt los. Bin noch mit Christiane verabredet. Wir reden morgen, ja? Kuss!« Die

Verbindung ist tot, Mama offline und ich total verärgert über mangelnde elterliche Fürsorge. Doch noch während ich mein Handy tief in meinem Backpack verstaue, weicht der Ärger Freude und Stolz darüber, dass meine Mutter anscheinend gelassener geworden ist, denn so ein Gespräch wäre doch nicht zustande gekommen, wenn wir nicht gelernt hätten, diese 18363,21 Kilometer, die zwischen uns liegen, mit mehr Freude, Gelassenheit und Vertrauen zu überbrücken, oder?

4. Kapitel
Empty Nesters: Im Fadenkreuz der Marktforschung

Vintage-Boom und Retro-Trend sind mehr als einfach nur schön anzusehen. Längst hat sich ein riesiger Markt entfaltet, der die sieben Lebensalter der Menschen zu einer Art lebenslänglicher Jugend verschmolzen hat. Moden, Kleidung, Filme, Musikstücke und noch viel mehr Versatzstücke aus der Warenflut von früher werden an alternde Erwachsene herangetragen, die ihre Jugend wiederbeleben oder sich wenigstens jünger fühlen möchten, als es in ihren Pässen vermerkt ist. Aber auch Teenager und junge Erwachsene sehen im Tragen der Mode früherer Generationen eine echt coole Art, jung zu sein. Retro und Vintage bieten den Jungen faktisch die Möglichkeit, älter zu werden und dennoch jung zu bleiben.

Es ist mehr als ein Husarenstück der Modebranche, das sich auch in anderen Bereichen durchdeklinieren lässt. Wir Älteren fühlen uns alle viel jünger, als wir eigentlich sind, und das beschert denen, die uns etwas verkaufen wollen, eine riesige Angriffsfläche. Die Kundschaft wächst auch noch, wenn die jüngeren Zielgruppen in die Jahre kommen. Der letzte Demografiebericht der Bundesregierung hatte vorgerechnet, dass 2016 jeder Dritte 65 Jahre oder älter war und doppelt so viele 70-Jährige lebten, wie Kinder geboren wurden. Da die Bevölkerung in den westlichen Ländern zahlreich altert, wird die Definition dessen, was jugendlich ist, einfach nach oben verschoben, und die Angehörigen der geburtenstarken Jahrgänge aus den 60ern übertragen sie stillschweigend noch in ihre Rentnerjahre. In der Zeit eingefroren, bleiben die alternden Erwachsenen ihr Leben lang junge Verbraucher, während die kleinen Kinder und die Kinder zwischen neun und zwölf Jahren zu Teenagern mutiert in erwachsene Verbraucher verwandelt werden, wenn sie in immer früherem Alter an die Reihe kommen«, beschreibt Benjamin Barber, wie die »Ethik der Infantilisierung« die Kindheit, aber auch das Erwachsensein verdirbt. »Wir leben in einer Zeit, in der immer mehr Menschen es ablehnen, sich altersgemäß zu verhalten. Die Jungen (oder viele von ihnen) trachten danach, älter zu sein, während die Älteren (oder viele von ihnen) danach trachten, jünger zu sein. Wir haben die herkömmlichen Etappen des Lebenszyklus zunehmend zerstört, die Kindheit verkürzt und ihr ein paar verschwommene Übergänge folgen lassen. Die Adoleszenz beginnt vor der Pubertät und für einige endet sie nie. Das Alter wird allenthalben verleugnet«, schreibt Robert J. Samuelson unter der Überschrift »Adventures in Agelessness« im Magazin *Newsweek* aus dem November 2003.

Anekdotische Belege für diese Entwicklung gibt es auch hier zuhauf: Ausgewachsene Abteilungsleiter, die auf Tretrollern ins Büro flitzen, erwachsene Literaturliebhaber, die sich auf *Harry Potter* und den *Herrn der Ringe* stürzen, Rentner in Neonhosen auf Rennrädern, Computerspiele für männliche Jugendliche jeden Alters, Schönheitschirurgie und Botox, die den Frauen, die wie ihre Töchter aussehen oder mindestens für deren Freundinnen durchgehen wollen, einen Jungbrunnen versprechen, sexuelles Doping wie Viagra, das beunruhigten Männern mit zurückweichendem Haaransatz vorgaukelt, sie könnten eine atavistische Jugendlichkeit ins Seniorenalter hinüberretten, supererfolgreiche Geschäftsmänner wie Mark Zuckerberg, die in Jeans, Hoodies und Flip-Flops die gewollte Schlampigkeit minderjähriger Kinder nachahmen.

Dabei wärmt und belebt heute eine wachsende Sympathie zwischen Jung und Alt das Bild, in dem die Konturen der Grenzen verwischen, wo sie noch eine Generation zuvor klar gezogen waren. Aber es entspricht auch einem bestimmten Stadium der Konsument-Werdung, wenn wir so schön nah zusammengerückt sind. Auch der Single als viel beschriebene Kultfigur der Spaßgesellschaft der 1980er-Jahre hat als Generationenikone abgedankt. Die Zeiten, in denen Familie per se als spießig galt, sind vorbei. Das Ideal der Familie erlebt eine Renaissance in den Köpfen – und an den Kassen.

Während wir noch traurig im leeren Nest den Abflug der Küken beweinen, hat sich längst eine Armada von Absatz- und Werbestrategen darangemacht, kommerzielle Verwertbarkeit aus unserem Schmerz und unseren ein wenig hilflos anmutenden Versuchen, diesen Schmerz zu bewältigen, zu ziehen. Während wir noch unsere Wunden lecken, weil die Kinder weg sind, und die klaffende Lücke zu füllen versuchen, sind wir längst ins Visier der Marktforschung geraten. Da liegen wir, sorgfältig gehäutet, entbeint und in appetitliche Happen aufgeteilt, nett angerichtet auf den Buffets der Marktstrategen, die nicht erst aufgefordert werden müssen zuzugreifen. Das loréalhafte Versprechen »weil ich es mir wert bin« löst einmal mehr werbliche Begehrlichkeiten aus, die nicht zufällig in der Krise nisten und merkwürdig verschränkt sind mit den ebenso wohlfeilen wie betulichen Ratschlägen, jetzt endlich, wo die Kinder weg sind, mal wieder an sich zu denken. Aber nicht innere Einkehr, Selbstreflexion, Revue passieren lassen, Bilanz ziehen und den eigenen Standort im Leben ermitteln, bevor es dann frohgemut in die nächste Runde gehen kann, sind gefragt, sondern – kaufen.

Geld und Gefühl

Es ist weit mehr als ein semantischer Zufall, dass unsere Worte für Geld und Gefühl oft dieselben sind. Tausend versteckte Dinge, die nichts mit Geld, Einkommen, Kaufkraft oder Besitz zu tun haben, schwingen in den Worten mit, in denen wir über Geld reden: Wen wir lieben, nennen wir Schatz, manchmal sogar Goldschatz. Wenn wir uns um einen anderen Menschen bemühen, investieren wir in die Beziehung. Und wenn die eines Tages in die Brüche geht, wird aufgerechnet. Auch die Zuwendung, die wir uns alle wünschen, meint beides. Nicht umsonst wächst das Bedürfnis nach Belohnung, wenn man meint, dies verdient zu haben oder sich jetzt etwas gönnen zu dürfen. Konsum zum Trost bei Kummer? Das ist uns allen so selbstverständlich geworden. Wo existenzielle Bedürfnisse weitestgehend gestillt sind, ist der Weg zum emotionalen Ausdruck frei: Noch wichtiger als Soll und Haben in nackten Zahlen ist der Wert des Geldes als Werkzeug und Statthalter für Emotionen. Geld ist nie neutral – nie nur Summe, immer auch Stellvertreter für alle Spielarten von Sehnsucht. Seine symbolische Bedeutung übersteigt die wirtschaftliche bei Weitem. »So ist die Ausdehnung des Ich, die der Geldbesitz bedeutet«, bemerkt Georg Simmel in seinem *Fragment aus einer Philosophie des Geldes,* »eine sehr eigenartige und in gewissem Sinne die vollständigste, die uns von einem Objekt überhaupt kommen kann, in anderem die beschränkteste, weil seine Nachgiebigkeit doch schließlich die eines absolut flüssigen Körpers ist, der freilich jegliche Form annimmt, keine aber sozusagen in sich selbst ausprägt, sondern jede Bestimmtheit derselben erst von dem umschließenden Körper enthält.«

Es ist die seltsame Eigenart des Geldes, völlig immateriell zu sein, wie Wasser ohne Form und deshalb imstande, sich perfekt den Formen aller Aufnahmegefäße anzupassen, und das macht seinen Wert als Mittel der Emotionsarbeit aus. Die Parallele von innerer Seelenverfassung und Geldverhalten ist unübersehbar. Machen wir uns nichts vor: Die am meisten verlockenden Kaufimpulse entstehen auf dem Boden seelischer Anspannungen.

Vermarkter auf der ganzen Welt widmen sich der hochprofitablen Aufgabe, nicht nur neue Verkaufsstrategien zu ersinnen, sondern zuvor Zielgruppen auszukundschaften, deren Sehnsüchte genau zu vermessen und, wo immer es geht, Wünsche zu wecken.

Powered by Emotion: Die mittlerweile auch hierzulande aufblühende Event-Kultur um Schwangerschaft, Geburt, Schulanfang, Studienbeginn, Hochzeit und sogar Berufsende legt beredtes Zeugnis ab. Jeder seelische und emotionale Zustand und erst recht jede Lebensphase, die einen durchrüttelt, schreit nach Konsum, dem Erwerb von Dingen, die Erleichterung verschaffen und bestenfalls auch noch eine gewisse Abhängigkeit entstehen lassen.

Konsumgewohnheiten ersetzen Altersgrenzen

Weil die Jugend da ist, wo das Geld ist – egal ob der Konsument jung oder alt ist –, hat das strategische Marketing sich mittlerweile weitgehend von den Altersgrenzen, die in den 1990er-Jahren galten, gelöst. Damals sahen Privatfernsehsender die 14- bis 49-Jährigen als die werberelevante Zielgruppe. Heute gilt das Lebensphasen-Konzept, das unter anderem den unschlagbaren Vorteil bietet, genau auf ein Alter zu zielen, ohne dies jemals zu erwähnen. Straffe Haut, das will doch jeder – sogar Zwanzigjährige, die das beileibe nicht nötig haben, und schwupps ist der Kundenkreis erweitert, wächst die Zielgruppe. Dabei entstehen kommerzielle Identitäten, die nicht mehr auf demografischen Kriterien wie

»Alter«, soziologischen wie »Bildung« oder »Schichtzugehörigkeit«, biologischen wie »Geschlecht«, sondern aus bündelbaren Konsumgewohnheiten bestehen, die bestimmte Menschen in bestimmten Lebensphasen einen sollen. Zum Beispiel Schönheit: Die Creme Nivea Vital aus dem Hause Beiersdorf gilt als Vorzeigebeispiel. Nivea Vital deckt das Segment ab 40 und ab 60 ab, ohne dies explizit zu kommunizieren. Da ist nicht mehr von Anti-Falten-Wirkung die Rede, vielmehr wird betont, dass die neue Creme die Haut angenehm »festigt und strafft«. Das kann man sich auch mit 20 schon wünschen und ab 50 erst recht. Und Beiersdorf hat es erfolgreich möglich gemacht, ein altersübergreifendes Produkt in einer Zielgruppe abzusetzen, die von jugendlich bis weit über 55 Jahre reicht.

Im Netz des entfesselten Konsumkapitalismus sind wir, die neue Spezies von dauerjugendlichen Grenzgängern, gefangen – und benannt: Kidults, Rejuveniles, Twixter, Adulescents, Silver ager, Best ager, Master consumer. Und als Untergruppe der heterogenen älteren Kundensegmente 55plus, kaufkräftig und konsumfreudig wie kaum eine andere Konsumentengruppe, hat das Marketing jetzt die homogene Gruppe Empty Nester entdeckt!

»Eine der wichtigsten und bislang vernachlässigten Zielgruppen im Marketing sind die sogenannten Empty Nesters. Dies sind insbesondere Ehepaare, von denen mindestens noch ein Partner im Berufsleben steht, deren Kinder aber schon das Haus verlassen haben. Charakterisiert wird diese Lebensphase durch viel verfügbare Zeit, hohes verfügbares Einkommen, Entstehen neuer Interessen und Freizeitaktivitäten, Konzentration auf die persönlichen Bedürfnisse und Suche nach neuen sozialen, beruflichen und familiären Aufgaben«, heißt es im Sammelband *Demografischer Wandel in Unternehmen: Herausforderung für die strategische Personalplanung*. Durch die Lebensveränderung werde wieder ein Interesse an Konsum und Einkauf aktiviert und es bestehe eine große Aufgeschlossenheit für Werbung und neue Produkte. »Da zusätzlich viel Geld zur Verfügung steht und das Anspruchsniveau im Laufe des Lebens gestiegen ist, ist diese Lebensphase für das Marketing von hoher Relevanz. Für gute Qualität wird gern mehr ausgegeben und es besteht eine positivere Einstellung zu Markenprodukten als bei Jüngeren. Gerade in dieser Phase werden Reisen geplant, neue Möbel gekauft, Hobbys intensiviert und das Interesse für den persönlichen Bedarf und das eigene Aussehen steigt.« Ein paar Zahlen mögen dies anschaulich belegen: Im Januar 2014 waren 60 Prozent aller Neuwagenkäufer in Deutschland älter als 50 Jahre, bei Daimler 56, bei Porsche 57, bei VW 51, bei BMW 52 Jahre alt, ermittelte das Burda Community Network. Und die Firma Harley Davidson hat seit Kurzem Motorräder mit Sitzheizungen ins Programm aufgenommen.

Alt? Ich doch nicht!

Doch wehe dem, der die Rituale des Umgangs mit Älteren missachtet und ihre speziellen Empfindlichkeiten ignoriert. Denn sie wollen umständlich umworben sein, weiß die Düsseldorfer Agentur Grey, die strategische Marketingberatung für Unternehmen anbietet: »Wenn es um das Alter der Kunden geht, gilt: Immer daran denken, nie darüber reden.«

Je älter wir werden, desto jünger fühlen wir uns. Das Gefühl, viel jünger zu sein, als man eigentlich ist, stellt ein relativ neues Phänomen dar. Der Trendforscher Peter Wippermann erklärt im Interview mit Carolin Lockstein bei *Zeit Online*, wie es dazu kam, dass wir heute bis zu 15 Jahre des Alters, das im Pass steht, einfach wegfühlen können. »Vom Einzelnen betrachtet, sind nur die anderen vom Älterwerden betroffen. An uns selbst, so meinen wir, geht die Zeit mehr oder weniger spurlos vorbei«, erklärt

Peter Wippermann den Illusionstrick. Für die Anbieter von Waren und Dienstleistungen, die versprechen, den schönen Schein aufrechtzuerhalten, ist dieses Phantom-Selbst, das das wahre Wesen vergessen lässt, sehr praktisch – um nicht zu sagen, ein gefundenes Fressen. Das führt unter anderem dazu, dass wir so einen erbitterten Anti-Aging-Kampf gegen uns selbst führen. Die Kluft zwischen realem und gefühltem Alter ist ausbaufähig, da passen viele Dinge hinein, die man für Geld kaufen kann – immer früher und immer länger denken wir heute darüber nach, wie wir den Alterungsprozess stoppen können. Deshalb werden Kosmetikprodukte und Lebensmittel, die Jugendlichkeit versprechen, plötzlich so attraktiv. »Die Grundlage dafür wurde vor über 30 Jahren geschaffen«, sagt Peter Wippermann. »Damals meldeten sich die zu Wort, die sich den Luxus erlauben konnten, zu rebellieren. Alles, was alt war, war schlecht. Und deshalb wollte diese Generation nie alt werden. Jetzt bekommt sie als Erste den Bumerang-Effekt ihrer Parole von damals zu spüren: Trau keinem über 30 ...« Diese Leute sind heute über 50 und dürften logischerweise nun sich selbst nicht über den Weg trauen. »Jugendlichkeit ist für die von einer Selbstverständlichkeit zum Pflichtprogramm geworden«, bestätigt der Trendforscher. »Sie fühlen sich nicht so, wie die Gesellschaft sie sieht.« Sie fühlten sich wie Anfang 40, hat Wippermann beobachtet und findet das nicht ganz verkehrt. Aufgrund der gestiegenen Lebenserwartung sei die Zukunft länger geworden und damit auch die Jugend. »Warum sollte man sich da schon so früh alt fühlen?« Mit den Jahren werde das automatisch deutlicher. Die Gesamtbevölkerung werde schrumpfen, die Jugend in der Minderheit sein. Je älter die Gesellschaft als Ganze werde, desto jünger werde sich der Einzelne fühlen. »Die Älteren werden sich immer weniger von den Jüngeren unterscheiden«, fasst er den Trend vorausschauend zusammen und nennt Beispiele für diese neue Nähe zwischen den Generationen. Aktuell lebten in Deutschland etwa 29 Millionen Menschen über 50. Die Hälfte davon nutze einen Computer, ein gutes Drittel surfe im Netz und bewege sich ganz selbstverständlich in der virtuellen Welt. »Auch sie bildet keine Nische mehr, in die sich die Jüngeren vor den Älteren flüchten können.« Das finden die Jüngeren auch nicht nur gut, glaubt der Trendforscher. »Da schwelt tatsächlich ein Generationenkonflikt. In Zukunft wird es um die Frage gehen: Inwieweit nervt es Jüngere, wenn Popkonzerte, Hörsäle und Cafés fest in der Hand der 50plus-Generation sind? Die klassische Abfolge des Lebens löst sich auf.« Diese Entwicklung setze noch weiter vorn schon an: »Die Dauerjugendlichen von heute schieben ja mit ihrem Lebensstil schon das Erwachsenenalter immer weiter vor sich her.« Da sieht Wippermann auch Chancen: Wer sich selbst nicht alt fühle, höre auch nicht auf, sich für Neues zu interessieren, und lasse sich weder beruflich noch privat einfach so aufs Abstellgleis schieben.

Gönnt euch was

Das gesteigerte Qualitätsbedürfnis in der Generation 55plus allgemein, aber vorzugsweise in der Kohorte der Empty Nester ist der Studie des Instituts für Marketing und Handel der Universität St. Gallen einen Extrablick wert. Die hohen Ansprüche der Zielgruppe, die am Beginn eines Lebens nach den Kindern steht, sei entwicklungspsychologisch begründet: Die Mehrheit der Menschen gelange mit zunehmendem Alter zu der Überzeugung, bessere Produkte und Dienstleistungen verdient zu haben. Schließlich habe man ein Leben lang hart gearbeitet, ordentlich verdient und daher sukzessive ein gewisses Anspruchsdenken entwickelt. Ein solches Trading-up-Bedürfnis zu höherwertigen Produkten werde verstärkt, wenn die Kinder das Haus verlassen und der ältere Kunde den sogenannten Empty-Nest-Status erreiche. Mit diesem neuen Status vollziehe sich oftmals eine Umorientierung hinsichtlich Lebensstil und -zielsetzung. Die Prioritäten verschieben sich von der Sorge um die Kinder hin zu eigenen Interessen, die in der Zeit zuvor vielfach zurückgestellt worden seien. Das Prinzip »Nur das Beste für meine Kinder« werde durch das Prinzip »Nur das Beste für mich« ersetzt.

Ageless Marketing ist die Königsdisziplin, der alterslose Konsument die strahlende Leitfigur. Das hat die Studie des Instituts für Marketing und Handel der Universität St. Gallen ausgelotet, die eine Fülle einzelner Marketingstudien auswertet. *Generation 55+ – Chancen für Handel und Konsumgüterindustrie* rät dazu, das Alter als Basis für Zielgruppenbetrachtung strikt auszublenden, weil es keine Kundengruppen ausschließt – auch jüngere nicht. Über Lebensgefühl, nicht über Lebensalter ist der alterslose Konsument ansprechbar.

Da ist er ja wieder, der Traum von der ewigen Jugend – werbewirksam verstoffwechselt von einem rastlosen Kapitalismus, der es nach seiner produktiven Phase nun in der überkonsumistischen Ära schafft, Bedürfnisse zu wecken, wo vorher vielleicht keine waren, oder sogar Bedürfnisse zu verdrängen, die vielleicht in einer bestimmten Lebensphase und nicht ohne Grund auftauchen, aber nicht zu Umsatz führen.

Noch einmal mit Gefühl: Geld regiert auch in der Familienwelt

Die Problematik des Geldes ist unauflöslich mit dem Thema Autonomie verwoben – zwischen Männern und Frauen genauso wie zwischen Eltern und Kindern. Dass allein Arbeit im Sinne bezahlter Berufstätigkeit Frauen eine wirkliche Freiheit zu garantieren vermag, schrieb Simone de Beauvoir in ihrem 1949 erschienenen Buch *Das andere Geschlecht*. Für Jugendliche stellt sich die Situation ganz ähnlich dar: Auch hier bedeutet die finanzielle Abhängigkeit von den Eltern, die heute dank immer längerer Ausbildungs- und Orientierungszeiten häufig bis zum 25. Geburtstag, wenn nicht noch lange darüber hinaus andauert, einen Mangel an Unabhängigkeit. Dieses Defizit wird häufig komfortabel aufgewogen – durch die Annehmlichkeiten zu Hause: gebügelte Wäsche, die Mitbenutzung des Familienautos, das saubere Zimmer und der stets gefüllte Kühlschrank. Sich abnabeln heißt heute nicht mehr unbedingt, um moralische Positionen zu kämpfen. Für Sex vor der Ehe zu streiten, den Wunschberuf gegen den Widerstand der Eltern durchzusetzen oder um die Haarlänge zu zanken. Die imaginäre Nabelschnur durchtrennen heißt heute, auf den Komfort, den selbstverständlichen Konsum und den finanziellen Beistand der Eltern freiwillig zu verzichten. Doch es hat den Anschein, dass sich herangewachsene Kinder in der finanziellen Obhut von Mama und Papa ausgesprochen wohlfühlen. Sie verlassen das Nest nicht, selbst wenn sie bereits ihren ersten Job haben. Gründe gibt es immer: das lange Studium, die Arbeitslosigkeit, die steigenden Mieten, die geliebte Mama, die es nicht verkraften könne, wenn ihr kleiner Schatz von zu Hause wegginge, die tiefe Beunruhigung, die Eltern könnten sich trennen, wenn die Lebensaufgabe Kind erfüllt und aus dem Haus ist, das magere Anfangsgehalt, die Fahrtkosten ... Die finanzielle Rechnung ist simpel: Da die Eltern, wie jahrelang gewohnt, für alles Notwendige aufkommen, kann man sein ganzes Geld nach Gutdünken ausgeben. Wer sich darüber wundert, wie viel Geld und Zeit junge Erwachsene für Computerspiele aufwenden, mag hier einen Hinweis finden.

Die finanzielle Beteiligung von jungen Erwachsenen, die noch bei ihren Eltern leben, ist keineswegs selbstverständlich. Aber wie sollen diese Nesthocker eines Tages völlig selbstständig werden, wenn sie nicht einmal aufgefordert werden, ihren Teil an den Lebenshaltungskosten selbst zu tragen?

Der Anspruch des Kindes auf einen Teil des Familienbudgets gilt heute gemeinhin als Selbstverständlichkeit; in ihm ist darüber hinaus auch ein Reflex moderner Erziehungsbeziehungen zu erkennen, die als freiheitlich-partnerschaftlich-freundschaftlich-tolerante Bindung auf Grundlage der gleichberechtigten Familienmitglieder ohne Ansehen des Lebensalters gedacht ist. Kindern werden heute ungleich größere Handlungsspielräume und viel mehr Entscheidungsbefugnisse als früher zugestanden. Selbstständigkeit ist ein wichtiges Erziehungsziel, dem ein Großteil der Bemühungen von Eltern für ihre Kinder geschuldet sind – die freigiebige Alimentierung mit Geld und Gütern ist darin ausdrücklich mit eingeschlossen. Doch wer immer genug bekommt, weil er sich auf den selbstverständlichen Anspruch berufen darf, versorgt zu werden, verlernt das Anstrengen. Eltern, die immer geben, erschweren es ihren Kindern, unabhängig zu werden und sich von ihnen zu lösen – sie halten ihre Kinder klein.

Wie groß ist die Verlockung, in der Versorgerpose zu erstarren, die man einst mit dem brüllenden Baby auf dem Arm so mühsam einstudieren musste. Doch mit der Zeit fand man sich zurecht, und mehr als das: Aus der Gewissheit, gebraucht zu werden, beziehen Eltern eine solide Bestätigung ihres Lebensentwurfs, der auch über so manche Durststrecke hinweghilft. Dagegen wäre auch nicht viel einzuwenden, wenn dieser warme Regen fürs Selbstwertgefühl nicht gleichzeitig den eigentlichen Kern der Elternaufgabe so nachhaltig aufweichen könnte: die tätigen und liebevollen Bemühungen, Kinder zu selbstständigen, zuversichtlichen und leistungsfähigen Menschen heranwachsen zu lassen – auch für den Tag, an dem wir einmal nicht mehr da sein werden, um ihnen alles zu geben.

Die Geld- und Gefühlsausbeutung zwischen manchen jungen Erwachsenen und ihren Eltern läuft oft erstaunlich reibungslos ab. Jedenfalls erdulden Eltern heute höchst bereitwillig einen Zustand, den ihre eigenen so wohl nicht hingenommen hätten. Und das kann lange dauern: Wenn sich die erwachsenen Kinder scheiden lassen, kann man häufig beobachten, dass die Großeltern die Scherben der Beziehung aufsammeln und die Enkel im ehemaligen Kinderzimmer einquartieren. Geschiedene Familienväter sind heilfroh, wenn sie mit ein oder zwei Kindern auf dem Arm wieder Unterschlupf bei ihren Müttern finden, die mittlerweile selbst geschieden sind und sich freuen, in den weiten Fluren des einstmals zu engen Reihenhäuschens wieder Kindergeschrei zu hören. Auch hier hat sich die Mentalität gewandelt: Aus purem Stolz schnallt man den Gürtel nicht enger. Wenn die Eltern so freundlich sind und einem unter die Arme greifen wollen, wäre es doch dumm, das nicht auszunutzen. Und schließlich gibt man ihnen doch das Gefühl, noch gebraucht zu werden. Eine durchaus zweischneidige Angelegenheit. Wer alle zwei Wochen ein Kind mit einem Sack schmutziger Wäsche vor der Tür stehen hat, sieht den Nachwuchs wenigstens noch. Wer seinen Kindern dann und wann mit ein paar Scheinen unter die Arme greift, hilft ihnen – und streckt selbst die Hand aus, wenn auch nur im Geheimen. Denn diese Transaktionen verpflichten zu nichts, außer zur Dankbarkeit, und wenn es nur der Anruf zum Geburtstag ist, auf den man gekränkt bestehen kann. Dass die Gedanken des Gebers mit denen des Empfängers selten als stillschweigendes Einvernehmen daherkommen, verkompliziert die Sache. Entscheidend sind immer die Erwartungen, die sich an eine Gabe knüpfen.

Warum bezahlen Eltern einem Kind das Studium? Weil es ihre Pflicht ist, weil sie großzügig sind, weil sie ein schlechtes Gewissen haben, weil die Tochter ein Recht darauf hat oder weil sie sich damit ihre Zuneigung auf der Grundlage immerwährender Dankbarkeit sichern wollen? Das Problem sind die Missverständnisse in den Gefühlskalkulationen, die mit Geld zu tun haben: Solche Gemengelagen sind umso schwerer zu entwirren, als man selten offen darüber spricht. Geld wird auch in Familien als Ersatz für Gefühle verlangt, gewährt, verschenkt oder verweigert. Aber solange es weder offene Gespräche noch klare Regeln gibt, kennt niemand den angemessenen Gegenwert.

Marie

Schon seit ich denken kann, besitzt mein Vater ein Handy, und während ich noch vor einigen Jahren gewusst hätte, dass er mit dem Satz »Ich schicke dir eine E-Mail, wann ich ankomme« meint, dass ich keine Mail, sondern eine SMS bekommen werde, hat sich das mit seinem neuen Telefon geändert. Wie gefühlt alle Erwachsenen im Alter meiner Eltern, besitzt nun auch mein Vater ein Smartphone, und wenn er mittlerweile solche Ankündigungen macht, muss ich jedes Mal eine kleine Suchaktion in meinem Handy starten, weil nicht mehr klar ist, dass es sich um eine SMS handelt, da er mir auch eine E-Mail, eine Nachricht bei Facebook oder eine bei WhatsApp schreiben könnte.

Meistens schreibt er mir dann bei WhatsApp, aber es dann so zu handhaben wie Tonis Vater, der ihr wenigstens eindeutig ankündigt, ihr zu »watsen«, was nur anfangs bei Toni Schwierigkeiten ausgelöst hat, ihren Vater zu verstehen, weil es in unserer Generation eigentlich heißt, »sich bei WhatsApp schreiben«, davon konnte ich meinen Vater leider auch nicht überzeugen. Weshalb er manchmal schon zwei Stunden in Berlin ist, bevor ich die Nachricht gefunden habe, die mir freudig mitteilt, dass er angekommen sei.

Warum er sich damals ein iPhone gekauft hat, verstehe ich bis heute nicht, weil er schon davor Schwierigkeiten hatte, sein Mac-

Book zu verstehen, und meinen Bruder panisch anrief, weil er dachte, mit dem Schließen eines Tabs würde er das Internet gleich mit ausschalten. Der eigentliche Sinn von Apple, Dinge zu erleichtern, ist bei meinem Vater nach hinten losgegangen, weil es sein Leben unnötig kompliziert macht. Und ich habe nach einigen belustigten Gesprächen mit meinen Freunden festgestellt, dass er zwar ein Härte-, aber kein Einzelfall ist. Tonis Mutter präsentierte meiner Freundin bei ihrem Besuch am Wochenende einen blanken Startbildschirm auf ihrem iPhone. Bis auf drei Buttons hatte sie alle anderen Apps gelöscht, weil ihr das alles zu unübersichtlich gewesen wäre. Tonis Kommentar, dass sie sich dann auch für sehr viel weniger Geld ein altes Handy mit Knöpfen hätte kaufen können, überhörte ihre Mutter geflissentlich.

Wenn meine Mutter morgens frisch geduscht in mein Zimmer rennt und ohne zu fragen in meinen Klamotten wühlt, sich durchsichtige Blusen an die Brust hält oder meine Kleider interessiert betrachtet, die von der Länge her in ihrem Schrank definitiv als T-Shirts durchgehen würden, dann weiß ich, dass ich das nicht ernst zu nehmen brauche und sie das nur tut, weil sie am Vorabend wahrscheinlich schon wieder fünf ihrer Pullis in meinem Wäschehaufen gefunden hat. Ich würde das als ihren Weg bezeichnen, mich noch mit 21 zu erziehen und zu sagen, dass ich ihren Kleiderschrank in Ruhe lassen soll, aber meine kanadische Freundin Leah hat eine Mutter, die unglaublich viele Dinge anstellt, um modern und »hip« zu wirken.

Leah erzählt meistens, dass ihrer Mutter die Falten egal wären und sie auch nicht bodenlos traurig war, als Leah, ihr einziges Kind, vor einigen Jahren ausgezogen ist. Stattdessen war sie ganz begeistert von Leahs Nasenpiercing und begrüßte ihre Tochter beim nächsten Besuch mit einer rot geschwollenen Nase an der Tür. Was Leah zunächst für eine eitrige Schwellung hielt, entpuppte sich als Nasenpiercing. Das Piercing ihrer Mutter war zwar nicht echt, weil diese Angst vor Nadelstichen hatte, aber als allergische Reaktion auf den Piercing-Klipp und weil er eine Nummer zu klein für die Nase von Leahs Mutter gewesen sein muss, hatte sich der gesamte rechte Nasenflügel entzündet.

Während Leahs Entsetzen mit jedem weiteren Blick stieg, war die Mutter begeistert, wie jung sie das aussehen ließ, weigerte sich standhaft, den Klipp abzunehmen, und bezeichnete die haselnussgroße Schwellung nur als vorübergehende Reaktion, die nach ein paar Wochen wieder verschwinden würde. Nach einer Woche mit einer nicht kleiner werdenden Schwellung ließ sie sich von der Abnahme des Klipps überzeugen, ging zum Arzt und ließ sich gegen die Schwellung eine Salbe verschreiben. Als sie diese allerdings bei der gegenüberliegenden Apotheke abholen wollte, weckte der Tätowierer daneben ihr Interesse, und eine halbe Stunde später betrat sie die Apotheke mit einem kleinen Stern am Handgelenk, weil sie vor Monaten gelesen hatte, dass die großen Hollywoodstars sich alle irgendwann einmal einen Stern auf das Handgelenk tätowieren lassen würden.

So witzig diese Geschichten sich anhören und so viel Stoff sie uns Kindern geben, um gar nicht mehr aufzuhören zu lachen, finde ich es fast schade, in welches Bild Eltern dadurch gerückt werden.

Während sie uns seit dem Sandkasten vermitteln, dass wir wunderbar einzigartig sind und uns genauso akzeptieren sollen, wie wir sind, und darüber hinaus jeden meiden, der es nicht tut, verwandeln sich die meisten Eltern ab einem gewissen Alter in jugendverrückte Erzeuger, die mit neuester Technik, modernstem Kleidungsstil und durchtrainiertem Körper fast mit ihren Kindern wetteifern. Auch wenn meine Mutter gerne Röhrenjeans wie ich tragen kann, wenn sie ihr gefallen, geht, wenn sie es dann tatsächlich tut, ein Stück ihrer elterlichen Selbstsicherheit verloren, weil ich weiß, dass sie die eigentlich total unbequem findet.

Das Bild der würdevollen Eltern, die an Gelassenheit, Selbstsicherheit und Lebenserfahrung einen so großen Vorsprung haben, bekommt Risse, weil sie sich mit dem Verlangen, weiterhin jung zu sein und nur ja nicht als alt bezeichnet zu werden, unserer Belustigung preisgeben.

Während wir uns mit 21 freuen, endlich nicht mehr nach dem Personalausweis gefragt zu werden, wenn wir ein Sixpack Bier kaufen wollen, könnte man unsere Eltern mit nichts mehr beleidigen, als ihnen im Bus seinen Sitzplatz anzubieten.

Auch wenn wir Kinder mit dem Auszug aus dem Elternhaus ein unmissverständliches Signal setzen, dass wir nun mehr Unabhängigkeit und Freiheit genießen wollen und von nun an ähnliche Erfahrungen machen werden, wie unsere Eltern es vor 30 Jahren getan haben, heißt das nicht, dass unsere Eltern in ihrer Vorbildfunktion und als unschlagbar kostbare Berater an Gewichtung in unserem Leben verlieren würden. Es heißt auch nicht, dass meine Mutter als unermüdliche Bestärkerin und zuversichtliche Unterstützerin für mich und meine Geschwister an Bedeutung verlieren würde.

Ich frage mich nur, wie ernst ich den Rat meiner Mutter, mich nicht verbiegen zu lassen und meinen eigenen Weg zu gehen, nehmen könnte, wenn sie sich dabei in eine Röhrenjeans zwängt, Kraftklub aus ihrer Anlage dröhnen lässt und bei Facebook ein Bild ihres goldbraunen Schnitzels mit der Überschrift posten würde: #best lunch#lovemykids#theylovemyfood#yolo#poorpiggy#Berlin2016

5. Kapitel
Machen Kinder glücklich?

Wenn der Auszug der Kinder uns so unglücklich zurücklässt, liegt die Frage nahe: Machen Kinder eigentlich glücklich?

Die Vermessung des Glücks ist eine verzwickte Aufgabe: Eltern sind nicht unbedingt zufriedener als kinderlose Paare. Was das Leben lehrt, weiß auch die Wissenschaft zu belegen. Knapp drei Millionen Menschen weltweit wurden von Forschern der Universität Princeton gefragt, wie nahe sie einem idealen Leben kommen, und schätzten sich auf einer zehnstufigen Skala, die von schlechtmöglichst bis bestmöglichst reichte, bei rund sieben Punkten ein: Eltern mit Kindern jedweden Alters bei 6,82 und Kinderlose bei 6,84. Nur in der Altersgruppe der 34- bis 46-Jährigen betrachteten Eltern sich ein wenig glücklicher (6,84) als die Kinderlosen (6,51). Doch diese Eltern haben die schlimmste Zeit ja auch schon hinter sich. »Der Anfang war verdammt schwierig«, erzählt ein Freund, der sich heute als leidenschaftlicher Vater bezeichnet. »Die vielen durchwachten Nächte, das ewige Gebrüll, niemals Ruhe, die ewigen Sorgen«, zählt er auf. Mehr als einmal habe er sich gefragt, wann denn das Glück beginne, von dem alle redeten, sobald ein Kind geboren werde. Er habe sich sogar dafür geschämt, den vielen Stunden mit einem Baby so gar nichts abgewinnen zu können. Jetzt schaut er wehmütig zurück. »Mit den Jahren hat sich das schön entwickelt. Klimawandel, Tierschutz, Politik, wir haben viele gemeinsame Themen. Ich freue mich, wenn ich nach Hause komme und sie ist da, hat vielleicht etwas gekocht und wir essen gemeinsam und haben schöne Gespräche.

Sie hat mich vom Vegetariertum überzeugt. Nächstes Jahr macht sie Abi und dann will sie ausziehen. Mir graut vor diesem Tag.«

»Es gibt keine Studie, die zeigt, dass Kinder dauerhaft glücklich machen«, bestätigt auch Matthias Pollmann-Schult, Soziologe am Wissenschaftszentrum Berlin, und präzisiert: Am Anfang der Familiengründung wachse die Lebenszufriedenheit. Doch dieser Anstieg sei generell nach dem dritten Lebensjahr des Kindes zu Ende, »da tut sich nichts mehr«. In der Lebenszufriedenheit nach dem siebten Lebensjahr des Kindes gebe es keinen Unterschied mehr zwischen Eltern und Kinderlosen. »Die übliche Erklärung dafür ist der emotionale Nutzen, der Lebenssinn, den Kinder verkörpern, aber auch die psychischen und monetären Kosten, die Vereinbarkeitsproblematik, das hebt sich gegenseitig auf.«

Vielleicht klingt der Befund auch nur deshalb so ernüchternd, weil die Frage zu kurz greift. Lebensglück ist von mehr Faktoren als der Tatsache, Kinder zu haben, abhängig. Anders gesagt: Kinder allein machen nicht glücklich. Einkommen, Erwerbsstatus zählen auch dazu. »Bei mittleren und hohen Einkommen gibt es eine signifikant positive Assoziation zwischen der Familiensituation und der Elternzufriedenheit«, sagt Matthias Pollman-Schult mit Blick auf seine Analyse der Angaben von rund 12 000 Eltern und Kinderlosen zwischen 25 und 37 Jahren, die als jährliche Wiederbefragung im Rahmen des Beziehungs- und Familienpanels (pairfam) erhoben werden. »Nichterwerbstätige, gefolgt von teilzeiterwerbstätigen Müttern bekunden eine deutlich höhere Zufriedenheit als vollzeiterwerbstätige kinderlose Frauen. Auch Väter in traditionellen Partnerschaften als Alleinernährer zeigen sich zufriedener als Männer in Doppelverdienerpartnerschaften.« Daraus lasse sich zwar keine Kausalität ableiten, aber »bei den Doppelverdienern schlagen die Vereinbarkeitsprobleme durch«. Die Mehrfachbelastung durch Familien- und Erwerbsarbeit drückt auf die Lebenszufriedenheit von Eltern, nicht die Kinder an sich.

Mein Ein und Alles

Eltern wenden heute weitaus mehr Zeit, Geld, Energie und Emotionen für ihre Kinder auf, das zeigt sich in allen Studien der Familienforscher. Vielleicht liegt es daran, dass in den kleiner gewordenen Familien alle Liebe und Fürsorge nur einem einzigen Kind zugutekommt. Andererseits hat sich die Familienarbeitszeit in den letzten fünfzig Jahren erhöht, auch weil immer mehr Frauen mit Familie einer Berufstätigkeit nachgehen. Da liegt der Gedanke nahe, dass deshalb in den Familien heute weniger Zeit für die Pflege der Beziehungen zur Verfügung steht. Doch viele Mütter und Väter haben ihre Prioritäten verschoben. Der Idee, mit dem Kind etwas gemeinsam zu unternehmen, eine gute Zeit zu erleben und glückliche Momente zu teilen, hängen viele Eltern an – dieses Motiv erhellt, warum die Kinder auf einmal so unendlich wichtig geworden sind: Kinder stehen für die Möglichkeit von Glück im Leben, das man außerhalb der Arbeitswelt erlangen kann.

Mit Blick auf die Entwicklungsphasen der Familie fällt auf: Bei der Hälfte aller Scheidungen haben laut Statistischem Bundesamt die Paare minderjährige Kinder. 40 Prozent dieser Trennungen finden schon im ersten Jahr nach der Geburt des ersten Kindes statt, ein zweites Hoch zeichnet sich bis zum 15. Ehejahr ab, ein drittes, wenn die Kinder aus dem Haus gehen. Offensichtlich stabilisieren Kinder die Ehe ihrer Eltern, und wenn sie das Elternhaus verlassen, fällt der gemeinsame Bezugspunkt und das Bindemittel der Elternpaare weg – oder büßt doch zumindest an Anziehungskraft ein.

So war es bei einer Mutter, die mir kopfschüttelnd erzählte: »Dass mein Mann und ich uns nichts mehr zu sagen haben, ist mir all die Jahre gar nicht aufgefallen. Dann zogen unsere beiden Söhne aus, das war eine harte Zeit für mich. Doch fast noch härter war dieses Befremden: Wer ist dieser Mensch, mit dem ich da zusammenlebe. Der nicht zuhört, der nichts fragt, der einfach nur seine Ruhe haben will, um nächtelang am Computer zu hocken, und der mich behandelt wie ein Möbelstück. Ich war ein paar Mal abends aus, ohne ihm Tschüss zu sagen. Wenn ich zurückkam, hat er scheinbar gar nicht bemerkt, dass ich weg war.«

Ohne Trauschein ist das Trennungsrisiko deutlich größer, doch diese Trennungen werden statistisch nicht erfasst. Doch angesichts der Zahlen und Ergebnisse verschiedener Studien drängt sich die Vermutung auf, dass viele Paare vielleicht auch heute noch zusammen wären, wenn sie keine Kinder hätten – und wegen der Kinder gehen sie heute getrennte Wege. Warum sind Babys, Teenager und Nestflüchter so gefährlich für die Beziehung ihrer Eltern?

»Kinder ziehen die Aufmerksamkeit auf sich und in der Folge besteht die Gefahr, dass die Eltern ihre Paarbeziehung vergessen«, sagt Paartherapeutin Bettina Jellouschek-Otto. »Sie verlieren sich dann als Mann und Frau aus dem Auge und sehen sich nur noch als Mutter und Vater des Kindes. Dadurch entsteht eine ungute Distanz, Gespräche versiegen und die Beziehung wird anfällig.« Zwar sinke statistisch gesehen die Zufriedenheit mit der Beziehung auch bei kinderlosen Paaren stetig. Doch dieser Trend komme nach drei, vier Jahren zum Stillstand und die Zufriedenheit steige wieder. »Bei Elternpaaren setzt sich der Trend eher fort.«

Pubertät macht (Eltern) krank

Kopfschmerzen, Schlaflosigkeit, Magenbeschwerden, ein geringes Selbstwertgefühl, wachsende Unzufriedenheit mit der Paarbeziehung – wie merkwürdig die Klagen von Eltern, die mit Heranwachsenden im Haus leben, doch den Beschreibungen junger Eltern aus den ersten Babyjahren ähneln! Der amerikanische

Psychologe Lawrence Steinberg erkundete in einer Längsschnittstudie mit mehr als zweihundert Familien, was Eltern mit dem Eintritt ihrer Erstgeborenen in die Pubertät erleben. Nahezu die Hälfte der Mütter und ein Drittel der Väter bekundete, dass ihre psychische Verfassung sich enorm verschlechtert habe. Das ganze Familiensystem erfahre einen dramatischen Bruch, weil die Dynamik, die Rituale und die eingespielte Hierarchie der relativ beschaulichen Phase, die der Pubertät vorausging, nicht mehr tragen. Die Familie muss sich neu ausrichten, Machtstrukturen müssen neu verhandelt und Rituale überprüft werden. »Das alte Drehbuch passt nicht mehr zu den neuen Rollen«, sagt Steinberg und vergleicht pubertierende Jugendliche mit Salz: »Sie intensivieren andere Nuancen, verstärken bereits bestehende Konflikte, vor allem im Beruf oder in der Ehe ihrer Eltern. Zuweilen decken sie Probleme auf, die die Eltern jahrelang nicht erkannt oder sich nicht bewusst eingestanden haben.« Alle Eltern von Teenagern werden bestätigen, dass ein Heranwachsender genau weiß, wie er sie verletzen, wie er seine Weltsicht in eine Waffe verwandeln und seelische Wunden schlagen kann. Wenn Heranwachsende streitlustiger, weniger lenkbar und von der Gesellschaft Erwachsener nicht gerade begeistert sind, liegt nahe, dass die Spannungen, die durch diese neuen Entwicklungen entstehen, sich auf das Verhältnis der Eltern ausweiten. Dabei ist der Einfluss von Heranwachsenden nicht leicht von anderen Faktoren zu trennen, die in der Lebensmitte belasten können – Unzufriedenheit im Beruf, gesundheitliche Probleme oder absehbare Schwierigkeiten im Umgang mit alten Eltern. Wie in einer Ouvertüre klingen die Themen wie Melodiefolgen, Rhythmen und Wiederholungen an, die in den nächsten Jahren ausgespielt werden und sich spätestens mit dem Auszug der Kinder in ein machtvolles Crescendo steigern.

Die Auseinandersetzungen entzünden sich zunehmend an der Persönlichkeit des Kindes und damit ist ein weites Feld eröffnet: »Jetzt ist Projektion möglich. Und Identifikation. Und damit können Rivalität, Neid und Widerwille zum Tragen kommen«, erklärt Steinberg. »Diese Gefühle werden nicht mehr von Kindern ausgelöst, sondern von jungen Erwachsenen.« Dadurch, dass das Kind sich löst und innerlich entfernt, richtet es die Scheinwerfer auf das Leben der Eltern und offenbart erfüllende und unerfüllte Seiten – und wenn die ehelichen Spannungen zunehmen, stehen auf einmal ganze Lebensentwürfe, Berufsentscheidungen oder die Wahl des Lebenspartners infrage, auf die nicht selten später die Scheidungsanwälte Antworten finden müssen.

»Die Paarbeziehung erfährt durch das Eltern-Werden ziemlich sicher eine Beeinträchtigung. Auf der anderen Seite bereichern Kinder das Paar«, sagt Bettina Jellouschek-Otto. »Die gemeinsame Freude an den Kindern, die bewältigten Herausforderungen gehören zum gemeinsamen Schatz einer Elternbeziehung.« Kinder schenken eine andere Art von Glück: »Dieses Ganzheitsglück erfüllt Paare auf einer umfassenden Ebene, zu der durchaus auch leidvolle Erfahrungen gehören.« Mit dem Buch »Eltern werden – Paar bleiben«, das sie gemeinsam mit ihrem Mann, dem Paartherapeuten Hans Jellouschek verfasst hat, will sie Paaren Mut machen, sich auf die Elternschaft einzulassen und dabei aus ihrer Liebesbeziehung Kraft zu schöpfen. Doch die Autoren warnen auch eindringlich vor der Illusion, für die sich Eltern ein fantasievolles Wunschbild ihrer künftigen Familie ausmalen, und dann unweigerlich an den Klippen der Realität stranden. »Erwartungen werden enttäuscht, die neue vereinbarte Aufgabenverteilung funktioniert nicht, die traditionelle Verschiebung wird nicht akzeptiert.« Aus ihrer gemeinsamen psychotherapeutischen Praxis weiß das Autorenpaar: »Noch heute stoßen wir bei unseren Klienten immer wieder auf die Ansicht, dass die Beziehung keine Pflege braucht, wenn man sich nur wirklich liebt.«

Illusionen sind dringend notwendig

Aber vielleicht dient die scheinbar unausweichliche Idealisierung des Kinderkriegens, die Hoffnung, mit einem gemeinsamen Kind die Liebe eines Paares zu krönen, ja einfach einem guten Zweck. Erinnern wir uns an die Zeit, als wir fest daran glaubten, dass Kinder uns glücklich machen. Dass es biologisch geradezu unmöglich sei, sie anstrengend, fordernd, nervig und anmaßend zu finden.

Wir sind schließlich alle Nachkommen von Vorfahren, die einst zuversichtlich Kinder in die Welt gesetzt haben. Vielleicht brauchen Elternpaare genau diese Illusion: »Wir lieben uns und werden auch als Familie glücklich«, um sich überhaupt zu trauen? Der unausrottbare Glaube daran, dass die Liebe und im Besonderen die zwischen Männern und Frauen oder Eltern und Kindern unbesiegbar sei, könnte einen ganz überlebenspraktischen Grund haben. Emotionen und Motivationen sind zwei Seiten derselben evolutionären Medaille. Die Evolution belohnt mit Glücksgefühlen, was der Arterhaltung dient. Das hieße, wir kümmern uns nicht so stark, weil wir so sehr lieben, sondern wir lieben Kinder so sehr, weil wir uns so ausdauernd und unermüdlich um sie kümmern und dabei einen Riesenaufwand betreiben – zumindest in den Augen der anderen, die das übertrieben finden: Eltern, die ihr Kind eifrig behüten, ständig umsorgen und alle Schwierigkeiten von ihm fernhalten wollen, gelten gemeinhin als nicht sehr glücklich, weil sie ihre eigenen Bedürfnisse denen der Kindern unterordnen. Das genaue Gegenteil ist richtig, das hat eine Studie von niederländischen und kanadischen Forschern um Claire Ashton-James ergeben: Je engagierter die Eltern ihr Kind behüten, desto eher führen sie ihre Zufriedenheit auf die Tatsache zurück, Kinder zu haben. Zwei Gruppen überengagierter Eltern waren demnach besonders glücklich: Eltern, die versuchen, ihre

Kinder vor Misserfolgen zu schützen, alle Schwierigkeiten von ihnen fernzuhalten und deren Probleme zu lösen, und Eltern, die alle tatsächlichen und vermeintlichen materiellen und immateriellen Bedürfnisse ihrer Kinder befriedigen. Damit sei ein genereller Zusammenhang zwischen Kindzentrierung und Lebenszufriedenheit bewiesen, so die Wissenschaftler.

Der Wechsel zur Elternschaft ist eine harte Umstellung und dabei haben es heutige Elterngenerationen schwerer als vorherige. Sie überlegen länger und entscheiden später, eine Familie zu gründen. Zugunsten längerer Ausbildungszeiten und beruflicher Anforderungen, aber auch aus nagenden Zweifeln heraus, wirklich den richtigen Partner gefunden zu haben, schieben Paare immer öfter das Kinderkriegen auf. Bis dahin haben junge Erwachsene sehr viele Freiheiten und wenig Verantwortlichkeiten, auch deshalb knirscht es gewaltig, wenn zwei autarke Persönlichkeiten ein WIR schaffen und dazu einen Teil ihrer Autonomie aufgeben müssen.

Altruismus oder Austausch?

Die veränderte Sichtweise auf Kinder kommt erschwerend hinzu: Sie stehen hierzulande weithin unwidersprochen immer im Mittelpunkt. »Emotional unbezahlbar, aber ökonomisch nutzlos«, wie die Anthropologin und Journalistin Jennifer Senior in ihrem Buch *Himmel und Hölle. Das Dilemma moderner Elternschaft* den Wandel vom nützlichen zum beschützten Kind beschreibt, der in den letzten hundert Jahren stattfand und unseren Blick auf die Familie, aber auch die Familie selbst enorm verändert hat. Die Freiheit der Wahl, Eltern zu werden oder eben nicht, hat Kinder zu einem ehrgeizigen Lebensprojekt gemacht und noch mehr: Jenseits der ganz normalen natürlichen Liebe, die Eltern wahrscheinlich schon immer für ihre Kinder empfunden haben, hat das Liebesobjekt Kind heute eine gewaltige emotionale Aufladung erfahren. Eltern und Kinder haben sich heute – lebenslänglich. »Bis dass der Tod euch scheidet …, die Treueformel trifft immer weniger auf partnerschaftliche Bindungen zu, sondern scheint das Verhältnis der Generationenbeziehungen weitaus treffender widerzuspiegeln«, hat die Soziologin Bettina Isengard beobachtet. Sie vermutet, dass die Kluft zwischen instabilen Partner-Beziehungen und stabilen (Groß-)Eltern-Kind-Beziehungen in den nächsten Jahren und Jahrzehnten wahrscheinlich noch weiter auseinandergehen wird. Auch deshalb neigten Eltern heute so sehr dazu, die Beziehungen stark zu beschönigen, um die Investitionen in die Kinder zu rechtfertigen.

Der Psychologe Oskar Holzberg sieht in einem Interview für *Brigitte Woman* in dieser Verschränkung der Generationen sogar eine Tyrannei der Intimität aufscheinen, mit der Eltern endlich aufhören müssten: »Diesen viel zu großen Kinderkult, die oft panische Überbewertung jeder Eigenbewegung, die daraus resultiert, dass fatalerweise nur eine enge Beziehung zu unseren Kindern als gut gelebtes, verwirklichtes Leben gilt.« Genauso verhielten Eltern sich nämlich: Wir schämen uns, wenn die Beziehung zu unseren Kindern nicht so eng ist, wie wir es gern hätten. Wir beneiden Freunde und Verwandte, bei denen es anscheinend anders ist, auch wenn sie uns das mit ihren Berichten über gemeinsame Ausflüge, Shoppingtouren und Reisen, harmonische Familienzusammenkünfte oder täglich trauliche Telefonate nur weismachen wollen.

Kinderkult und Elternschelte

Parallel zu dieser Entwicklung sind Eltern aber auch zu Objekten argwöhnischer öffentlicher Aufmerksamkeit geworden, die sich in grassierendem Eltern-Bashing medial entlädt. Die Liste ihrer Verfehlungen ist lang, das Spektrum denkbarer Erziehungsmängel breit. In der öffentlichen Wahrnehmung sind immer die Eltern schuld, wenn die Kinder Normalerwartungen nicht erfüllen. »Eltern stehen unter verstärkter Beobachtung«, nennt auch Bettina Jellouschek-Otto ein zusätzliches Druckmoment von außen, »von der Qualität ihrer Erziehung scheint die Zukunft und das Glück ihrer Kinder abzuhängen. Das fängt schon unmittelbar nach der Feststellung der Schwangerschaft an. Unendlich viele Ratgeber vermitteln den Eindruck, man könnte mit den Kindern alles richtig machen, wenn man es nur sorgfältig genug betreibt. Ob es allerdings Paare davon abhält, sich für Kinder zu entscheiden, erscheint uns fraglich.«

Für Norbert Schneider, Direktor des Bundesinstituts für Bevölkerungsforschung, ist das keine Frage: »Es wird erwartet, dass die Eltern ganz für die Kinder da sind. Deshalb ist Elternschaft immer unattraktiver geworden.« Er macht ein überzogenes Elternideal für die niedrige Geburtenzahl in Deutschland mitverantwortlich, das Paare abschrecke, die Familiengründung zu wagen. Gerade die Erwartungen an moderne Mütter seien widersprüchlich und nicht zu erfüllen. »In diesen Konflikt wollen sich die Menschen nicht begeben. Die Gesellschaft erwartet erwerbstätige Mütter, die unabhängig von ihrem Mann sind, die sich aber auch intensiv um die Kinder kümmern«, beschreibt er das Dilemma und fordert einen Kulturwandel. Das öffentliche Bild der guten Erziehung ist mit den neuen Realitäten nicht zu vereinbaren. Es unterstellt Selbstlosigkeit ebenso wie grenzenlose Belastbarkeit, die beiden Hauptursachen für das permanente schlechte Gewissen. Andere

Länder haben andere Antworten für das Dilemma der Eltern gefunden, mit besseren Ergebnissen für die Geburtenrate. »Frankreich ist immer noch ein patriarchalisches Land, das Familienbild ist traditioneller.« Dort sei das Verhältnis zwischen Eltern und Kindern distanzierter. »Die Bedürfnisse der Erwachsenen gehen vor. Kinder stehen nicht so im Mittelpunkt wie in Deutschland.« In Deutschland schlägt man aus Angst vor Fehlern offenbar die Gegenrichtung ein und vergisst, dass Kinder auch etwas Normales sind und die Probleme, die sie mit sich bringen, in aller Regel auch zu lösen sind. Vor allem müssen sich Eltern von dem inneren Druck befreien, damit Riesenansprüche nicht auch noch das mögliche Glück verhindern. Gelassenheit steht auf der Tür, die aus dem Dilemma führt und hinter der das Glück wartet. Vielleicht.

Marie

Neben der Tatsache, dass Neuseeländer wahnsinnig ungesund essen und man ein halbes Jahr braucht, um ihren Akzent zu verstehen, überraschte mich am meisten, dass Mütter in Neuseeland so unglaublich jung sind.

Durch meine Arbeit in einem Café in Kaikoura hatte ich ein paar Mädchen, die ungefähr in meinem Alter waren, kennengelernt und wurde nach einigen Wochen von ihnen zu einem Mädelsabend eingeladen. Mit meinen zwanzig Jahren war ich nur drei Jahre jünger als die anderen Mädchen, die ähnlich wie ich Jobs in Cafés und Bars in Kaikoura hatten.

Als wir uns bei Cola und Rum die Nägel lackierten, passende Kleider aussuchten und ich einige Male zu laut auflachte, wies mich Sherinee darauf hin, dass wir leiser sein müssten, weil die Babys schon schlafen würden. Die Rahmen an den Wänden, vollgestopft mit Selfies von Sherinee und zwei kleinen blonden Mädchen, hatte ich als Fotos von ihr und ihren Schwestern identifiziert, weil die ältere der beiden schon um die fünf Jahre sein musste. Im Laufe des Gesprächs musste ich aber verwirrt feststellen, dass es sich bei den goldigen Blondschöpfen nicht um ihre Schwestern, sondern um ihre Töchter handelte.

Ich war sprachlos, weil Sherinee in dem gleichen Alter wie meine Schwester ist, die nach einem Auslandsjahr gerade erst im zweiten Jahr ihres Studiums ist, und während diese noch das Studentenleben genoss, war Sherinee mit 19 schwanger geworden. Und während ich an diesem Abend fest davon ausging, dass Sherinee eine Ausnahme sein musste, stellte ich im Laufe der nächsten Monate fest, dass es in Neuseeland nichts Ungewöhnliches ist, in ihrem Alter schwanger zu werden.

Dass Sherinee Mutter von zwei Kindern war und ihre Röcke genauso kurz waren wie unsere, verwirrte mich. Dass sie sich an diesem Abend genauso betrank und über heiße Kerle in Kaikoura redete, überraschte mich, und irgendwie konnte ich mich an den Gedanken nicht gewöhnen, dass dieses Mädchen schon jetzt die Verantwortung für zwei kleine Mädchen trug. Sie erzählte mir, dass sie noch nie aus Neuseeland herausgekommen sei, und weil sie relativ bald nach der High School schwanger geworden war, hatte sie keine weitere berufliche Ausbildung in Angriff nehmen können. Erst jetzt nach vier Jahren, wo die Mädchen ein wenig älter waren, hatte sie im Tourismuscenter eine Halbtagsstelle annehmen können. Während ich immer davon ausgegangen war, dass man seinen Freund oder Mann schon etliche Jahre kennen muss, um dann diese Entscheidung, ein Kind zu bekommen, gemeinsam zu treffen, hatte Sherinee ihren Freund Rob erst ein halbes Jahr gekannt, als sie schwanger geworden war. Ich fand es zugegebenermaßen verrückt, in einem Alter ein Kind zu bekommen, in dem man sich gerade erst aus den elterlichen Zwängen befreit hat. Während ich in Neuseeland die frische Luft genoss, hatte Sherinee praktisch nur einen Windzug von dieser Unabhängigkeit und Freiheit erlebt, um sich dann wieder an den nächsten Verantwortungsanker zu ketten. Ich bewunderte sie dafür, dass sie in einem Alter, in dem ich mich noch viel zu egoistisch und unerfahren fühlte, die Entscheidung getroffen hatte, auch ungeplante Ereignisse, die das eigene Leben so grundlegend verändern, mit offenen Armen zu empfangen.

Mein Bild vom Kinderkriegen wurde deshalb so durchgerüttelt, weil ich den Eindruck habe, dass das Kinderkriegen in Deutschland eine viel lastvollere Entscheidung ist. Ich war davon ausgegangen, dass man sich mit Fragen beschäftigt, wie die finanzielle Situation ist und ob man aufgrund seiner beruflichen Karriere dem Kind etwas bieten könnte. Wie lange man mit dem Vater des Kindes zusammen ist, ob man sich diesen Mann tatsächlich als Vater seiner Kinder vorstellen kann und ob man mit ihm für den Rest seines Lebens durch diese Kinder verbunden sein will. Bei mir würde die Frage noch hinzukommen, ob ich schon alles gemacht habe, was ich an Reisen und Abenteuern vorhabe, und ob ich mich in der Lage sehe, diese riesige Verantwortung für einen anderen Menschen zu übernehmen. Weil ich Sherinee nur an diesem Abend sah und zwei Wochen später Kaikoura verließ, kann ich nicht sagen, ob sie sich nur nicht mit solchen Fragen beschäftigte oder sie all diese Fragen leichten Herzens bejaht hatte, bevor sie sich für ihre Tochter und gegen eine mögliche Abtreibung entschieden hatte.

In den folgenden Reisemonaten fiel mir immer wieder auf, dass neuseeländische Mütter deutlich jünger sind als deutsche. In einem Ort, der nicht weit entfernt von Kaikoura liegt und den ich mir nach einer längeren Zeit des Reisens als nächsten längerfristigen Stopp ausgewählt hatte, sahen die Mütter tatsächlich alle aus, als wären sie bei der Geburt ihrer Söhne zwölf gewesen. Ein Freund, den ich in den nächsten Monaten sehr gut kennenlernte, war mit 25 zum ersten Mal Vater geworden und hatte seine damals 19-jährige

Freundin geschwängert, obwohl die beiden sich erst seit drei Monaten gekannt hatten. Auch in diesem Fall hatten sie nicht geplant eine Familie zu gründen, nach der ersten Geburt wurde sie relativ schnell erneut schwanger und noch vor der Geburt des zweiten Kindes hatten die beiden sich wieder getrennt.

Ich hatte in Neuseeland den Eindruck, dass das Kinderkriegen im Vergleich zu Deutschland zu einer weniger schweren Entscheidung gemacht wurde.

Umso ungewohnter war es deshalb, nach anderthalb Jahren unter jungen Müttern nach Berlin zurückzukehren und meinen Job als Eisverkäuferin wieder aufzunehmen. Die Eisdiele liegt direkt neben einer großen Kita und wenn nebenan gegen Nachmittag die Abholzeit beginnt und Eltern ihren Kindern noch vor dem Abendessen riesige Spaghetti-Eis spendieren, haben meine Kollegin Toni und ich allerhand zu tun.

Während diese Latte macchiato schlürfenden Mütter über beste Folgemilch für Säuglinge quatschen und ihre Ältesten unsere Sitzbänke in einen Indoor-Spielplatz verwandeln, bleibt Toni und mir häufig genügend Zeit, diese Familien genau zu beobachten.

Dabei ist uns aufgefallen, dass die durchschnittliche Mutter im deutschen Modell ihr erstes Kind geschätzt Mitte, aber eher Ende zwanzig bekommt. Man hat dabei häufig den Eindruck, dass Kinderkriegen einem passenden Lebensabschnitt zugeordnet ist und damit ein bestimmtes Zeitfenster hat.

Unterschiedliche Faktoren, wie die finanzielle Situation, der Vater des Kindes und der eigene geschätzte Reifegrad, die im Bestfall gewährleistet sind, scheinen bei der Frage, ob man eine Schwangerschaft zulässt, eine gewichtigere Rolle zu spielen. Deshalb finde ich es nicht verwunderlich, dass das Thema Kinder bei mir und meinen Freunden mit durchschnittlich 21 Jahren noch nicht aktuell ist, und ich habe das Gefühl, dass sie momentan interessierter sind an dem, was in der nächsten Folge »Game of Thrones« passiert.

Nur drei Jahre weiter bei meiner großen Schwester und ihren Freunden stelle ich eine vermehrte Auseinandersetzung mit dem Thema fest, und als ich erst gestern mit meinem großen Bruder, der 26 Jahre alt ist, sein neues Auto feierte und fragte, wofür er denn den riesigen Kofferraum brauche, meinte er ganz unverblümt, dass er schon mal vorgedacht hätte und irgendwann Platz für den Kinderwagen bräuchte. Auch wenn ich nicht davon ausgehe, in den nächsten Jahren Tante zu werden, merke ich bei meinem Bruder, der seine Ausbildung bald abgeschlossen hat, und meiner Schwester, die dem Ende ihres Studiums entgegenblickt und darüber hinaus in einer bald dreijährigen Beziehung lebt, eine ernsthaftere Befassung mit dem Thema Familienplanung. Im Gegensatz zu Sherinee in Kaikoura sind meine große Schwester und ich uns allerdings einig, dass wir in den nächsten Jahren erst noch ein wenig von der Welt sehen, das unabhängige Leben genießen und unsere Karriere starten möchten, bevor es mit der Familienplanung losgeht.

Anders verhielt es sich, als ich vor einem Monat mit einer 30-jährigen Mitfahrgelegenheit und ihrer Freundin nach Münster fuhr und Britta und Helena vier Stunden dabei zuhören durfte, wer gerade geheiratet hat und wer schwanger sei. Wann man sich am besten für ein Kind entscheidet und welche Hunde am kinderfreundlichsten wären. Dabei hatten beide ein abgeschlossenes Studium, arbeiteten seit einem Jahr in einer Festanstellung und hatten vor einem Jahr und ein paar Monaten geheiratet.

Ich habe das Gefühl, dass hier in Deutschland im Gegensatz zu Neuseeland ein bestimmtes Lebensthema viel festgesetzter zu jedem Alter gehört und dass daraus resultierende Lebensabschnitte ganz bewusst aufeinander aufgebaut werden.

Als meine Freundin mit siebzehn Jahren schwanger wurde, entschied sie sich trotz vierjähriger Beziehung mit ihrem Freund für eine Abtreibung, wobei das für sie entscheidende Argument war, dass sie diesem Kind nichts bieten könnte und selber noch ein Kind sei. Meine Freundin Emma erzählte mir vor Jahren einmal, dass ihre Cousine mit achtzehn Jahren kurz vor dem Abitur schwanger geworden war, sich ihren Eltern anvertraut und nach längerer Überlegung entschieden hatte, nicht abzutreiben und das Kind zu bekommen. Bis zum letzten Tag einer möglichen Abtreibung hatte Emmas Tante ihre Tochter beeinflussen und sie zu einer Abtreibung drängen wollen, sich aber nicht durchsetzen können.

Ich war glücklicherweise noch nie in der Situation, eine so schwerwiegende Entscheidung zu treffen, aber ich frage mich, ob es hier in Deutschland vielleicht eher zu einer noch schwerwiegenderen Entscheidung gemacht wird, denn während neuseeländische Frauen sich scheinbar dazu entscheiden, den Weg zu trampeln, während sie wandern, auch wenn das passende Schuhwerk fehlt, planen Deutsche das Wandern, kaufen sich die richtige Ausrüstung, studieren die Karte, trampeln den Weg einmal vor und laufen dann wieder zurück, damit sie den Weg auch sicher wandern können.

Ob Kinder glücklich machen oder nicht, weiß ich glücklicherweise noch nicht, weil ich keine Mutter bin, aber ich merke vor allem in Gesprächen mit Leuten in meinem Alter, dass diese sich durchaus bewusst sind, was ihre Eltern für sie getan haben, und sich dementsprechend verantwortlich für den Grad an Zufriedenheit und Fröhlichkeit ihrer Eltern fühlen. Nicht selten fallen in solchen Gesprächen Begriffe wie »geopfert« oder Sätze wie »viel für mich getan«. Ich habe den Eindruck, dass meine Altersgenossen sich durchaus der »Opfer« ihrer Eltern bewusst sind, die diese in Kauf genommen haben, um Kinder zu bekommen. Dass ihre Eltern teilweise auf eine erfolgreiche Karriere oder die Festanstellung verzichtet haben, weil man freiberuflich besser um das Leben der Kinder herumplanen kann.

Ich weiß nicht, ob der heute häufig gesteigerte Leistungsdruck durch Eltern daraus resultiert, dass sie mehr Zeit in ihre Kinder investiert haben als in die eigene Karriere und die Kinder sie deshalb nicht enttäuschen sollten, aber häufig habe ich den Eindruck, dass Kinder einen solchen Leistungsdruck ihren Eltern genau deshalb nicht übel nehmen, weil sie wissen, wie viel diese für sie geopfert haben.

Damit möchte ich nicht sagen, dass Eltern bei ihren Kindern Druck aufbauen, sie glücklich zu machen, aber vielleicht passiert das ganz ungewollt als Nebenreaktion auf so viel bewusste und gesteuerte Lebensplanung, wie sie in Deutschland üblich ist. Aber vielleicht würde die neuseeländische Art, das Nest genau dann zu bauen, wenn es benötigt wird, und dabei die gerade zur Verfügung stehenden Materialien zu verwenden, Kinder nicht wie in Deutschland zu einem Lebenssinn werden lassen. Und die Frage, ob sie glücklich machen, würde gar nicht gestellt werden.

6. Kapitel
Vermessung der Lage

»Warum sollen sie mit zwanzig auf eigenen Füßen stehen, wo sie doch mindestens fünfzig Jahre zur Verfügung haben, um das Leben als selbstständige Erwachsene zu genießen?«, fragt die französische Autorin Christiane Collange in ihrem Buch *Die Wunschfamilie* und spielt auf die lange Lebenserwartung heutiger Jugendlicher in Europa an. Weil immer mehr junge Erwachsene nicht wie Generationen vorher nach Ende der Schulzeit oder Ausbildungszeit ihr Elternhaus verlassen, sondern weiterhin dort wohnen bleiben, werden sie schnell als unselbstständig, faul und bequem abgestempelt – neurotische Nesthocker mit krankhafter Elternbindung, die den Absprung nicht schaffen, weitverbreitet in Italien, Frankreich und Spanien. In Deutschland zählt das Statistische Bundesamt für das Jahr 2016, dass 42 Prozent der jungen Erwachsenen zwischen 18 und 29 Jahren noch im Elternhaus wohnen. Aber auch die Zahl derjenigen, die entweder wieder bei ihren Eltern oder nicht weiter weg als 200 Kilometer von ihren Eltern wohnen, ist bemerkenswert hoch. Der Entschluss, für sich selbst Verantwortung zu übernehmen, wird damit oft auf Jahre hinausgeschoben – oft unter tätiger Mithilfe der Eltern selbst, die davor zurückscheuen, allein zurückzubleiben, und deshalb mit aller Kraft am Eltern-Kind-Verhältnis festhalten. Das erkennt auch Christiane Collange: Auch die Eltern der geschmähten Nesthocker sähen dank der gestiegenen Lebenserwartung weiteren dreißig Jahren des Lebens ohne Kinder entgegen, wenn der Nachwuchs erst einmal ausgezogen ist. Je älter sie seien, wenn die Kinder auszögen, umso schwerer werde es ihnen fallen, einen Neustart als Paar zu beginnen, wieder in den Beruf einzusteigen oder, was immer diese Lebensphase fordert, in Angriff zu nehmen.

Vom Konfliktherd über den Kuschelkurs ...

Doch offenbar ziehen beide Parteien ihren Nutzen aus der nicht vollzogenen Trennung. Laut Shell-Studie geben 90 Prozent der Jugendlichen an, dass sie mit ihren Eltern gut auskommen. Wäre die Frage vor 50 Jahren gestellt worden, hätte sie wahrscheinlich das umgekehrte Ergebnis erbracht. Doch die typischen Generationenkonflikte früherer Zeiten spielen kaum noch eine Rolle. Die Gründe dafür sind vielfältig, doch auf einen empirischen Zusammenhang zwischen Scheidung der Eltern und einer verlängerten Adoleszenz der Kinder hat die amerikanische Familienforscherin Judith Wallerstein aufmerksam gemacht: Viele Scheidungskinder zögerten ihren Abschied vom Elternhaus hinaus, weil sie aufgrund ihrer Trennungserfahrung feste Bindungen scheuten und einfach länger bräuchten, bis sie erwachsen sind, vermutet sie. Doch es könnte genauso gut sein, dass die Bindung zwischen Kindern und einem alleinerziehenden Elternteil so eng gehalten wird, dass ein Auszug einem Verrat gleichkäme.

... zum Klammerblues

Auch wenn die Harmonie und Nähe zwischen den Generationen ihre guten Seiten hat, kann sie den jungen Erwachsenen den Schritt ins eigene Leben erschweren, weil es so schwerfällt, sich von den Eltern abzugrenzen, die nur zu gerne alles daransetzen, nicht besonders viel älter als ihre Kinder zu wirken.

In überfürsorglicher Routine erstarrte Eltern, die klammern, ihre Kinder kleinhalten und nicht loslassen wollen, auf der einen Seite und lebensuntüchtige, unselbstständige junge Erwachsene, die den Sprung ins eigene Leben nicht wagen, auf der anderen Seite – das grelle Bild vom Klammerblues, den beide Generationen heute miteinander tanzen, wird in den Medien gern gezeichnet. Doch was gibt es eigentlich jenseits dramatischer Zuspitzung, gezielter Tabubrüche oder vermeintlicher Patentlösungen über die Schwierigkeiten dieser Trennung zu erkennen, die – unbestritten – für beide Parteien wichtig ist.

Wie immer der theoretische Ansatz auch sein mag, die Terminkalender der Therapeuten sind gut gefüllt mit Patientennamen – Eltern wie auch erwachsenen Kindern, die die Loslösung aus eigener Kraft nicht schaffen können und sich mithilfe der Profis von den negativen Folgen ihrer gegenseitigen Abhängigkeit befreien wollen. Und dann müssen sie unter therapeutischer Anleitung einen mühsamen »Trauerprozess bewältigen«, wie Verena Kast es beschreibt und nahelegt, dass die Trennung gefühlt dem Tod nahekommt. Dabei ist es doch das Leben, das weitergeht!

Wann sind Kinder eigentlich erwachsen?

Höchstens ausnahmsweise wird es sich so glücklich fügen, dass in dem Moment, in dem das Kind verkündet, dass es keins mehr sei, es auch den Eltern schlagartig klar wird, dass sie ihre Erziehungsarbeit, ihre permanente Fürsorge, das umsichtige Vorausdenken, die Aufsichtsfunktion, die finanzielle Alimentierung und das Alltagsmanagement nunmehr in seliger Erleichterung niederlegen und sich endlich wieder auf sich selbst besinnen dürfen. Der Moment, in dem das Kind seine Eltern mit dieser alarmierenden Bemerkung erschreckt, wird vielmehr einen ironischen Lacher bei

Müttern und Vätern auslösen, die dann mit spitzem Finger auf herumliegende Kleidungsstücke, Schmutzränder in der Badewanne und grün bepelzte Joghurtbecher unterm Bett deuten und Sätze von sich geben wie: »Genau so habe ich mir einen Erwachsenen immer vorgestellt.«

Für ein paar Jahre bleibt die Lage unübersichtlich. Wann ist ein Kind erwachsen? Auf jeden Fall später, als es selbst das meint – aber wann genau? Erschwerend kommt hinzu, dass das Prädikat »erwachsen« von Kindern gerne geltend gemacht wird, wenn es um Heimkehrzeiten, die Benutzung des Familienautos oder Alkoholkonsum in Eigenregie geht, aber deutlich seltener, wenn es die Beteiligung an häuslichen Pflichten, Lebenshaltungskosten oder gar Gegenleistungen meint. Aber irgendwann müssen Eltern ihre Söhne und Töchter wirklich als Erwachsene anerkennen und das tun, was ihnen die Kinder schon länger nahelegen. Sie müssen aufhören, an ihnen herumzuerziehen und ständig für sie zu sorgen. Eltern sollten für junge Erwachsene entbehrlich sein und umgekehrt genauso. Das kann außerordentlich schwerfallen, solange die Kinder noch im Elternhaus wohnen. Auch wenn Mütter und Väter allen, die es hören wollen und vor allem sich selbst immer wieder versichern, die Kinder seien jetzt alt genug, um ihre Angelegenheiten eigenverantwortlich in die Hand zu nehmen, fallen Eltern immer wieder in ihre lang geübte Rolle zurück – serve and protect, wie das Motto der kalifornischen Polizei.

Junge Erwachsene, die immer länger im Elternhaus bleiben, sind ein Zeitgeistphänomen, das man nur in modernen Industriestaaten kennt, weil dort Überfluss an Gütern und Einkommen herrscht. Elternpaare in vorindustriellen oder agrarischen Gesellschaften können sich den Luxus gar nicht leisten, herangewachsene, gereifte, leistungsfähige Erwachsene von der gemeinsamen Arbeit und der Existenzsicherung freizustellen und freizuhalten, von den Möglichkeiten reicher Oberschichten abgesehen. Für alle anderen galt und gilt: Es gibt einen Zeitpunkt im Leben eines jungen Menschen, wo er sich von Vater und Mutter trennt und von nun an selbst für sich aufkommt und auf eigenen Füßen steht. Dieser Übergang wird durch kulturelle Gebräuche begleitet, die Ethnologen, Soziologen und Anthropologen als Initiationsriten bezeichnen. So vielfältig sich Gesellschaften und Kulturen auf allen Kontinenten und zu allen Zeiten auch entwickelt haben – Initiationsriten, die die Ablösung von der Kindheit und den Übergang ins Erwachsenenleben abbilden, finden sich überall.

Unsere westliche Zivilisation hat sich weit von den archaischen Bräuchen entfernt. Reste ehemals verbindlicher Rituale für Übergangspassagen klingen noch in der Konfirmation, Firmung, Jugendweihe oder Bar Mitzwa an, auch im Begriff Reifeprüfung oder Matura scheint noch ein Hauch von Initiationsritus auf. Längst verschwunden sind die fahrenden Scholaren des Mittelalters, ein paar wenige Handwerksburschen gehen heute noch nach ihrer Freisprechung auf die Walz. Und auch die Bundeswehr stellt keine Forderung mehr, dass die jungen Männer den Absprung aus dem Elternhaus wagen müssen. Das alles bedeutet einen Zuwachs individueller Freiheiten, sein Leben nach eigenem Gusto gestalten zu können. Auslandsjahr, Praktikum, soziales Jahr oder doch im Eiltempo von der Schule auf die Uni – das sind höchst private Entscheidungen, die aber eingebettet in ein gewandeltes gesellschaftliches Hintergrundrauschen getroffen werden und vielleicht doch in der Masse gesehen auch wieder moderne Antworten auf das Bedürfnis nach einer gekennzeichneten Übergangspassage widerspiegeln.

Doch in Abwesenheit tragfähiger Rituale, die den Übergang von der Kindheit in das Erwachsenendasein begleiten, stolpern wir, Eltern und Kinder, nun ungeleitet durch einen Lebensabschnitt, sonderbar gefühlsgeladen, wenig vernunftbehaftet und scheinbar individuell.

Erwachsen werdende Menschen: Tore fallen in der Nachspielzeit

Im Niemandsland zwischen Kindheit, Jugend und Erwachsensein haben Soziologen eine neue Lebensphase ausgemacht: die Postadoleszenz. Der amerikanische Psychologe Jeffrey Jensen Arnett hat um die Jahrtausendwende für dieses Phänomen den Begriff »emerging adults« geprägt, was so viel bedeutet wie »sich entwickelndes Erwachsensein«, eine Lebensphase, die es früher nicht gab. Arnett erklärt das so: Anthropologen und Historikern zufolge gab es bis vor Kurzem noch einen weltweiten Konsens darüber, dass Heirat das wesentliche Merkmal für den Erwachsenenstatus war. Das ist heute anders. Weltweite Umfragen hätten erbracht, dass in ganz Europa, Asien und Lateinamerika und unter allen ethnischen Gruppen Amerikas die Ehe als Kriterium für Erwachsensein ausgedient habe. Wenn traditionelle Kriterien also nicht mehr gelten, welche dann? Arnett nennt die wichtigsten: Verantwortung für sich zu tragen, unabhängig Entscheidungen zu treffen und finanziell unabhängig zu sein. »Doch während Ausbildungsende, Ehe und Elternschaft kollektive öffentliche Ereignisse sind, die an einem bestimmten Tag stattfinden, bezeichnen diese drei Kriterien individuelle Prozesse, die über mehrere Jahre ablaufen. Die ersten beiden Kriterien sind zudem nicht greifbar und psychologischer Natur.« So entwickelt sich das subjektive Gefühl dafür, erwachsen zu werden, über mehrere Jahre: »Junge Menschen in dieser Übergangsphase leben heute ein völlig anderes Leben als die meisten ihrer Großeltern. Anstatt ihre 20er-Jahre damit zu verbringen, sich an die Pflichten des Erwachsenendaseins zu gewöhnen, erleben sie zehn oder mehr Jahre außerordentlicher Freiheit, bevor sie ins Erwachsenenalter eintreten.«

Entstanden ist die neue Lebensphase aber auch, weil sich die gesellschaftlichen Rahmenbedingungen in den letzten Jahrzehnten so stark verändert haben – ganz ähnlich wie vor etwa hundert Jahren der Begriff »Jugendphase« als Bezeichnung für einen eigenständigen Lebensabschnitt aufkam. Davor unterschied man nur zwischen Kindheit und Erwachsenenalter. Doch die zunehmende Industrialisierung und Technisierung der Lebensumwelt verlangte nach längeren Lernphasen und Ausbildungszeiten; die Heranwachsenden mussten länger vom Erwerbsleben freigestellt werden und in ökonomischer Abhängigkeit von den Eltern leben: Die Lebensphase Jugend entstand. Wie die Jugendlichen damals sehen die Entwicklungspsychologen die »emerging adults« von heute als eine Gruppe mit bestimmten gemeinsamen Merkmalen an, unter anderem was den Auszug aus dem Elternhaus angeht. »Emerging adulthood« ist eine Errungenschaft des Wohlstands, schreibt Arnett. »Junge Menschen streben heute nach Arbeit, die nicht nur dem Broterwerb dient, sondern eine Form der Selbstverwirklichung ist.« Heute sei Europa die wohlhabendste, friedlichste, humanste Region auf der Welt. Die vielen Menschen an der Schwelle zum Erwachsenwerden seien als Gruppe die Erben dieser bemerkenswerten Errungenschaft.

Zwischen den Stühlen

Es ist eine Transitzone – »die Jahre zwischen 18 und 30 sind womöglich die härtesten im ganzen Leben«, sagt der Psychologe Claus Koch und fasst den Unterschied dieser Lebensphase zu der früherer Generationen im Interview mit der *FAS* so zusammen: Klassischerweise gab es in der Soziologie drei Kriterien für das Erwachsensein: einen Beruf finden, Geld verdienen, eine Familie gründen. Das hat sich gesellschaftlich nach hinten verschoben. Früher hatte man über die sozialen Schichten hinweg bis Mitte 20 einen Beruf oder wusste jedenfalls ziemlich genau, dass man einen haben würde. Heute ist das teilweise bis 30 noch nicht der Fall.« Wann ist man dann erwachsen? »Dafür gibt es kein hartes, objektives Kriterium. Es geht darum, Verantwortung für sich und andere zu übernehmen.«

In den postindustriellen Gesellschaften fehlt aber auch eine Voraussetzung für Initiationsriten, die in sogenannten primitiven Kulturen vorhanden sind, wie die Anthropologin Margaret Mead anhand traditioneller Gesellschaften im pazifischen Raum beschreibt: Biologische Reife fiel zusammen mit gesellschaftlicher und geistiger Reife. Heute setzt die Geschlechtsreife der Jugendlichen immer früher ein. Diese Akzeleration hat dafür gesorgt, dass Mädchen mit zwölf, Jungen etwas später in die Pubertät kommen. Aber viele bekommen erst mit Mitte 30 ihr erstes Kind. Da liegen mehr als 20 Jahre dazwischen – gewissermaßen eine ganze Generation. Also lässt sich die Zeit der Postadoleszenz doch verklären als eine Etappe besonderer Kraft, Freiheit und Intensität? »Das ist, jedenfalls in gewisser Hinsicht, ein Fake, für den es wirtschaftliche Gründe gibt. 18- bis 30-Jährige sind eine begehrte Zielgruppe. Habt Spaß! Nehmt Euch, was Ihr wollt! Konsumiert! Hinter dieser Idealisierung stecken handfeste Interessen«, betont Claus Koch, ohne schöne Erlebnisse in diesem Alter bestreiten zu wollen: »Aber die Kehrseite ist, es gibt keine Zeit, in der man dabei so viel mit sich beschäftigt ist und der Frage: Wohin will ich?«

Und so haben wir es heute mit jungen Erwachsenen zu tun, die sich über Jahre hinweg in einer schwierigen Passage ihres Lebens befinden: Es gibt keinen klar definierten Abschied von der Kindheit. Die Gesellschaft bietet keine verlässlichen Riten oder Verhaltensweisen an, um das Heranwachsen in feste Bahnen zu lenken. Stattdessen müssen sich die jungen Menschen im heraufziehenden Erwachsenenalter aus einem Wust von individuell verschiedenen Lebensmustern ihren ganz persönlichen Weg suchen. Da ist es nicht erstaunlich, wenn infantile Reste der Persönlichkeit erhalten bleiben und sich viele an das klammern, was ihnen vertraut ist: das Herkunftsnest. Und zwar beiderseits. Die gute Nachricht ist vielleicht, dass Eltern heute nicht mehr ins Altenteil ziehen müssen, wenn der Nachwuchs das Ruder übernimmt. Die schlechte: Auch Eltern können auf kein Ritual, kein eindeutiges Merkmal, keine Schwelle in Gestalt von Ritualen zurückgreifen, die ihnen erlaubt, die Aufgabe als erfüllt anzusehen.

Einmütig erklären viele Psychotherapeuten, dass nicht Verstehen und Zusammengehörigkeit der Familie ihr Behandlungsziel sein darf, sondern glasklar die überfällige Ablösung des Nachwuchses von den Eltern. Bleibt das aus, droht Lebensversagen: Bedürfnisse, die fortlaufend und übermäßig befriedigt werden, ohne dass im Gegenzug eigene Leistung gefordert ist, führen zu einer verwöhnten Schonhaltung, mit der ein junger Mensch draußen im Leben scheitert.

Und ebenfalls einig ist sich die Fachwelt über die Auslöser der Misere: Es sind die Klammerbedürfnisse der Eltern, die den Nesthockern entgegenkommen. Eltern, die ihre Dominanz über die Kinder nicht aufgeben können oder Angst vor dem Verlust ihres bisherigen Lebensinhaltes haben, wenn die Kinder gehen.

Die spielentscheidende Frage wäre also nicht, ob unsere beinahe Dreißigjährigen ihr Kinderleben auf unsere Kosten weiterführen dürfen. Auch nicht die, ob wir vielleicht Freude, Glück und tiefe Zufriedenheit bei der Vorstellung empfinden, immer für die Kinder da zu sein. Wenn die Psychotherapeuten recht haben, wäre die wirkliche Frage, ob wir es noch länger verantworten können, die Kinder derart eng an uns zu binden und uns an sie. »Ich setze doch nicht mein Kind vor die Tür!«, weisen viele Mütter schon den Gedanken empört von sich. Das ist verständlich. Wer würde schon das eigene Kind rausschmeißen? Aber man kann ja mal darüber nachdenken, ob man seinen Kindern wirklich einen Gefallen tut oder ob man ihnen mit der eigenen Nachgiebigkeit nicht schadet.

Wie geht das eigentlich bei den Tieren?

Für die samoanischen Familien, die Margaret Mead beschreibt, hätte der Übergang vom Kind zum Erwachsenen gar keine Frage aufgeworfen. Am Ende des Rituals bringt der riskante Sprung von einem hohen Wasserfall den Eintritt ins Erwachsenenleben. Fasten, beten, träumen und etwas Gefährliches wagen sind Bestandteile der Übergangsriten in der ganzen Welt. Die Geschichten aus Samoa von berühmten Indianerstämmen sind oft erzählt worden. Wie aber geht eigentlich die Ablösung der Kinder im Reich der Tiere vonstatten? Der Biologe und bekannteste Tierbuchautor Deutschlands Dr. Mario Ludwig hat ein paar verblüffende Antworten gefunden.

Tierische Muttersöhnchen
Gastbeitrag von Dr. Mario Ludwig

In Sachen Betreuung des eigenen Nachwuchses ist man im Tierreich recht unterschiedlich aufgestellt. Tiere, die viele Nachkommen haben, wie etwa der Mondfisch, scheren sich einen Dreck um das Wohlergehen des eigenen Nachwuchses. Und das ist auch gar nicht nötig, schließlich werden es ja wohl wenigstens ein paar der 300 Millionen Eier, die der Mondfisch produziert, auch ohne das Zutun der Eltern schaffen, zu einem erwachsenen Fisch heranzuwachsen.

Ganz anders liegt der Fall, wenn eine Tierart nur wenige Nachkommen hat, wie das bei den meisten Vögeln und Säugetieren der Fall ist. Dann ist von den Eltern, vor allem von den Müttern, eine umfangreiche Brutpflege gefordert. Aber was ist, wenn die derart geförderten Jungtiere selbstständig oder, wie das bei den Vögeln heißt, »flügge« geworden sind? In über 99 Prozent der Fälle ist es dann mit der elterlichen Fürsorge endgültig vorbei. Aber es gibt einige wenige Ausnahmen.

So helfen zum Beispiel bei Bonobos Mütter noch ihren längst erwachsenen Söhnen dabei, ein besonders attraktives Weibchen zu ergattern. Bei dieser in Zentralafrika lebenden Menschenaffenart, bei der es sich übrigens mit einer Genübereinstimmung von immerhin 98,7 Prozent um unsere nächste Verwandtschaft im Tierreich handelt, haben die Männchen, wenn sie sich um eine Sexualpartnerin bemühen, nämlich oft die Frau Mama im Schlepptau. Und das ist auch gut so, denn normalerweise kommen bevorzugt die Bonobomänner bei den Damen zum Zug, die in der Bonobohierarchie weit oben stehen. Mittelklasse- oder gar Prekariatsbonobos haben es da eher schwer. Aber eben nur normalerweise. Auch niederrangige Bonobos können nämlich, dank der mitgebrachten Mama, ab und an eine attraktive Affendame erobern, da sie von ihrer Mutter hier in jeder Hinsicht unterstützt werden. Das geht sogar so weit, dass Bonobomütter zu ihrem Sprössling in Konkurrenz stehende, jedoch ranghöhere Männchen festhalten, sodass dieser bei der Dame seines Herzens landen kann und eben nicht der lästige Konkurrent. Welchen Vorteil die Bonobomütter aus dieser massiven Unterstützung ihrer Söhne ziehen, ist noch nicht geklärt. Möglicherweise wollen die Affenweibchen mit dieser Hilfe die Zahl der eigenen Enkelkinder erhöhen.

Eine aktive Einmischung in die Partnerwahl ihrer erwachsenen Söhne findet man auch bei den Muriqui-Affen. Diese Affenspezies, die wegen ihrer extrem langen Gliedmaßen auch Spinnenaffe genannt wird, ist mit einem Gewicht von rund 15 Kilogramm nicht nur die größte, sondern auch die seltenste Affenart auf dem gesamten amerikanischen Kontinent. Gab es vor rund 100 Jahren im atlantischen Regenwald Brasiliens noch rund 400 000 Individuen, ist die Population heute, dank der Zerstörung des Lebensraumes der Affen durch Abholzung des Regenwaldes, auf rund 1000 Exemplare geschrumpft. Will heißen, Muriqui-Affen sind ganz massiv vom Aussterben bedroht. Aber zurück zum Einfluss der Mütter auf die Partnerwahl ihrer männlichen Sprösslinge. Was bei Menschen – zumindest in den allermeisten Fällen – ziemlich verpönt ist, nämlich dass die Frau Mama für ihren Filius die passende Gefährtin aussucht, ist bei Muriqui-Affen nicht nur gang und gäbe, sondern sogar extrem wichtig. Zumindest wenn es darum geht, gesunden Nachwuchs zu zeugen. Dazu muss man wissen, dass es sich bei Muriquis um die friedlichste und toleranteste Affenart weltweit handelt. Bei Muriquis herrscht Demokratie. Und das gilt nicht nur auch, sondern sogar ganz besonders für die Fortpflanzung. Bei den Affen mit den langen Gliedmaßen kommen in Sachen Sex nicht wie bei den anderen Affenarten, bevorzugt die ranghohen Männchen zum Zug. Nein, bei Muriquis sind alle Männchen gleichberechtigt. Es finden daher auch keine affenmachoüblichen Kämpfe um die Weibchen statt. Im Gegenteil: Die potenziellen Muriqui-Liebhaber stehen geduldig Schlange bei den Affendamen. Und es wird selbst dann nicht gemurrt, wenn die Anzahl der Aspiranten ein halbes Dutzend oder gar mehr beträgt. Und genau an diesem Punkt mischen sich die Affenmütter ein. Die bleiben nämlich ein Leben lang – und das können mehr als 30 Jahre sein – treu an der Seite ihrer Sprösslinge. Die Muriqui-Mütter verhindern, offenbar um inzestuösem Schaden beim Nachwuchs vorzubeugen, ganz gezielt, dass sich ihre Söhne mit nahe verwandten Weibchen paaren. Und das mit großem Erfolg: Genanalysen von amerikanischen Forschern zeigten nämlich, dass keines der von ihnen untersuchten Jungtiere das Ergebnis einer inzestuösen Paarung war. Woran die Mütter erkennen, ob es sich bei einer potenziellen Sexualpartnerin um eine Blutsverwandte ihrer Söhne handelt, ist allerdings noch nicht geklärt.

Man glaubt es kaum: Ausgerechnet männliche Orcas, bei denen es sich ja um die erfolgreichsten Jäger im Tierreich handelt und die sich deshalb ihren zweiten, wenn auch politisch unkorrekten Namen »Killerwal« redlich verdient haben, sind echte Muttersöhnchen. Orcamänner bleiben nämlich ihr ganzes Leben lang bei ihrer Mutter. Lange Zeit war der Wissenschaft die evolutionäre Bedeutung dieser doch recht merkwürdigen tierischen Mutter-Sohn-Beziehung ein Rätsel. Vor Kurzem haben jedoch Wissenschaftler der Universität Exeter zumindest einen Teil des Rätsels gelöst. Auswertungen von Daten, die die Wissenschaftler bei Beobachtungen von nahezu 600 Orcas über einen Zeitraum von 40 Jahren vor der Küste Kanadas gesammelt hatten, zeigten nämlich, dass die Überlebenschance von erwachsenen Orcamännern um knapp das 14-Fache steigt, solange sie bei ihrer Mutter bleiben. Und das kann ein verdammt langer Zeitraum sein. Orcaweibchen können bis zu 90 Jahre alt werden. Worin die Hilfe der Orcamütter für ihre Söhne besteht, ist noch nicht ganz geklärt. Die Wissenschaft vermutet jedoch, dass die Mama ihren Söhnen sowohl bei der Feindabwehr als auch bei der Futtersuche ganz massiv behilflich ist.

7. Kapitel
Leerstelle Kinderzimmer

Vier Wände, ein Fußboden, eine Decke, ein Fenster, eine Tür: Das ergibt zusammen ein Zimmer. Aber eines, das es in sich hat. Oder müsste man nicht besser sagen: hatte?

Niedlich, verspielt und kuschelig soll es sein, wo ein neuer Erdenbürger Wohnung nimmt. Ein behagliches Nest, in dem sich der kleine Schatz wohlfühlt, in freundlichen Farben gehalten, in behagliches Licht getaucht, im Mittelpunkt das Bettchen. Drumherum arrangiert ist der ganze Zauber aus putzigen Bordüren, weichen Teppichen, munteren Spieluhren, zarten Mobiles und kuschelweichen Stofftieren, alles Ton in Ton und mit Liebe gestaltet, am besten abwaschbar – der erste Niederschlag eines überbordenden Nestbauinstinkts mit der Tendenz, sich in der ganzen Wohnung auszubreiten. Auch die Küche, das Bad und das Wohnzimmer werden hübsch gestaltet, weil man nie mehr so viel Zeit daheim verbringt wie in der Gesellschaft eines Babys.

Von der Keimzelle zum Saustall

Wer weiß schon, was Babys wünschen? Das erste Zimmer entspricht zu hundert Prozent dem Wohngeschmack der Eltern. Das bleibt auch weitgehend so, wenn das Babyzimmer zum Kinderzimmer heranreift. Doch eine kleine Persönlichkeit ist im Werden und drückt dem Zimmer allmählich seinen eigenen Stempel auf. Trödelverwahrboxen werden angeschafft, weil Eltern der

Meinung sind, jedes Ding brauche seinen Platz. Parkhäuser für die Spielzeugautos, Betten für die Puppen, Schachteln für die Malsachen … es hat keinen Zweck. Ordnung ist ein sonderbares Verhalten, das Eltern an den Tag legen, wenn der Abend naht. Das erste Wandposter mit dem Alphabet hängt längst an der Wand, ein Bücherregal muss her. Untrügliche Anzeichen für die nächste Metamorphose des Kinderzimmers: aus der Spielhölle soll eine Lernumgebung werden. Helle, freundliche Farben, klare Linien, Struktur. Ein Raum, in dem man denken kann, so gibt es das Verantwortungsgefühl den Eltern ein. Kurzfristig, etwa um den Schulbeginn herum, schießt ihr Anteil an der Zimmergestaltung in die Höhe und überholt den Gestaltungsdrang des Schulkindes; beide Kräfte liefern sich in den nächsten Jahren ein Kopf-an-Kopf-Rennen. Erstens das reinste Chaos, zweitens unhygienisch, drittens geschmacklos, sagen die Eltern. Mein Zimmer geht euch nichts an, sagt das Kind, reklamiert einen Freiraum, ein eigenes Territorium, das allererste im eigenen Leben. Es plakatiert an der geschlossenen Zimmertür: Eltern müssen draußen bleiben. Das Kinderzimmer ist endgültig keines mehr, sondern exterritoriales Gebiet in der Wohnung, auf das Eltern keinen Zugriff mehr haben.

Psychologen raten, dass man sich diesem Arrangement keinesfalls wie ein Erziehungsberechtigter nähern sollte, sondern wie ein Ethnologe, der eine fremde Lebensform studiert. Sie verweisen auf die biografischen Ablagerungen im ehemaligen Kinderzimmer: Da ist immer noch der Kuschelteddy, das Foto vom Familienurlaub am Ostseestrand in friedlicher Koexistenz mit den jugendkulturellen Versatzstücken wie geklauten Verkehrsschildern, dem Schal, der seinen Träger als Fan eines bestimmten Fußballvereins ausweist. Wahlweise Schönheitsutensilien, die problemlos Regale im Drogeriemarkt auffüllen können. Katy-Perry-Poster, auch eine stark mitgenommene, mittlerweile einbeinige Barbiepuppe, hier und da glitzernde CDs ohne Hülle, Klamottenberge bedecken den Fußboden. Auf der Stirn der männlichen wie weiblichen Bewohner altersentsprechend eingerichteter Sauställe erscheint das Schild: Wegen Umbau geschlossen. Er oder sie beginnt sich jetzt vom Elternhaus zu lösen, sagen die Psychologen. Dazu muss er oder sie mit dem eigenen Lebensstil experimentieren, sich ausprobieren dürfen, Freiräume erobern, den Raum mit Eigenem füllen und von Eltern, ihrem Geschmack, ihren Vorlieben und Vorstellungen unabhängig eine Persönlichkeit entwickeln, die irgendwann zu groß fürs Kinderzimmer wird, doch mit der sich die nächste Stufe der Metamorphose erklimmen lässt: Raus ins eigene Leben.

Dann geht alles ganz schnell. Während die Eltern sich vielleicht noch auf einen monatelangen Abnabelungsprozess eingestellt haben, hat das Kind seinen Auszug still organisiert – mit Geschwistern, mit Freunden, mit seinen Leuten halt. Das Kind reckt das Kinn und lacht fröhlich, die Eltern staunen. Und auf einmal ist das Zimmer leer, alles weg: Das Kind ist jetzt in seinen eigenen vier Wänden, die Eltern sind es auch und die Wohnung hat wunderbarerweise wieder genauso viele Zimmer, wie sie beim Einzug hatte. Für das Kind ist alles spannend, neu und aufregend, für die Eltern bleibt das leere Zimmer – bereit, wieder zu hundert Prozent nach eigenen Vorstellungen gestaltet zu werden.

Horror vacui oder Zimmer frei?

Ob man den Tag fürchtet oder herbeisehnt oder beides gleichzeitig: Wenn die Töchter und Söhne ausziehen, entsteht ein leerer Raum. Wenn sie weg sind, ist er da – sei es in der Mietwohnung, sei es im eigenen Haus, immer aber auch im eigenen inneren Erleben. Kinderzimmer sind über die Zeit und in allen Metamorphosen, besonders aber im Abgang ein sichtbarer Spiegel innerer Prozesse. Wer das Kind insgesamt eher nicht ganz loslassen kann und sein eigenes Leben immer noch fast ausschließlich um dessen Wohlergehen kreisen lässt, mit täglichen Schreibschwätzchen per SMS, WhatsApp oder E-Mail, gar in Telefonaten Anwesenheit einfordert, der wird auch Probleme haben, das Kinderzimmer ganz aufzugeben und umzuwidmen.

Im eigenen Haus oder zur Miete wohnen

Allein die theoretischen Möglichkeiten, die die Behausungen erlauben, sind verschieden: Wenn das Zimmer im eigenen Haus nicht weiter gebraucht wird, kann es so bleiben, wie es ist, und darauf warten, dass sein Bewohner im Fall des Falles wieder Unterschlupf sucht. Häuser haben mehr Platz und längeren Bestand, überdies laden sie mit geräumigen Kellern dazu ein, das anstehende Downshifting zu verschieben auf irgendwann. Wo Mietwohnungen klein und teuer sind, fällt das ehemalige Kinderzimmer schneller wirtschaftlich vernünftigen Erwägungen zum Opfer oder gleich die ganze Wohnung und die Eltern suchen altersgemäß etwas Kleineres zum Wohnen. Damit sehen auch manche große Kinder traurig die Wurzeln gekappt – nach einer gewissen Zeit wird es nicht wieder möglich sein, im alten, vertrauten Reich Zuflucht zu finden, in Erinnerungen zu schwelgen und in den alten Rollen Geborgenheit zu tanken. Man könnte meinen, kluge Kinder finden sich damit ab, übertragen Zufluchtsgedanken und Geborgenheitsverlangen vom eigenen Zimmer auf ihre Eltern, denn die bleiben ja erhalten, vorerst jedenfalls. Sie lassen den räumlichen Ausdruck der Kindheit hinter sich und stürmen, mitunter nach einem Moment der Wehmut, weiter nach vorn.

Fifty ways to leave your room

Doch wie in einem Hohlspiegel zeigt das Kinderzimmer auch etwas über den Platz im Herzen, den die Eltern den Kindern in rund zwanzig Jahren eingeräumt haben. Räume können reden: Wie die Kinder das Zimmer verlassen, spricht auch Bände. Bleiben ungeliebte Möbelstücke, dämliche Hanuta-Sticker im Türrahmen, kaputte Lava-Lampen und Blümchen aus Glasmalfarbe auf den Fensterscheiben zurück, zerfledderte, eselsohrige Poster, der verblasste Fächer aus Konzerttickets an der bekritzelten Wand, etliche Haufen von undefinierbarem Krempel verstreut, erzählt die Rumpelbude, dass hier keiner zurückkommen wird. Wer auch immer hier gewohnt hat, war auf dem Sprung und ist jetzt weg, und zwar ohne freundliche Rücksicht auf das Danach, ohne sein Durcheinander aufzuräumen und ohne den Eltern einen Raum zurückzulassen, dessen Zustand man nicht nur als Zumutung begreifen kann, sondern als eine Einladung, die Dinge jetzt noch einmal neu zu ordnen. Ganz anders spricht das besenrein verlassene Kinderzimmer, dessen Bewohner sich Zeit genommen hat für anerkannte Kulturtechniken wie Putzen, Aufräumen, Ordnungschaffen, das Sortieren und Verstauen des gegenständlichen Fallouts aus Kindheit und Jugend.

Wie auch immer – manchmal nehmen sie all ihren Kram mit, manchmal lassen sie fast alles da. Und sie treffen auf kaum nennenswerten Widerstand, wenn sie zurückkommen wollen. Für ein Wochenende, für ein paar Monate oder für Vorerst-und-dann-mal-Sehen. Im Handumdrehen ist das Bett frisch bezogen, die Fenster geputzt, der Boden gewischt und gelüftet. Vielleicht stehen sogar Blumen auf dem sauber glänzenden Schreibtisch oder liegt ein Gummibärchen als Betthupferl auf dem Kissen, nach Art ambitionierter Hotels oder früheren familiären Heimkunftsbräuchen geschuldet. »Hier bei mir hast du immer einen Platz!« Oder: »Wenn du zu Besuch kommst, kannst du hier immer übernachten!« So ruft das Zimmer! Die Verbindung wird gehalten, der Faden soll nicht reißen. Er wurzelt in dem Wunsch: Es soll so bleiben oder doch wieder so werden, wie es war. Dass manche Kinder diesen Wunsch auch hegen, selbst wenn sie noch so sehr betonen, nichts als raus zu wollen, steht zu vermuten. Ambivalente Gefühle gehören eben auch in diese Zeit, sogar bei den Kindern.

Es mag vermessen anmuten, aus Arrangements ehelicher Schlafzimmer Rückschlüsse auf das Liebesleben seiner Bewohner zu ziehen. Es mag gewagt wirken, am Zustand der Küche die Beschaffenheit des Familienlebens ablesen zu wollen. Doch das nunmehr leere Kinderzimmer liefert untrügliche Hinweise auf den Stand der Auseinandersetzung mit der Realität, den Eltern und ein bisschen auch Kinder bis dato erreicht haben, und erlaubt vorsichtige Prognosen über die Vorstellungen beider Seiten darüber, wie es künftig weitergehen soll. Flieh- und Beharrungskräfte ringen miteinander um die Lufthoheit im Kinderzimmer. Resignation, Abschiedsschmerz, Erleichterung und Zuversicht wechseln, manchmal stündlich, und bis die Richtung oder das Ziel klar ist, kann das noch eine Weile dauern. Ob die trauernden Eltern die Tür schließen und das Zimmer einfach nicht mehr betreten, sogar nur noch mit eisern abgewandtem Blick daran vorbeihuschen oder nach einer Zeit beherzt zu Farbeimern und Pinseln greifen, um das frisch renovierte Zimmer mit einer neuen Bestimmung als Arbeits-, Hobby- oder Gästezimmer wiederzubeleben, oder gleich das nunmehr große, stille Einfamilienhaus auf dem Land gegen eine kleinere, auf jeden Fall kinderzimmerlose Wohnung »Nur für Erwachsene« in der Stadt eintauschen – der Umgang mit dem leeren Kinderzimmer verrät mit seismografischer Genauigkeit etwas über die Wucht der inneren Umwälzungen am Beginn einer neuen Lebensphase. Gedenkstätte, Gästezimmer oder Reserve-Zuhause? Das wird sich finden.

Vorerst geht allen Varianten, mit denen wir auf die neue Lage reagieren, das eine voraus, das wir als Eltern mehr oder weniger miteinander teilen: Sie gehen und wir bleiben zurück. Dafür steht das verlassene, nunmehr ehemalige Kinderzimmer – der Raum, in dem sich ein Großteil dessen materialisiert hat, was in den letzten 20, 25, vielleicht auch 30 Jahren den größten und wichtigsten Teil unseres Lebens ausgemacht hat. Auch wenn nicht die Kinder den alleinigen Sinn des Lebens verkörpert haben, haben sie ihre Eltern doch zuverlässig daran gehindert, allzu oft über den Sinn des Lebens nachgrübeln zu müssen. Die gemeinsame Familienzeit unter einem Dach ist zu Ende, das ist unwiderruflich die Botschaft des leeren Zimmers.

Sogar im Abschied bleiben die Verhältnisse asymmetrisch, auch symbolisch. Kinder behalten meist ihren Haustürschlüssel, umgekehrt aber haben die Eltern keinen Schlüssel zu den Wohnungen der Kinder.

Auch Dörthe Binkert, Sachbuchlektorin, Autorin und alleinerziehende Mutter eines Sohnes, hat den dunklen Moment erlebt. Sie hat die mannigfaltig widerstreitenden Gefühlslagen der Mütter in ihrem Buch *Den Schlüssel kannst du ja behalten. Was kommt, wenn die Kinder gehen* genau vermessen und findet klare Worte für eine verwirrende Umstellungszeit: »Das Gleichgewicht, das Sie in der Familie immer wieder aufs Neue miteinander errungen und nach Möglichkeit aufrechterhalten haben, ist aus den Fugen. Und Ihr Leben auch. Für einen Augenblick wenigstens. Manchmal auch für länger. Das Leben nimmt eine neue Richtung, ob Sie Lust darauf haben oder nicht.«

Dörthe Binkert hat sich – wie die meisten Mütter – langsam und allmählich an die neue Situation gewöhnt. Einen toten Raum in der Wohnung zulassen, das wollte sie nicht. Sie findet, nichts ist schlimmer, als die vertraute Ordnung der Möbel für immer festzuschreiben und das alte Kinderzimmer unverrückt zu lassen. Ist der Raum erst zum Museum erstarrt, kommen die Kinder noch seltener nach Hause. Also machte sie einen klaren Schnitt und aus dem Zimmer des Sohnes wurde ein Gästezimmer. Er hat ihr sogar dabei geholfen, seine alten Spielzeugschätze, Poster und Sporttrophäen in eine Kiste gepackt. Den Abschied gemeinsam anzugehen, kann eine große Hilfe sein: Rituale helfen in Zeiten des Übergangs, eine Situation bewusst zur Kenntnis zu nehmen, Altes zu verabschieden, Neuem den Weg zu ebnen. Oft greife man instinktiv zu Ritualen, um etwas besser zu bewältigen, zu feiern und loszulassen.

Zimmer mit Aussicht

Das klingt nur banal: Jede Familie ist anders, jedes Jahr ihres Daseins verläuft anders, und in jedem Alter verhält man sich anders. Die Gesellschaft, die wirtschaftlichen Umstände und die Anschauungen verändern sich. Ein goldenes Zeitalter der Familienorganisation gibt es nicht, genauso wenig wie eine Schablone für ideale Häuslichkeit. Doch »das Nest« scheint unser aller, mitunter auch arg strapazierte, Lieblingsmetapher für die Familie und ihr Zuhause unter einem Dach zu sein. Wie kaum ein anderer Raum steht das Kinderzimmer für all das, was Familie gewährleisten soll: Ob warm und sicher oder kalt und mangelhaft – die Familie ist das Nest für die Jungvögel. Darin zwitschern sie behaglich und wachsen heran. Und auch ihre Eltern wachsen. Allmählich entwickeln sich die Jungvögel zu Teenagern und schauen über den Nestrand hinaus. Sie breiten die Flügel aus, kämpfen sich frei, und wenn sie Glück haben, beginnen sie zu fliegen. Zurück bleiben die Eltern – im nunmehr leeren Nest. Hier bricht die Metapher. Schließlich ist das Nest nicht leer, denn die Eltern sind ja immer noch da.

Gästezimmer, Arbeitszimmer, Fitnessraum, Nähzimmer, Heimkino, Ankleidezimmer, Kasino – was fangen Eltern allein zu Hause mit dem leeren Zimmer an? Eine umfangreiche Befragung von Eltern hat Aufschluss über deren Vorstellungen gegeben, wie der frei gewordene Raum wiederbelebt werden soll. Rund 42 Prozent der Eltern sprachen sich dafür aus, das Kinderzimmer in ein Gästezimmer umzuwandeln. Wie praktisch: Freunde und Bekannte, aber auch die eigenen Kinder können in ihren ehemaligen Zimmern übernachten, wenn sie übers Wochenende und an Weihnachten nach Hause kommen. Gleich an zweiter Stelle elterlicher Pläne rangiert mit 31 Prozent der Befragten das Arbeitszimmer, listet die Studie des Statistikportals Statista auf. Das Unternehmen erstellt Rankings, Bestenlisten und Studien für zahlreiche Branchen auf Basis empirischer Marktforschung.

Ein Arbeitszimmer kann vieles bedeuten: Ein Raum, in dem man den Posteingang, die Rechnungen und Dokumente aufbewahrt und bearbeitet. Weil diese Arbeiten meist als unangenehm empfunden werden, ist alles schön verstaut und der Rest der Wohnung bleibt frei. Aber auch ein richtiges Büro für den Broterwerb kann's werden. Ateliers und andere der Kunst gewidmete Arbeitsräume führt die Statistik separat auf. Jeder Fünfte plant, im leeren Kinderzimmer einen Raum fürs Hobby einzurichten. Werken, Basteln, Malen, Nähen stehen hoch im Kurs. Unbestritten sei und dürfe auch ausgesprochen werden, dass Eltern nach dem Auszug ihrer Kinder mehr Zeit und, falls die Sprösslinge einen Job finden, meist auch mehr Geld zur Verfügung haben.

Was aus dem Kinderzimmer wird, hängt auch vom Rest der Wohnung ab: Liegt es direkt neben dem Wohnzimmer, lassen sich durch einen Wanddurchbruch beide Räume verbinden – fertig ist die Wohnhalle, vielleicht sogar mit Platz für einen offenen Kamin?

Den leeren Raum an ein Geschwisterkind weiterzugeben, können sich 18 Prozent der Mütter und acht Prozent der Väter vorstellen. Einen Fitnessraum plant jedes zehnte Elternpaar, nur fünf Prozent der Väter und acht Prozent der Mütter sehen eine Bibliothek im frei gewordenen Zimmer. Ein Schlafzimmer für sich selbst wollen fünf Prozent der Mütter und sechs Prozent der Väter einrichten. Untervermieten kommt nur für ein Prozent der Eltern infrage. Und das Zimmer so lassen, wie's ist? Das ist nur für zwei Prozent der Mütter und ein Prozent der Väter eine Option.

In die Überlegungen, was aus dem ehemaligen Spielzimmer wird, sollte auch das voranschreitende Alter der Eltern einbezogen werden, heißt es beim Bund Deutscher Innenarchitekten: Der Umbau sei auch eine Gelegenheit, eine seniorengerechte Beleuchtung einzubauen sowie bauliche Stolperfallen zu entfernen. Auch beim Verband Privater Bauherren macht man sich so seine Gedanken. Viele Paare richteten sich zunächst ein zweites Schlafzimmer ein, ob für das Nickerchen am Nachmittag oder um dem nächtlichen Schnarchkonzert des anderen zu entgehen, wurde leider nicht erfragt. Später ließe sich das dann zum Pflegezimmer umfunktionieren. In klassischen Einfamilienhäusern liege das Kinderzimmer oft über dem Eingang, sodass im Bedarfsfall sogar ein Außenaufzug angebracht werden kann. Wenn Bad und Kinderzimmer nebeneinanderlägen, sei auch der Ausbau zum barrierefreien Badezimmer möglich.

An extravaganten und vorausschauenden Plänen für das leere Kinderzimmer herrscht kein Mangel. Doch gemeinsam ist ihnen, dass mit ihrer Realisierung das Zimmer für das Kind tatsächlich verschwindet. Aber sie sollen doch, wenn sie wollen, immer zurückkehren können, oder? Ob Heimkino, Kasino, Meditationsraum, das klingt, als hätte es sie nie gegeben. Wenn sie uns besuchen wollen, gibt's ja immer noch die nette Pension in der Nachbarschaft.

Der Balanceakt mit den erwachsenen Kindern spiegelt sich

auch in der anschließenden Nutzung ihrer Zimmer. Nicht umsonst ist die Entscheidung für ein Gästezimmer bei jedem zweiten Elternpaar gefallen. Es gibt kaum eine elegantere Möglichkeit, unauffällig immer ein Zimmer bereitzuhalten für den Fall, dass sie heimkehren wollen, und dabei zu betonen, wie sehr man die Zeit begrüßt, in der man sich endlich wieder der Pflege eines großen Freundeskreises widmen kann und endlich wieder Feste feiern kann wie früher.

Wie bleiben wir fürsorglich, zugewandt und aufmerksam, ohne aufdringlich, allzeit bereit und dauerbesorgt zu wirken? Es ist gar nicht so leicht, Bauchgefühl und Kopfgedanken miteinander ins Gleichgewicht zu bringen.

»Man darf seine Kinder nicht wie verrückt lieben. Man muss sie mit Vernunft lieben«, sagt die französische Schauspielerin Isabelle Huppert in einem *ZEIT*-Interview. »Daran muss man wirklich arbeiten, sonst droht die Katastrophe; in der Mutter-Kind-Beziehung existiert eine offene Tür, hinter der diese abartige und wahnsinnige Sache lauert.« Vielleicht sollten wir uns an diesen klugen Worten orientieren und dem Wahnsinn schlau entkommen, indem wir ihm vorauseilen? Sobald sie ankündigen, demnächst auszuziehen, könnten wir Pläne machen, wie wir die Leerstelle Kinderzimmer mit neuem Leben füllen. Aber nicht zu hastig! Das Kind auf dem Sprung bleibt nämlich im Mittelpunkt der besorgten Gedanken. Silke Burmester beschreibt das schlechte Gewissen, diese Muttersache. »Psychologen raten davon ab, zu schnell das Zimmer neu zu besetzen und umzufunktionieren. Wenn allzu schnell Fitnessgeräte oder Arbeitsutensilien den Platz einnähmen, würde das als verletzend wahrgenommen. Sich wie ein Rausschmiss anfühlen, so als seien die Kinder nicht mehr gewollt. Die Jugendlichen, so heißt es, bräuchten eine Art Übergangszeit. Sie bräuchten das Gefühl, das Zuhause sei noch da und sie seien eben nicht durch Hobbyutensilien zu ersetzen.«

Marie

Eigentlich soll es nur um einen Neuanstrich für das Arbeitszimmer meiner Mutter gehen und um die Frage, ob man das dringend zu übermalende Weiß erneut weiß oder eher schön grün überstreichen sollte. Doch innerhalb von wenigen Minuten sind mein kleiner Bruder und ich plötzlich mit den Zukunftsplänen für unsere schöne Altbauwohnung, die wir jetzt schon seit 15 Jahren bewohnen, beschäftigt. Ohne jede Absprache sind wir uns scheinbar einig, dass wir die Wohnung gern auch noch die nächsten hundert Jahre behalten und sie damit zu unserem dauerhaften Familiensitz machen würden. Der kleine Unterschied, dass er Kauf und Umbauarbeiten mithilfe von Lottolosen und ich durch Ruhm und Erfolg finanzieren möchte, ist da nur nebensächlich, und so blühen wir in unseren Fantasien richtig auf. Während ich allerdings davon ausgegangen bin, dass auch er nach mir bald das Weite suchen wird, eröffnet er mir plötzlich, dass er plant, weiterhin bei unserer Mutter zu leben und sich nur einen eigenen Hauseingang bauen würde, weil er ja als Erwachsener auch mal ein wenig Unabhängigkeit und Privatsphäre bräuchte. Aus meinem Zimmer würde er ein Heimkino machen, auch wenn ich eher an eine riesige Bibliothek für meine Mutter gedacht hatte, aber ansonsten sind wir uns einig, wenn es um die Erhaltung eines Ortes geht, an dem die Familie sich auch noch in den nächsten Jahren immer wieder so einfinden kann, wie sie einmal war.

Ich bin überrascht, dass mein Bruder so ähnlich wie auch ich einen Ort bestehen lassen will, der wie kein anderer Geborgenheit ausstrahlt, wenn man gerade mal Zuflucht vom erwachsenen Leben braucht. Ein Ort, der darüber hinaus die Erinnerung an unsere gemeinsame Kindheit birgt und für die Familienkonstellation steht, die wir jahrelang waren und so nie mehr wieder sein werden.

So sehr das geerbte Elternhaus meiner Mutter vielleicht eine finanzielle und persönliche Last ist, hat sie im Gegensatz zu uns ein Symbol für die Orte ihrer Kindheit und dadurch eine Wurzelhaftigkeit, die für uns mit dem Auszug aus unserer Wohnung enden wird.

Denn auf den Auszug meines Bruders und mir wird zeitnah auch der meiner Mutter folgen; ein Gedanke, der ein mulmiges Gefühl hervorruft und nur durch einen Lottogewinn seitens meines Bruders oder Ruhm und Erfolg durch mich verändert werden könnte.

Eigentlich wäre es schön, so einen familiären Zufluchtsort zu haben, in dem sich unsere Kinderzimmer zwar in Bibliotheken und Heimkinos verwandeln, aber an der Wohnung selbst und der Tatsache, dass unsere Mutter dort wohnt, sich nichts ändern würde. So ungefähr muss es auch unseren großen Geschwistern gegangen sein, als die beiden auszogen. Auch wenn mein großer Bruder mit seinem Auszug vielleicht ein wenig wehmütig wurde, hat sich bei ihm nie das Gefühl eingestellt, dass er eine nicht zu füllende Lücke in unserer Familie hinterlässt. Denn in sein Zimmer kam mein kleiner Bruder, wodurch sich nach fünfzehn Jahren mein Traum von einem eigenen Zimmer verwirklichte, und drei Jahre später sorgte der Auszug unserer großen Schwester dafür, dass meine Mutter endlich ein getrenntes Schlaf- und Arbeitszimmer hatte. Dadurch war in unserer Familie zwar alles immer in Bewegung, aber an dem grundsätzlichen Bestehen dieses Ortes für unsere großen Geschwister änderte sich nichts.

Leer gewordene Kinderzimmer mit neuem Nutzen zu füllen ist offenbar nichts Selbstverständliches, wenn ich mir andere Leute in meinem Alter angucke. Viele haben noch ein altes Kinderzimmer, in das sie jederzeit zurückkommen können und das auch häufiger tun. Aber auch in Haushalten, wo das alte Kinderzimmer nur einige Male im Jahr vom heimkehrenden Kind genutzt wird, lassen die Eltern alles so, wie es das Kind beim Auszug hinterlassen hat.

Dementsprechend schlafen mein Freund und ich auch jedes Mal in einem alten IKEA-Bett, das eigentlich nur für einen 16-Jährigen bestimmt ist, wenn wir seine Eltern in Hamburg besuchen. Alte Spielzeugautos stehen im Regal vor *Harry Potter*, dem *Herrn der Ringe* und dem *Schwarm* von Frank Schätzing und die Carrerabahn ist hinter dem Schrank verstaut. Die alte Kommode quillt über vor Silberrahmen, in denen ein Foto jährlich die Kindheit und Jugend meines Freundes zusammenfasst und mit einem Familienfoto vor einem weißen Sprinter endet, das nur als Tag des Auszugs zu identifizieren ist, weil seine Mutter mit leicht geschwollenen, rotgeränderten Augen versucht, in die Kamera zu lächeln.

Beim ersten Betreten des Zimmers bekam ich einen ganz schönen Schreck und hätte mich nicht gewundert, hinter verschlossenen Glasvitrinen fein säuberlich beschriftete Locken und Zähne, von grellem Museumslicht beleuchtet, vorzufinden. Das Gefühl, man würde in einer Gedenkstätte schlafen, an einem Ort des Erinnerns, lässt mich immer wieder erschaudern. Dieser Raum strahlt nichts Lebendiges und Gebrauchtes aus, sondern eher eine schmerzhafte Erinnerung an alte Zeiten und ein Nicht-Akzeptieren veränderter Zustände. Obwohl mein Freund nur einige Male im Jahr zu Hause ist und daher schon bei seinem Auszug vorgeschlagen hatte, sein Zimmer in eine Werkstatt für seinen Vater umzubauen, weigert sich seine Mutter standhaft, weil sie ihrem Sohn jederzeit einen unkündbaren Platz in ihrem Haus frei halten möchte.

Auch wenn die Mutter meines Freundes damit einen nachvollziehbaren Wunsch äußert, bin ich mir nicht sicher, ob sie, Eltern generell und auch wir Kinder dabei vielleicht übersehen, dass es nicht der Ort oder das bestimmte Zimmer in einem Haus voller Erinnerungen ist, wonach wir uns sehnen, sondern sie selber. Den Ort, an den wir Kinder zurückkehren wollen, wenn es uns schlecht geht und wir uns der Welt nicht gewachsen fühlen, verkörpern sie als Personen. Wenn meine Mutter mich umarmt und ich ihr immer gleichbleibendes Parfüm rieche, dann ist das der Ort, an den ich zurückkehre, um mich wieder geborgen zu fühlen, und nicht mein altes Schlafzimmer mit Barbies, Schmuckkästchen und ausgedienten Postern, die längst nicht mehr mir entsprechen. Wenn ich mich während meiner Neuseeland-Reise nach zu Hause gesehnt habe, dann war das weniger mein eigenes Bett oder mein eigener Kleiderschrank, sondern die bestimmte Art, wie mein Vater mich in den Arm nimmt, und die davon ausgehende Gewissheit und Zuversicht, dass alles wieder gut werden würde.

Deswegen ist es für mich eher ein Grund zur Freude, wenn meine Mutter, sobald ich vom Auszug rede, anfängt abzuwägen, ob es eine Bibliothek oder doch eher ein Heimkino würde, damit sie die »heute-show« mit einem Wireless-Surround-System gucken könnte. Denn dann habe ich das Gefühl, dass mein Auszug nicht so schwer für sie zu verkraften ist und sie sich fast schon auf eine Veränderung in der Wohnung freut. Kein Kinderzimmer in dieser Wohnung zu haben, würde dabei nicht ausschließen, dass ich nicht jederzeit wieder zurückkommen kann, aber es wäre für uns beide das richtige Signal, dass meine Kindheit nun vorbei ist und es jetzt in abgewandelter Form weitergeht. Es würde zeigen, dass ich samt meiner drei Geschwister nicht der einzige Lebensinhalt meiner Eltern gewesen bin, mir damit in gewisser Weise eine Last von den Schultern nehmen und mich beschwingter losziehen lassen.

Das Gespräch mit meinem kleinen Bruder hat mich allerdings in vielerlei Hinsicht überrascht, weil ich eigentlich immer angenommen habe, dass auch er in absehbarer Zeit ausziehen würde. Mein kleiner Bruder, der sich zum Polizisten ausbilden lässt und dann abends am Küchentisch sitzt, um mit meiner Mutter vier Portionen Kartoffelpuffer mit Apfelmus zu essen, hätte mich vor diesem Gespräch noch zum Lachen gebracht. Jetzt muss ich feststellen, dass diese Situation durchaus den Vorstellungen meines Bruders entspricht. Dass das Ausziehen mit all seiner Symbolik fast noch Priorität vor dem Studiums- oder Ausbildungsbeginn hat, davon war ich fest ausgegangen.

Mein kleiner Bruder ist schon längst wieder in seiner Höhle verschwunden, die ich nur aus absoluter Notwendigkeit betrete, und ich frage mich, ob hinter den typischen Gründen, warum er nicht plant auszuziehen, vielleicht doch mehr steckt. Dass es nicht nur die Finanzen und Bequemlichkeit sind, sondern eher Fürsorge und Verantwortungsgefühl gegenüber meiner Mutter? Schon meine Freundin Miri hatte mir damals erzählt, was für Kopfschmerzen ihr der eigene Auszug bereitet hatte, weil sie als kleinere Schwester ihre alleinerziehende Mutter nicht allein lassen wollte. Dass sie mit ihrem Auszug damals fast das Gefühl hatte, es ihrem Vater gleichzutun, der ihre Mutter vor zehn Jahren verlassen hatte. Als kleine Schwester, die schon beim Auszug ihres großen Bruders die immensen Folgen für ihre Mutter mitbekommen hatte, hat sie sich monatelang unter Druck gesetzt, dass sie etwas Ähnliches ihrer Mutter nicht auch antun könnte. Vielleicht ist mein Bruder also gar nicht der egoistische kleine Kerl, der nur aus Bequemlichkeit zu Hause bleibt, sondern die eigentlichen Gründe sind vielmehr eher ritterlich. Wahrscheinlich sorgt er sich auch nur um das Wohlergehen meiner Mutter. Mir ist bis jetzt nicht bewusst gewesen, dass er in den letzten zwei Jahren meiner Abreise tatsächlich als Einziger direkt mitbekommen hat, wie meine Mutter damit umgegangen ist. Vielleicht oder sogar wahrscheinlich hat er als Einziger von uns vieren einen vollen Durchblick, wie es unserer Mutter wirklich geht, weiß, wie sehr es sie beschäftigen würde, wenn wir tatsächlich alle weg wären, und opfert sich als Einziger von uns für das Glück unserer Mutter auf!

Um einige Erkenntnisse reicher, marschiere ich eine halbe Stunde später in die Höhle des Stinktiers, wo mein ritterlicher kleiner Bruder wie ein gestrandeter Wal quer über dem Bett ausgebreitet liegt und wie wahnsinnig auf den abgenutzten Knöpfen seines PlayStation-Controllers herumdrückt. In seinem Headset schreit er Viktor an, der sich freispielen soll, und weil ich für meine Anerkennung den richtigen Moment abwarten möchte, setze ich mich geduldig neben ihn, warte, bis Viktor sich freigespielt hat, und lege mir die richtigen Worte meiner Lobesrede zurecht. Das Spiel ist gewonnen und genüsslich dreht er sich auf den Rücken, dehnt seine Daumen und wirft ein Haribo in die Luft. Er versucht, es mit dem Mund zu fangen, hat aber falsch geworfen und stattdessen segelt es siegessicher in sein Auge. Er heult auf, reibt sich den roten Fremdkörper aus den Augen, dreht sich ächzend zu mir und fragt: »Was willst du, Marie?« Ich beginne mit einer Entschuldigung für meine Fehleinschätzung, lobe ihn für sein Verantwortungsgefühl und betone seine tolle Entwicklung. Ich erkläre, dass ich seine Beweggründe verstehe und Miri in einer ähnlichen Situation gewesen sei, aber irgendwann müsse man an sich selbst denken. Nach einigen Jahren hätte Miris Mutter sich von dem Auszug erholt und so würde es bestimmt auch unserer Mutter ergehen. Außerdem habe sie viel mehr Freunde und Alleinsein sei etwas Schönes für sie.

Vollkommen verdattert hört er mir zu und unterbricht mich schließlich sehr ernst: »Äh, hast du gekifft, Marie?« Jetzt bin ich diejenige, die verdattert guckt und irgendwie versucht, den Faden ihrer Lobeshymne wiederzufinden: »Na ja, dass du einen verzögerten Auszug planst und auch während der Ausbildung wegen Mama hierbleiben willst, das finde ich toll. Aber es ist Zeit, dich von dem Verantwortungsgefühl gegenüber deiner Mutter zu befreien!« Ein anfängliches Zittern des Unterkiefers geht in schallendes Gelächter über. Vor meinen Augen verwandelt sich der eben noch ritterliche junge Mann in den Egoisten zurück, der er vor einer halben Stunde noch war: »Bist du bescheuert? Ich bleibe doch nicht hier wegen Mama. Weißt du eigentlich, wie billig es ist, hier zu wohnen? Und in ein paar Jahren trägt Mama dann von selbst das Wasser hoch, weil sie Angst hat, dass ich sonst auch noch ausziehe!« Sein röchelndes Lachen begleitet mich noch in den Flur, während ich verwirrt meine Zimmertür ansteuere und mich frage, ob meine Mutter tatsächlich irgendwann das Wasser hochtragen würde. Noch bevor ich die Tür schließen kann, betritt meine Mutter summend die Wohnung, flankiert von zwei Kästen Wasser. Sie reibt sich die Hüfte und kramt dann einen Werbeprospekt von Saturn mit bis zu 30 Prozent auf Multi-Surround-Systeme heraus, und während sie im Angebotsvergleich versinkt, festigt sich mein eben gefasster Entschluss: Ich pfeife auf den Auszug und die Unabhängigkeit, ich bleibe hier zum Schutz der Familie und dem drohenden Verfall familiärer Sitten!

8. Kapitel
Betreutes Studieren

»Es sind ja oft die Jungs, die einen gewissen Anschub brauchen«, sagt Ivette Wagner. Ihr Sohn ist 19 Jahre alt, hat das Abitur bestanden und absolviert jetzt ein Freiwilliges Soziales Jahr in einem Kindergarten. »Aber er muss leider immer wieder von uns erinnert werden, dass er sein weiteres Leben planen sollte. Wir als Eltern müssen schon einen Plan aufbauen, an dem er sich orientieren kann, was als Nächstes zu tun ist. Um etwas Druck kommen wir nicht herum.« Die Kauffrau im Groß- und Außenhandel atmet tief durch. »Also sagen wir am Wochenende, es geht dieses Mal nicht zu Freunden, wir kümmern uns um deine Zukunft. Dafür können wir wie folgt vorgehen ...« Immer wieder müsse sie sich daran erinnern, Vorschläge zu unterbreiten und keine Befehle zu erteilen, und wenn er die Vorschläge nicht annehmen wolle, möge er Alternativen vorschlagen.

Um sich über neue Vorschläge zu informieren, ist Ivette Wagner heute extra von Kühlungsborn nach Berlin gereist. Hier besucht sie das kostenlose Elternseminar, das die private Studienberatung planZ immer am letzten Freitag des Monats anbietet. Gastgeber ist das FORUM Berufsbildung in Berlin Mitte, Dozent ist der selbstständige Studienberater und studierte Betriebswirtschaftler Malte Eilenstein. Es gibt Kaffee, Tee, Wasser und Kekse, auf jedem Stuhl liegen Stift und Papier für Notizen bereit. Rund 60 Mütter und Väter haben sich angemeldet und sind eingetroffen. Malte Eilenstein organisiert rasch noch ein paar zusätzliche Stühle für die Nachzügler und stellt, bevor er die Feinheiten der deutschen Hochschullandschaft, die Bologna-Reform, den Numerus clausus, die Module und die Credit Points erklärt, klar: »Es ist keine Werbung für die private Studienberatung planZ, es geht um Aufmerksamkeit.« Von etwa 20 Seminarbesuchern wird einer zum Kunden bei planZ und für seinen Sohn oder seine Tochter das komplette Paket für 1200 Euro buchen: Eignungsdiagnostik, Beratungsgespräch, Recherche von sechs passenden Studiengängen plus Empfehlung, Dokumentation der Beratung und Nachbetreuung bei offenen Fragen.

Am Ende des sechsstündigen Seminars wird Ivette Wagner einen neuen Plan fassen und sich bestärkt fühlen, dass »wir Eltern unsere Jugendlichen unterstützen können, die sehr unsicher und ängstlich der großen Welt und ihren unzähligen Möglichkeiten gegenüberstehen, aber auch zu stolz oder zu faul sind, uns Eltern um Rat zu fragen oder nach dem Abi schon wieder zu lernen. Aber eine richtige, professionelle Studienberatung können wir nicht bieten, weil wir immer wieder in die emotionale Schiene rutschen und mit unserem Sohn in Konflikte geraten. Dann macht er zu und wieder verstreicht wertvolle Zeit.«

Die Verunsicherung wächst auch in einem Gelände, das für die postindustrielle Wissensgesellschaft so wichtig geworden ist: dem Bildungssektor. Die Anzahl der Studiengänge ist in den letzten Jahren sprunghaft angestiegen. In den sechs Jahren zwischen 2007 und 2014 sind in Deutschland etwa 5400 neue Studienmöglichkeiten hinzugekommen. Aktuell gibt es in Deutschland knapp 17 000 verschiedene Studiengänge, von den Feinheiten ganz zu schweigen – es macht einen Unterschied aus, ob man in Berlin den Modellstudiengang, in Göttingen den Reformstudiengang oder in Heidelberg den traditionell ambitionierten Studiengang Medizin belegt. Hinzu kommen Hunderte von Ausbildungsberufen. Noch dazu sind Arbeitgeber heute anspruchsvoller als früher und erwarten Zusatzqualifikationen wie Fremdsprachenkenntnisse, Auslandserfahrung und den Beleg praktischer Berufserfahrung. An diesem Freitagabend jedenfalls ist Ivette Wagner mit ihrer Sorge nicht alleine. In den Fragen der Eltern am Ende des Vortrags von Malte Eilenstein scheinen viele Facetten dessen auf, was Eltern angehender Studenten heute umtreibt: Wie viele Punkte braucht man zum Staatsexamen? Hat man für den Bachelor definitiv nur sechs Semester? Müsste meine Tochter nach dem Master auch noch den Doktor machen, um einen guten Job zu kriegen, und was kostet das? Wann muss man anfangen, sich zu kümmern, wenn das Kind keinen Plan hat? Was mache ich, wenn mein Kind zu faul ist, sich zu entscheiden? Kann man sich im Vorfeld bewerben und einen Studienplatz besorgen und bunkern, aber im nächsten Jahr erst anfangen?

»Das geht nicht«, antwortet Malte Eilenstein mit präzis platziertem Charme und verrät später: In vielen Elternfragen geht es um die Hintertürchen, ob man nicht doch noch etwas Besonderes für sich, pardon, das eigene Kind rausholen kann. Und auch deshalb gehen Eltern für ihre Kinder in die Studienberatung. »Aus Unsicherheit und dem Wunsch nach Absicherung«, sagt eine Betriebswirtin, deren Tochter im nächsten Jahr Abi macht. Warum geht die Tochter nicht selbst zur Studienberatung? »Keine Zeit«, sagt die Mutter, »sie hat zu viel mit der Schule zu tun.« Also wird sie sich jetzt über die vollkommen veränderte Studienlandschaft informieren und verstehen, was es mit Prüfungsordnungen auf sich hat, um ihrer Tochter eine gute Ratgeberin zu sein.

Familienprojekt Studium

Das hat nichts mit Überfürsorglichkeit zu tun, wenn immer mehr Eltern zur Studienberatung gehen, sagt Malte Eilenstein. Eltern wollten ihre Kinder unterstützen. Viele hätten selbst studiert und wollten dasselbe für ihre Kinder. Allerdings ist heute alles anders: Bachelor und Master haben Magister und Diplom abgelöst, die großen Prüfungen am Ende eines Studienabschnitts sind vielen kleinen Semesterklausuren gewichen, der stramm verschulte Studienplan lässt kaum Raum für absichtsloses, nur vom eigenen Interesse geleitetes Schweifen durch benachbarte Disziplinen.

Aber auch bildungsferne Familien seien sehr verunsichert, wenn sich der erste Sprössling auf den Weg in die Uni mache. Dank der verkürzten Gymnasialzeit seien viele Studierwillige auch noch minderjährig, umreißt er die Gründe für den wachsenden Wunsch nach Orientierung. »Eltern sind die besten Studienberater für ihr Kind«, erklärt Malte Eilenstein seinen Zuhörern. »Sie kennen ihre Kinder in- und auswendig. Aber es fehlt ihnen an Fachwissen über Studiengänge, und die Hochschullandschaft ist sehr unübersichtlich.« Deshalb sind sie hier.

Verkehrte Welt, könnte man meinen. Eigentlich sollte der Gang zur Studienberatung und später an die Uni doch der Moment sein, an dem ein junger Mensch zum ersten Mal in seinem Leben eine autonome Bildungsentscheidung trifft. Um dann ganz allein mit der Wahl des richtigen Fachs, der Wohnungssuche, dem Wochenstundenplan und der richtigen Balance von Feiern und Lernen zurechtzukommen.

Wer in den 80er-Jahren studiert hat, hätte sich nicht vorstellen können, mit Mutter und Vater in der Sprechstunde der Studienberatung zu erscheinen. Abgesehen davon, dass die Eltern der heutigen Studenteneltern wahrscheinlich schon die Idee für abwegig gehalten hätten, wären die Studenten von damals wahrscheinlich auf die Barrikaden gegangen, wenn Eltern sich so weit ins Studium eingemischt hätten. Elternhaus und Universität, das waren streng getrennte Bereiche, abgegrenzt durch tiefe weltanschauliche und räumliche Gräben. Aus den Studenten von damals sind Mütter und Väter geworden, die ihre Kinder heute kenntnisreich begleiten wollen – und die scheinen wenig dagegen zu haben, wenn die elterliche Fürsorge noch bis in den Campus reicht. Viele sehen ihre Eltern als Partner, Kumpel oder Coach, auf deren Rat sie Wert legen. Deshalb dürfen diese auch gerne zur Studienberatung für sie gehen oder mit dabei sein, wenn das Kind sich informiert. Peinlich ist das längst nicht mehr. Warum auch? »Es spricht erst einmal alles dafür, sich intensiv für das Leben seines Kindes zu interessieren, ihm in einer durchökonomisierten Welt mit Rat und Tat zur Seite zu stehen«, kommentiert Melanie Mühl in der *FAS* das neue Interesse der Eltern an den Universitäten ihrer Kinder. Eltern ergreifen die Gelegenheit, sich über die vielfältigen Betreuungs- und Beratungsangebote zu informieren, und erkunden die Lebens- und Studienbedingungen am Universitätsstandort. Sie besichtigen Labore, Ateliers, Bibliotheken und Werkstätten, nehmen an Vorlesungen teil und suchen das Gespräch mit Studierenden und Lehrenden. »Allerdings existiert ein gravierender Unterschied zwischen Interesse und Überbehütung. Sobald man gemeinsam mit seinem Kind universitäre Schnuppertage verlebt, Kurse auswählt und einen Stundenplan entwirft, stellt sich die Frage, ob das Kümmern nicht in Wahrheit pathologische Ausmaße angenommen hat. Dass overparenting keine auf die Kindheitsphase beschränkte Obsession darstellt, ist auch ein trauriges Zeichen dafür, dass offenbar viele Eltern von ihrem eigenen Leben derart angeödet sind, dass sie sich lieber auf das ihrer Kinder stürzen.«

Von der Alma Mater zur Alma Mama?

Dass sich über die Hälfte der befragten Studierenden von ihren Eltern während des Studiums stark unterstützt fühlt, ergab auch eine Studie der Hochschul-Informations-System GmbH (HIS) von 2012. Eltern sind nach dem Freund oder der Freundin die wichtigsten Ansprechpartner. Sie werden darum von den Kindern meist ausdrücklich schon in den Studienanfang einbezogen. Veranstaltungen wie das Elternseminar am Berliner Forum Berufsbildung sind keine Ausnahme, sondern stehen für einen Trend, der aus den USA kommt. Dort zahlen die Eltern das Studium und werden schon deshalb von den Universitäten umworben.

Doch Veranstaltungen für Eltern von Studierenden bieten mittlerweile auch viele Hochschulen in Deutschland an. Die Albrecht-Ludwigs-Universität in Freiburg veranstaltet seit 1997 einen Erstsemester-Familientag, der mittlerweile des regen Zuspruchs wegen im Fußballstadion stattfindet. Nicht nur Eltern, sondern auch Geschwister, Tanten, Onkel und Großeltern sitzen Seite an Seite mit ihren Erstsemestern auf der Zuschauertribüne. Wo sonst die Kicker des Bundesligisten SC Freiburg spielen, tritt die Big Band der Uni auf und ein Kabarettist gibt Launiges aus seiner eigenen Uni-Zeit zum Besten. Die Uni Osnabrück lädt zu Semesterbeginn zum Elterntag, an dem man den Uni-Betrieb kennenlernen, Probevorlesungen besuchen und das Mensa-Essen probieren kann. In Münster gibt es seit 2006 »Elternalarm«, ein »Schnupperwochenende für frischgebackene Studi-Eltern« mit Eröffnungsshow, Campusführung, Bibliotheksbesichtigung, Mensa-Brunch und 80er-Jahre-Party. Studenten und ASTA-Vertreter finden das nicht nur klasse. Nach dem Motto »Holt sie euch lieber für ein Wochenende in die Stadt, bevor sie permanent bei euch auf der Matte stehen« wird den Eltern ein volles Programm geboten. Die Aktion ist beim Münster Marketing angesiedelt und will die Eltern touristisch an die Stadt binden. Eltern seien wichtige Multiplikatoren, sagt Peter Wichmann, Pressesprecher der Universität Münster. Sie gäben positive Eindrücke von der Hochschule ihrer Kinder auch an Freunde und Familie weiter. Die Hochschul-Homepage verspricht Antworten auf vermeintliche Fragen von gluckenden Müttern wie »Die Kneipe schräg gegenüber – ist die nicht ein bisschen laut, stört die nicht beim Einschlafen?«, »Der Hörsaal, in dem mein Kind jetzt sitzt, gibt's da überhaupt genügend Platz?« und »Das Kind isst ja jetzt vegetarisch – hat die Mensa da überhaupt was im Angebot?«. Es ist nicht schwer, in diesen albernen Fragen noch die verzerrten Züge einer sehr alten Witzfigur zu erkennen – der jüdischen Mamme, die niemals loslässt und ihre Kinder ein Leben lang fürsorglich bevormundet, sich in alles einmischt, vor allem den Lebens- und Bildungsweg ihrer Kinder bestimmen will und in der Mutterrolle zu mindestens 150 Prozent aufgeht. Dieses alte Gespenst haucht auch dem aktuellen Monster neues Leben ein: Als Helikopter-Eltern werden jene Mütter und Väter vor allem in den Medien geschmäht, nur weil sie sich entschlossen haben, den extra für sie eingerichteten Elterntag an einer Uni mit ihren Kindern gemeinsam zu besuchen, was früher nicht üblich war?

Wer sagt eigentlich, dass manches ungewohnte Verhalten dem Nachwuchs wirklich schadet? Der Beweis steht dahin, weil die angeblich überbehüteten Kinder noch nicht als Erwachsene im Berufsleben stehen. Bis dahin fühlen sie sich vielleicht auch nur gut aufgehoben und liebevoll begleitet? Melanie Mühl verweist auf die Gefahren für das kostbare, weil seltene Gut, das Kinder heute darstellen – befrachtet mit der Aufgabe, als gelungene Performance ihrer Eltern zu reüssieren: Sie werden entweder hofiert oder benachteiligt. »Je wohlgeratener, talentierter, niedlicher (und später erfolgreicher) sie sind, desto besser lassen sie sich präsentieren. Die bürgerliche, von Abstiegsängsten geplagte Mittelschicht ist besonders anfällig, sich in Helikopter-Eltern zu verwandeln, ihre Kinder permanent zu umkreisen, sie emotional und materiell zu verwöhnen und zu verhätscheln.« Scheitern, Niederlagen und Versagen sind in diesem System nicht vorgesehen. »Der Raum für Schwäche, Durchschnittlichkeit und Verletzlichkeit schrumpft.« Die Konsequenz der Überbehütung trägt das Opfer der fürsorglichen Belagerung, das der entscheidenden Erfahrung der Niederlage beraubt werde und das nötige Rüstzeug zum Durchhalten nicht erwerben könne. So ende das behütete Kind als Realitätsverweigerer.

Helikopter-Verdacht jetzt auch im Hochschulgebäude

Vordergründig ertönt die Klage, dass es jungen Erwachsenen schwerer als früher fällt, sich vom Elternhaus zu lösen. Im Hintergrund steht ein zutiefst negatives Elternbild von klammernden, überbesorgten Eltern, die ihren Kindern nichts zutrauen. So wohnt etwa ein Viertel der Studenten zu Hause – und ihre Eltern stehen unter Helikopter-Verdacht, umso mehr, wenn sie mittlerweile sogar in die Hochschulen drängen. Wohlgemerkt: In den zwölf, dreizehn Jahren vorher hat man ihnen mit Salz in den Rücken gerieben, dass ohne ihr Engagement, ihren Einsatz und ihre Bereitschaft, überall da einzuspringen, wo die staatlichen Schulen versagen und private zu teuer sind, überhaupt gar nichts läuft und die berufliche Zukunft der Drittklässler in Gefahr gerät, wenn die Eltern nicht bei den Hausaufgaben assistieren, keine Nachhilfestunden spendieren oder die Klassenzimmer am Wochenende nicht renovieren. Die Spezies der extrem überbehütenden, sogar Grenzen überschreitenden Eltern ist darunter und gibt Stoff für wohlfeile Gruselgeschichten: Fachbereiche berichten von Vätern, die sich bis ins Dekanat durchstellen lassen, weil ihr Kind Probleme mit einer mündlichen Prüfung hatte. Oder von Müttern, die das Passwort ihres Kindes knacken, um sich Zugang zum Uniportal zu verschaffen, damit sie sehen können, welche Klausuren der Sohn oder die Tochter längst hätte schreiben müssen.

Die Liste vermeintlicher elterlicher Verfehlungen ist lang und wird beständig weitergeschrieben. Angeblich ziehen ängstliche und verunsicherte Eltern unselbstständige, verweichlichte Kinder heran. Kinder einfach machen und auch mal auf die Nase fallen zu lassen, scheint komplett out. Eltern fühlen sich stark verunsichert – und stark in die Verantwortung genommen, weil es sonst niemand tut und im Falle des Scheiterns sie alleine als verantwortlich gezeiht werden und nicht etwa durchgeknallte Bildungsminister oder mediokre Bürokraten – angesichts unklarer Berufsaussichten ihrer Kinder versuchen wir, alle Risiken auszuschalten. Aber die vermeintliche Überbehütung, das angeblich permanente Kreisen über den Kleinen, das auch beim erwachsenen Nachwuchs vor den Toren der Universität nicht haltmacht, zeigt doch mehr als eine Veränderung in den Beziehungen zwischen den Generationen. In der aktuellen Shell-Jugendstudie geben rund 90 Prozent der Jugendlichen an, mitnichten von elterlicher Präsenz genervt zu sein und ein gutes bis sehr gutes Verhältnis zu ihren Eltern zu haben. Tatsächlich findet der Generationenkonflikt heute kaum noch statt. Eltern werden von ihren Kindern als Kumpel wahrgenommen, mit denen man gern noch etwas länger zusammenwohnt, auch weil sie auf Vorschriften, Sex, Geld, Rauschmittelkonsum und Ausgehzeiten betreffend, weitgehend verzichten. Eltern und Kinder stehen sich heute näher, mögen die gleiche Musik, die gleichen Sneakers und kaufen ihre Klamotten in den gleichen Läden. Was auch immer die Ablösung bringt: Früher hat der Studienbeginn den Abflug aus dem Elternhaus erleichtert. Die Uni ist heute aber nicht mehr der Ort der Abnabelung vom Elternhaus, wenn die Eltern ständig präsent sind, sondern die Fortsetzung der Schule an akademischen Orten.

Aber Eltern sind heute auch besser ausgebildet und können auf Unterstützungssysteme zurückgreifen, die es noch vor zwanzig Jahren nicht gab. Warum sollten Eltern also ihre Ressourcen nicht intelligent nutzen, um ihrer besonderen Verantwortung für ihre Kinder gerecht zu werden? Die Erstsemester sind dank der verkürzten Gymnasialzeit und dem Wegfall des Wehrdienstes jünger als frühere Studenten. Fast 3000 der 2,6 Millionen Studierenden waren im letzten Wintersemester noch minderjährig, knapp 60 200 gerade mal 18 Jahre alt. Zehn Jahre zuvor gab es nur knapp 400 Minderjährige und fast 7500 18-Jährige. Heute kursiert bei Professoren die Bezeichnung Sekundarstufe III für das Bachelorstudium. Wilfried Schumann, Leiter der Psychosozialen Beratungsstelle der Uni Oldenburg und des Studentenwerkes Oldenburg, sagt im Gespräch mit der *DUZ*: »Viele Abiturienten äußern in der Beratung selber, dass sie sich zu jung und nicht gut auf ein Studium vorbereitet fühlen.« Frühere Schüler hatten mehr Zeit, sich mit ihrer beruflichen Zukunft auseinanderzusetzen. Erfahrungen im Wehr- und Zivildienst, ein Freiwilliges Soziales Jahr – all das waren wichtige Stationen auf dem Weg zu persönlicher Reife. Die verkürzte Schulzeit hat Passivität und Unmündigkeit der Generation Unselbstständig verstärkt. All jene Bildungspolitiker hätten sich verrechnet, denen die Schul- und Hochschulabsolventen nicht jung genug sein können, denn »die jungen Leute holen sich diese Jahre zurück, indem sie nach der Schule erst mal ins Ausland gehen oder Praktika absolvieren.« Nicht weiter verwunderlich, dass unsichere Erstsemester lieber Mama oder Papa beim Dozenten anrufen lassen, um die verpatzte Klausur zu besprechen.

Hinzu kommt, dass die Auswahl an Studiengängen heute so gigantisch groß ist. Mit Elternabenden wollen Studienberatungen auch verhindern, dass resolute Mütter mit ihren schüchternen Söhnen in der Sprechstunde auftauchen, und während der Sohn schweigt, verkündet die Mutter: »Wir interessieren uns für Maschinenbau.«

In Dresden werden die Eltern mehrmals im Jahr auf Campus-Touren begleitet, die Uni Frankfurt lädt zum halbtägigen Elternseminar »Uni Kompakt« und zur Elternsprechstunde. »Elternauflauf«, heißt der Spaß an der Uni Rostock, »Stipp-Visite« an der Leipziger, »Campus-Tag« an der Düsseldorfer Uni. Mindestens aber eine Elternsprechstunde scheint zum Standard geworden zu sein, parallel zur Studienberatung für Abiturienten. Eltern müssen da gar nicht allein auflaufen. Da heißt es in den Willkommensworten an die Eltern auf den Websites der Unis schon mal: »Natürlich können auch Ihre Kinder Sie gerne begleiten.«

Elternfreie Zonen

Nicht alle Hochschulen gehen offensiv auf die Eltern zu. Auch in den Berliner Unis werden zwar mehr Eltern als früher gesichtet – umworben werden sie nicht. »Das ist nicht unsere Zielgruppe«, sagt Jochen Ley, der Leiter der Studienberatung an der Humboldt-Universität. »Bei 40 000 Bewerbungen auf 5500 Plätze müssen wir nicht die Eltern für uns begeistern.« Er fasst die Haltung seiner Hochschule zur Elternfrage so zusammen: »Als Reflektionsinstanz erwünscht, als Begleiter im Übergang von der Schule zur Hochschule toleriert, als Entscheider abgelehnt.« So schlimm sei das alles sowieso nicht. »Es kommt mal vor, dass Eltern bei der Studienberatung dabei sind, aber das bleibt deutlich unter zehn Prozent der Beratungen.« Das habe es im Übrigen immer schon gegeben und sei keineswegs neu. Drei, vier Mal habe es an der Uni einen Elternabend gegeben, wo drei, vier Eltern gekommen seien. Jetzt belässt man es bei einem Termin, der Eltern-Lehrer-Runde, wo Fragen beantwortet werden. »Weitere Veranstaltungen sind nicht geplant.«

Auch an der Technischen Universität Berlin gibt es keine

speziellen Angebote für Eltern wie etwa Campus-Touren oder Mensabesuche. »Es ist eher die Ausnahme, dass Eltern in der Studienberatung dabei sind«, sagt Claudia Cifire, die Leiterin der Studienberatung an der TU. »Doch ich hatte hier auch schon ganze Familien sitzen«, lacht sie, »die haben das touristisch zwischen Ku'damm und Reichstag eingebaut.« Doch eher kommt vor, dass Eltern sich entschuldigen, wenn sie mit ihrem Kind zur Beratung kommen, und vorab den Helikopter-Verdacht entschärfen wollen. »Ich wollte gar nicht mitkommen, aber mein Sohn wollte das unbedingt.« Claudia Cifire sieht das entspannt und vor allem medial überhöht: »Wenn die Eltern mitkommen wollen, dann können sie das. Es lässt sich gut damit umgehen, wenn man sich im Gespräch auf den Schüler konzentriert und ihn direkt anspricht.« Bei den Info-Tagen wird auch ein Elternabend angeboten – knapp 50 Eltern waren beim letzten Mal dabei, »etwas mehr als zuvor«. Dass Eltern sich schlaumachen wollen oder sich einfach nostalgisch an ihre eigenen Studienzeiten erinnern und schwelgen möchten, hat die Studienberaterin beobachtet. Hin und wieder treffe sie auf Eltern, die die anstehende Studienwahlentscheidung nach Art eines Bewerbungsgesprächs mit verkehrten Rollen angehen: »Das gipfelt dann in der Frage: Warum sollte mein Kind ausgerechnet bei Ihnen studieren?«

Doch diese Variante ist selten, sagt sie und bedauert eher eine elterliche Haltung, bei der im gut gemeinten Bestreben, »das Beste« für den eigenen Nachwuchs zu erreichen, die erforderliche Eignung und das Interesse des Kindes für ein Studienfach zugunsten von antizipierten Berufschancen und Verdienstmöglichkeiten ausgeblendet werde.

»Wir bevorzugen die Uni als elternfreie Zone«, stellt auch Brigitte Reysen-Kostudis, Studienberaterin an der Freien Universität, klar. Doch Eltern können gerne ihre Kinder in die Studienberatung begleiten. Sie hat drei Wellen verstärkten Elternaufkommens beobachtet. »Als die Mauer fiel, erschienen hier viele DDR-Familien. Als die Bachelor- und Masterstudiengänge eingeführt wurden, kamen auch häufig Familien und wünschten Orientierung. Jetzt gibt es eine Tendenz, dass vermehrt Helikopter-Eltern hier erscheinen.« Die jüngeren Studenten brächten auch die Eltern mit in die Uni, doch auch Mütter ließen sich leichter von ihren Kindern als Sprachrohr einspannen. So berichtete ihr eine Mutter am Telefon, dass sie auf der Suche nach einer Antwort zu einer Detailfrage zur Prüfungsordnung nun schon alle Unis durchtelefoniert habe. Auf die Frage der Studienberaterin, warum die Tochter das nicht selbst mache, gab die Mutter zurück, ihre Tochter sei auf work and travel in Kanada unterwegs und maile ihr immer, was sie fragen solle.

Sie hat aber auch schon Söhne vor sich gehabt, die aus dem Fenster guckten, während ihre Mütter eifrig Fragen zum Studium selbst stellen. Bei der Studienberatung in Dahlem ist es deshalb üblich, vor jedem Gespräch nachzufragen, wer genau von den Anwesenden jetzt hier studieren wolle. »Schließlich ist es das Ziel, Schüler in der Selbstständigkeit zu unterstützen.« Nicht jeder angehende Student freue sich über seine engagierten Eltern. »Wenn da die Eltern vor dem Counter stehen, schauen die Kinder oft unwillig und würden am liebsten im Boden versinken.« Und wenn dann noch Vater oder Mutter das Wort ergriffen, statt den Jugendlichen selbst sprechen zu lassen, sei schon psychologisches Geschick gefragt, damit der Abiturient überhaupt zu Wort kommt.

Für Brigitte Reysen-Kostudis ist eine Studienberatung auch eine Gelegenheit, den Eltern ihre Grenzen aufzuzeigen. Es gäbe auch dominante Eltern, die ihre Kinder managen wie Projekte und nicht loslassen können, berichtet sie. »Aber auch ängstliche Eltern gab es schon immer. In Zeiten der medial geschürten Verunsicherung, die vor allem den beinharten Konkurrenzkampf um die Jobs der Zukunft in grellen Farben malt, rücken Familien zusammen und machen das Studium des Kindes zur gemeinsamen Sache.« Die Zuversicht sei verschwunden, dass das Kind schon seinen Weg machen werde, und die Angst hat zugenommen.

Eltern-Engagement von der Wiege bis zur Bahre …

Die besorgten Eltern und die bequemen Söhne und Töchter sind ein Teil der Erklärung, warum die Eltern an der Uni heute präsent sind. Doch die Jugendlichen hatten durch die gestraffte Schulzeit auch weniger Möglichkeiten, sich zu orientieren. Da springen die Eltern in die Bresche – wie schon in der Schulzeit. Hilfsdienste sind an der Tagesordnung, Elternengagement verpflichtend, Nachhilfe wird finanziert. Fehler, Rückschläge oder Scheitern sind nicht erlaubt. Riesengroß ist die Verantwortung der Eltern für den Schulerfolg. Wen wundert's, wenn Eltern nun auch in der verschulten Uni ihre Kinder unterstützen wollen, wie's ihnen jahrelang in der Schule ganz selbstverständlich abverlangt wurde?

»Die Kunst für uns als Eltern ist immer wieder, ruhig zu bleiben, nicht vor lauter Panik aus der Haut zu fahren«, sagt Ivette Wagner. Sie traut sich diese Beratung, das Wissen um die komplizierte Hochschulstruktur und die dazugehörigen professionellen Analysen nicht zu. »Das würde ich lieber den Profis überlassen«, sagt sie mit Blick auf ihre 17-jährige Tochter, die in die elfte Klasse geht. »Ein Jahr vorm Abi ist die richtige Zeit, sich zu kümmern«, sagt sie und überlegt, ob sie bei ihrem Sohn einfach zu spät angefangen hat. Mutter und Tochter werden jedenfalls noch die Studienberatung in Rostock und den Tag der offenen Tür in Wismar besuchen, bevor sie dann nach Berlin zurückkehren. »Wenn sie dann immer noch nicht weiß, was sie studieren will, nehme ich die private Studienberatung bei planZ in Anspruch. Das klingt für mich intensiver, persönlicher und sicherer für mein Kind.«

Marie

Ein lautes Schnappen, gefolgt von einem dramatischen Stöhnen lässt mich aufschrecken und während ich noch auf dem Weg aus meiner Gedankenwelt bin, erklärt Luisa in der Reihe hinter mir gerade ihrer Freundin Johanna, dass ihre Mutter ihr schon wieder die falschen Äpfel eingepackt hätte, und keine Zehntelsekunde später sind beide in einen Beschwerdemarathon über die Begriffsstutzigkeit von Müttern vertieft.

Als ich mich vor einigen Wochen für die Orientierungswoche der Universität Münster für das Fach Medizin anmeldete, hatte ich mir eigentlich vorgestellt, in dieser Woche mit anderen potenziellen Kommilitonen gespannt Vorlesungen zu lauschen und in der Mensa beim Genuss billiger Mittagessen heimlich Götter in Weiß anzuhimmeln.

Beim Betreten des Hörsaals, in dem unsere erste Veranstaltung stattfinden sollte, prüfte ich allerdings zweimal die Richtigkeit meiner Raumnummer, weil ich beim Anblick der anderen Teilnehmer das Gefühl hatte, mich im Raum geirrt zu haben. Vor dem Raum stand eine ganze Familie samt kleineren Geschwistern und verabschiedete sich gerade vom Ältesten. Im Raum selbst saßen statt Studieninteressierten gelangweilt aussehende Mädels in UGG Boots und Leopardenleggings, die mit der typischen Instagram/Facebook-Bewegung gefühlvoll über den großen Bildschirm ihres Handys strichen, und auf jedem zweiten Klappstuhl thronte komischerweise ein Elternteil.

Ein wenig verunsichert betrat ich den Raum und landete auf dem Platz direkt vor Luisa und Johanna, zwei 17-jährigen Mädchen, die ihre Herbstferien in der Universität verbrachten, weil sie direkt nach dem Abitur nächstes Jahr das Medizinstudium beginnen wollten. Die Einverständniserklärungen der Eltern wurden von allen eingesammelt und als ich keine vorweisen musste, wurde ich von beiden beäugt, als wäre ich vom Mars, und stellte in den nächsten Minuten fest, mit meinen 21 Jahren die »Oma« unter den Studieninteressierten zu sein.

Der Raum füllte sich, ein Baby fing an zu schreien und ich suchte schon nach der »Verstehen Sie Spaß«-Kamera, als der Studiendekan die Bühne betrat und uns alle herzlich zu der diesjährigen Orientierungswoche für Medizin begrüßte. Seine Ansprache wurde noch einmal unterbrochen von einer alten Dame, die in den Raum gerannt kam und über die Reihen hinweg ihrem Enkel Moritz zurief, dass sie ihn genau hier um Punkt 18 Uhr wieder abholen und nach Hause fahren würde, weil die Bushaltestelle (direkt vor dem Universitätsklinikum) so schwer zu finden sei. Als ich lauthals losprusten wollte und mich erwartungsvoll umschaute, wurde ich enttäuscht, denn das war weder ein Witz, noch schien irgendein anderer Teilnehmer belustigt darüber, dass ein 17-jähriger Junge in einer Kleinstadt wie Münster nicht allein nach Hause finden konnte. Auch der Studiendekan nickte verständnisvoll und während die Tür hinter der alten Dame geräuschlos zufiel, nahm er seine Begrüßungsrede wieder auf. Die zahlreich erschienenen Eltern wurden begrüßt und anhand ihrer strahlenden Gesichter und der sich darin abzeichnenden Motivation, alles über das Bewerbungsverfahren herauszufinden, hätte man fast denken können, dass diese Damen und Herren sich für einen Studienplatz Medizin bewerben werden und nicht die neben ihnen platzierten Schulabgänger mit ersten Pickeln auf der Nase, die der Uhr an der Wand mehr Aufmerksamkeit schenkten als dem Dekan. Einen Platz neben mir saßen Mutter, Tochter und Vater kerzengrade in den ungemütlichen Stühlen, ausgerüstet mit dunkelblauen Mappen, die alle mit »Katrins Studium« beschriftet waren und im Laufe des Vortrags eifrig mit wahlweise Füller, Kugelschreiber und Textmarker bekritzelt wurden.

Als am Ende der Veranstaltung eine Frage gestellt wurde, stellte ich fest, dass die Dame mit dunkelrotem Haar und Trenchcoat doch nicht zum Organisationsteam der Universität gehörte, sondern eine Mutter war, die sich stellvertretend für ihre Tochter informieren musste, weil diese gerade erst Herbstferien bekommen hatte und sich auf das Abitur vorbereiten musste.

In der anschließenden Mittagspause, auf dem Weg in die Mensa, ging eine weitere Schimpftirade, diesmal von Johanna, los. Als diese bemerkte, dass ihre Mutter kein Mittagessensgeld in ihr Portemonnaie gelegt hatte, ertrank sie in Selbstmitleid bei dem Gedanken an ihren Hunger und kommentierte diese unverhohlene Gemeinheit ihrer Mutter mit der Behauptung, dass diese es wahrscheinlich extra vergessen hätte, um es »wieder für irgendeinen neuen Scheiß auszugeben«. Ich hatte auch kein Geld dabei, weil ich vergessen hatte, welches abzuheben, aber weil man ja scheinbar die Mutter dafür verantwortlich machen darf, war ich fast versucht, meine anzurufen, weil sie mir weder falsche noch richtige, sondern gar keine Äpfel eingepackt und vor meiner Abreise auch noch vergessen hatte, mir Essensgeld für die gesamte Woche einzustecken!

Nach einigen Vorlesungen war der erste Tag um 18 Uhr geschafft, und während ich einsam und allein zur schwer zu findenden Bushaltestelle (direkt vor der Universitätsklinik) trottete, um in meine Unterkunft zu fahren, bildete sich vor der Einfahrt für Krankenwagen, sehr zum Ärger des Pförtners, eine Kolonne aus großen Renaults oder Caddys mit gehetzten Eltern oder Großeltern hinterm Steuer.

An diesem Abend kam ich doch ein wenig ins Grübeln, ob ich nicht doch hätte meine Eltern dabeihaben sollen. Ob ich sie hätte bitten sollen, sich vier Tage freizunehmen um mit mir in Münster das Medizinstudium kennenzulernen? Hätte ich vielleicht auch Ringblöcke für uns drei kaufen und in den gleichen Farben beschriften sollen? Eigentlich reicht schon der Gedanke an meine Mutter mit solch einem Block, um mich zum Lachen zu bringen, die Vorstellung, wie mein Vater zum Studiendekan sagen würde:

»Also meine Tochter interessiert sich ja schon länger für Medizin, was kann die Uni Münster ihr denn bieten?«, ließ nicht nur ein Gefühl des Unwohlseins in mir aufsteigen, sondern lief auch meiner Idee von meinem Medizinstudium zuwider. Ich hatte immer angenommen, dass es ziemlich egal wäre, was man studiert, weil es die Gemeinsamkeit gibt, dass es bedeutet, den Schritt in ein eigenständiges und unbestimmtes Leben zu wagen, in dem der Einfluss der Eltern sinkt. Warum also sollte meine Mutter sich während der Orientierungswoche in Onkologievorlesungen quälen und bei Live-OPs ohnmächtig werden, wenn ich doch diejenige bin, die es lernen will?

In den nächsten Tagen gewann ich auch den Eindruck, dass die vermehrte Hilfsbereitschaft und Fürsorge der Eltern bei den Kindern nicht zu mehr Wertschätzung und Dankbarkeit führte. Das Gegenteil war der Fall, denn für diese Kinder schien es selbstverständlich zu sein, durch die Gegend gefahren zu werden und ihre Eltern beim kleinsten Verstoß gegen die vermeintlich selbstverständliche Elternfürsorge sofort zu verurteilen. Der leicht verächtliche Ton, der jedes Mal mitschwang, wenn es um die Eltern und deren Rolle in ihrem Studium ging, ist normal und deshalb war ich am Ende dieser Woche nicht überrascht, als ich Dana traf. Eine Fünftsemestlerin, die zwei Jahre jünger ist als ich und mir nach dem Reanimieren auch noch beibrachte, wie man sich ganz unverhohlen schäbig über seine Eltern auslässt. Seit zwei Jahren würde sie nun von Köln aus pendeln und würde gar nicht an einen Auszug aus dem Elternhaus denken, weil sie bei dem ganzen Stress ihre Mutter als Koch-, Wasch-, Putzfrau und Dienstbotin sehr zu schätzen wüsste. Mit hochgezogenen Augenbrauen fügte sie hinzu, dass ihre Mutter nach ihrem Auszug auch gar nichts mehr zu tun hätte, und erwartete von mir jubelnde Zustimmung.

Mir war in keiner Weise bewusst, dass das Studium eigentlich nur eine verlängerte Schulzeit ist. Ich wusste auch nicht, dass Studieren ein Familienprojekt ist und es für die Eltern dieser Kinder ganz normal zu sein scheint, ihre Kinder auch über die Schulzeit hinaus wie schutz- und hilfebedürftige Kleinkinder zu behandeln. Ich habe immer angenommen, dass das Studium ein klarer endgültiger Schritt ist, der einen neuen Lebensabschnitt markiert und nötig ist, um Platz für neue Dinge zu schaffen. Nach der Orientierungswoche frage ich mich, inwiefern uns Kindern mit dieser veränderten Lage tatsächlich geholfen ist. Wenn ich während des Studiums weiterhin zu Hause wohne, um von dort zu pendeln, kann ich dann wirklich im Studium ankommen? Wenn ich weiterhin die alten Freunde und meine Familie um mich herum hätte, würde ich überhaupt eine Notwendigkeit dafür sehen, neue Leute kennenzulernen? Und wenn meine Mutter in meiner neuen Wohnung einmal die Woche den Kühlschrank füllen würde, müsste ich mich am Monatsende nicht entscheiden, ob das letzte Geld lieber für Essen oder ein Bier mit Freunden ausgegeben wird. Mehr Wertschätzung, Respekt und Anerkennung vor dem erhöhten Arbeitsaufwand kommt bei einem 24-Stunden-Bereitschaftsdienst der Eltern auch nicht heraus. Denn was Eltern uns als verbesserte Chancen, mehr Aufmerksamkeit, Liebe und Hilfestellung an jeder Ecke geben, ist für uns nichts Besonderes, sondern ein Normalzustand und damit selbstverständlich, weil wir es nicht anders kennen. Wem ist also damit geholfen, dass Kindern auch noch ins Studentenleben hinein die Suppe auf den Baum getragen wird?

Ich jedenfalls kann es nicht erwarten, meine Matratze auf Paletten zu legen, Möbel von der Straße mitzunehmen, mich über die ewig leere Milch zu beschweren und dann auch noch zu studieren, weil ich das Studium mit all seinen Höhen und Tiefen als Symbol für Freiheit und den Start in ein von den Eltern unbestimmtes Leben sehe. Eine Zeit, in der ich niemandem Rechenschaft schuldig bin und mich verantwortungslos und jung verhalten darf.

Die Tage in Münster haben mir den Eindruck vermittelt, dass

junge Leute mit dem Strom schwimmen müssen, damit sie nicht untergehen, und ihre Eltern scheinen das ähnlich zu sehen. All die Unsicherheit, die man als frischgebackener Abiturient verspürt, wird dadurch geschürt, dass Eltern plötzlich wie verrückt an die Universitäten strömen und meinen, ihren Kindern beim Bewerben, Studieren, Wohnen und generellen Lebenseinstieg helfen zu müssen.

Was mir allerdings in den letzten Jahren immer geholfen hat, war die Zuversicht meiner Mutter, alles im Gepäck zu haben, um die vor mir liegenden Probleme und zu fällenden Entscheidungen in Angriff zu nehmen. Auch wenn sie sich wahrscheinlich häufig um meine Zukunft sorgte, hat sie mich keine Zweifel spüren lassen und mir mit einer unerschütterlichen Bestimmtheit vermittelt, dass ich es schon schaffen würde. Die Frage über meine Zukunft bereitet auch mir Kopfzerbrechen und wirbelt viele Zweifel auf, aber eine Mutter, die plötzlich wieder zur Uni geht, mit mir alle Hörsäle des Landes besichtigt und das komplizierte individuelle Auswahlverfahren für den Studiengang Medizin zu verstehen versucht, würde meine Zweifel und Unsicherheiten definitiv noch vergrößern.

9. Kapitel
Nesthocker im Schlepptau

»Vier Wochen lang Grizzly-Bären jagen, Bäume fällen, mit Lachsen um die Wette springen«, lacht Katharina, »die Reise nach Kanada war schon eine Art Lebenstraum von uns beiden.« Im vergangenen Sommer hat sie sich mit Mann und Kindern auf den Weg gemacht. »Die Kinder fanden Kanada ganz okay soweit und wollten schon irgendwie gerne mit, aber nur für zwei Wochen, das war ihre Bedingung.« Denn der Sommer in Berlin sei so gechillt mit all den Leuten, da wollten sie nicht mehr als nötig verpassen. Dass damit das Ende der gemeinsamen Familienurlaube gekommen sei, das sagte der kurze und keineswegs nur tieftraurige Blick, den die Eltern sich zuwarfen.

Sie würden sich also zum letzten Mal zu viert auf den Weg machen, nach Kanada, genauso, wie sie es viele Male in den Jahren zuvor getan hatten: Mama, Papa und zwei Kinder verreisen in den Ferien zusammen – nach Schottland, nach Italien, nach Kroatien, nach Frankreich. Dass es ein Fehler gewesen sei, die Kinder zu fragen, ob sie mitwollten, gestand Katharina sich und ihrem Mann erst beim nächsten Urlaub ein. Sie wollten nämlich unbedingt: Wandern auf Menorca, zusammen mit einem befreundeten Paar, und nach einer Woche würden die Kinder Laura (20) und Robert (23) halt nachkommen. »Damit zog das Chaos ein«, sagt Katharina, »sie ließen alles herumliegen, der Swimmingpool und die Liegestühle waren immer besetzt. Noch dazu unterhielten sie sich stundenlang in einer selbst ausgedachten Micky-Maus-Sprache.« Die 47-jährige Werbetexterin verdreht die Augen. »Wenn man mit den Eltern verreist, kann man sich gehen lassen, was sie leider dann auch tun«, so ihr leicht vergrätztes Resümee. »Essen gehen, einkaufen und alles für lau«, benennt sie die Attraktionen eines gemeinsamen Urlaubs mit erwachsenen Kindern – aus deren Sicht. »Andererseits ist es auch sehr verlockend«, seufzt sie, »man ist vertraut miteinander wie mit niemandem sonst und es ist ein wunderbares Gefühl, sich mit den Kindern gut zu verstehen.«

Wie früher, so die Verheißung eines gemeinsamen Urlaubs mit erwachsenen Kindern, nur besser: Die Reisen mit dem ganz großem Gepäck sind geschafft. Adieu Wechselwäsche, Apfelschnitzchen, Reservewindel, Trinkflasche und Lieblingsteddy, Hochstuhl, Wickelunterlage, Mittagsschläfchen nach Stoppuhr. Aber die Ansprüche an einen schönen Sommerurlaub mit kleinen Kindern waren auch überschaubar: Hotel, Apartment oder Ferienwohnung sollten nah am Strand liegen, und wenn es in der Nähe einen Spielplatz, einen Pool mit Rutsche oder einen Streichelzoo gab, konnte wenig schiefgehen. »Schön war das«, erinnert sich Katharina und klingt etwas wehmütig – fast. »Anschließend fühlten wir uns immer etwas urlaubsreif. Kochen, aufräumen, einkaufen und kümmern wie zu Hause auch, nur mit mehr Sonne.«

Die Jahre schritten voran, die Kinder wuchsen und mit ihnen die Ansprüche. »Kostenfreies WLAN im Hotel, damit sie mit ihren Freunden kommunizieren und im Web surfen, Filme anschauen oder Musik herunterladen können. Gerne genommen wurde auch eine hoteleigene Online-Plattform mit Pinnwand-Funktion, die die Kinder auf ihren Smartphones und Tablets aufrufen können, oder Freizeitangebote wie eine Schnitzeljagd mit GPS-Koordinaten und Instagram-Fotowettbewerbe«, zählt Katharina auf, was Kinder im Teenageralter hinter dem Ofen hervor, und mit ihren Eltern in den Urlaub lockt.

Jetzt, wo alle miteinander groß sind, ist die verführerische Strahlkraft des Gedankens beträchtlich: Gibt es Schöneres, als nun mit den erwachsenen Kindern zu verreisen, die keine Rund-um-die-Uhr-Betreuung mehr brauchen und nach den Pubertätsscharmützeln wieder so richtig nett geworden sind? Abseits vom Alltag gemeinsam Sommer, Sonne, Strand zu genießen, Zeit zusammen zu verbringen, den alten Rollen zu entkommen und einander auf Augenhöhe zu begegnen, vielleicht sogar endlich gemeinsame Interessen zu entdecken? Naturerlebnisse, alte Kirchen, weltberühmte Museen und malerische Küstenansichten zum Beispiel, aber auch sportliche Aktivitäten – gemeinsames Rafting, Segeln oder Kitesurfen.

»Eltern müssen sich heute schon etwas einfallen lassen, um ihre erwachsenen Kinder zu einem gemeinsamen Urlaub zu bewegen«, bestätigt Heidrun Kalamajski vom Berliner Reisebüro Concept Reisen. »Das Badehotel in Mallorca reicht nicht mehr, es müssen tolle Ziele sein.« Sie zählt auf: Bestimmte Clubs, die sich mit Sport- und Freizeitangeboten auf die jugendliche Klientel eingestellt haben, Wintersport mit Action, der Tauchurlaub auf den Malediven, die Safari in Südafrika, die Rundreise durch Amerika mit Abstecher zum Shoppen in New York. »Gerne Fernziele, aber mindestens über den Atlantik«, beschreibt sie, was Eltern ihren Kindern heute gerne bieten, »besser noch über den Pazifik hinaus muss es gehen.« Da hat sich etwas verändert, meint sie nachdenklich. Die Jugendlichen sind zwar oft schon früh alleine unterwegs und machen lieber Party an der Costa Brava, als mit den Eltern am Ostseestrand zu liegen. »Aber wenn das Angebot der Eltern cool genug ist, kommen auch junge Erwachsene gern noch einmal mit«, sagt die Reisefachfrau. Auch abseits der großen Urlaube für die kleinen Trips zwischendurch hat sie eine Veränderung festgestellt: Väter mit Söhnen bevorzugen Bergtouren und Angelausflüge. Mütter und Töchter unternehmen gern Städtereisen.

»Jetzt fühle ich mich erwischt«, lacht eine befreundete Mutter, die gerade von einem Kurztrip nach London mit ihrer 23-jährigen

Tochter zurückgekommen ist. »So originell sind meine Reiseträume offenbar nicht.« Ein paar Tage mit der einen Tochter in Venedig, ein paar Tage mit der anderen in London, »ich genieße das sehr. Und wann hat man sie schon mal ein paar Tage für sich?« Diese Kurztrips seien ihr heilig, schwärmt sie. Und doch: »Wir hatten wunderbare Momente, aber dem freundinnenhaften Anschein beim gemeinsamen Durchstreifen venezianischer Paläste oder der Museen in London zum Trotz, blieb ich die Zuständige für alles, eigentlich wie zu Hause. Tickets besorgen, Fahrpläne studieren, meine Sache. Wenn irgendetwas nicht klappte wie vorgesehen, meine Schuld. Was immer rund um die Reise zu regeln war, meine Aufgabe. Das hat mich zwischendurch zur Weißglut gebracht, aber gesagt habe ich natürlich nichts – aus Furcht, es könnte nach diesem gemeinsamen Trip keinen nächsten geben.«

»Man neigt dazu, sich auf diesen Reisen mit den großen Kindern doch sehr zurückzunehmen«, sinniert ein Freund, der gerade von einem kleinen Familienurlaub mit seinen zwei erwachsenen Kindern zurückkehrt. »Noch einmal alle zusammen«, sagt er, »das war die Devise.« Dem Berliner November für eine Woche unter die Sonne Zyperns zu entfliehen, sei auch sehr schön gewesen, doch alle zusammen waren sie eher selten. »Zu verschiedene Interessen«, sagt er zurückhaltend. »Meine Tochter wollte am Strand liegen und lesen, mein Sohn wollte Kirchen besuchen und meine Frau wollte ein bisschen wandern und ihre Ruhe haben.« Also habe er seinen Tag so aufzuteilen versucht, dass er mit jedem Familienmitglied ein paar Stunden verbringen kann. »Doch«, versichert er und räuspert sich nachdenklich, »es war schon sehr schön. Ich würde es immer wieder tun, auch wenn das wahrscheinlich das letzte Mal war.« Wie das? »Der Große ist ja schon ausgezogen, die Kleine will nach dem Abi auch gleich weg.«

Warum nur verreisen Eltern, die selbst als Teenager den gemeinsamen Familienurlaub im Schwarzwald, an der Ostsee oder im Harz spätestens mit 16 Jahren verweigerten, heute so gerne mit ihren erwachsenen Kindern? »Weil sie's können«, sagt die Reisefachfrau nüchtern. »Eltern mit erwachsenen Kindern stellen heute die erste wohlhabende Erbengeneration. Sie können sich leisten, die Kinder zu tollen Reisen einzuladen.« Wenn die Kinder dann erstes eigenes Geld verdienten, dann müsse es erst recht ein richtiger Hammer sein, hat sie beobachtet. Aber sobald sich Enkel einstellten, sei auch der Strandurlaub im dänischen Ferienhaus wieder gefragt. Denn dann kämen die Eltern wiederum als Babysitter zum Einsatz.

Mehrgenerationenurlaub liegt im Trend

Zunehmender Wohlstand breiter Gesellschaftsschichten und ein verlangsamter Abnabelungsprozess der Kinder schlagen sich in den veränderten Reisegewohnheiten nieder. Man könnte auch sagen, Produktmanager kombinieren gesellschaftliche Trends mit Kundenwünschen und schmieden eine Fülle von Angeboten. Reiseveranstalter fassen den Begriff Familienurlaub heute so weit, wie er reicht, und sind längst auf die unterschiedlichsten Konstellationen verschiedener Generationen eingerichtet: Singles mit Kindern, Patchworkfamilien, Eltern mit erwachsenen Kindern, Großeltern mit Enkeln oder gleich drei Generationen zusammen: Mehrgenerationenurlaube gelten in der Reisebranche als Mega-Trend. »Anhaltendes Interesse an Familienreisen und sogar Kreuzfahrten zur Feier von Geburts- und Jahrestagen sowie Reisen von Gruppen mit einer bestimmten sozialen Affinität oder Zugehörigkeit«, legt der Dachverband der Reisebüros (DRV) seinen Mitgliedern ans Herz. Die Gruppe der Eltern, die mit erwachsenen Kindern verreisen, fügt sich da gut ein, sagt Torsten Schäfer vom DRV. Dass das Segment wächst, bestätigt auch er, »aber der konkrete Nachweis ist schwierig zu belegen. In den Unterlagen finden sich oft drei verschiedene Namen, da ist nicht leicht zu erkennen, ob es sich um Mütter oder Väter mit erwachsenen Kindern handelt.« Doch dann fällt ihm noch sein 23-jähriger Neffe ein, der sich in einem Monat zusammen mit seinen Eltern auf eine Rundreise durch Indien begeben wird und sich schon sehr darauf freut. »Undenkbar zu unseren Zeiten«, wundert er sich leise. »In diesem Alter wären wir doch alleine nach Goa getrampt.«

Doch die Zeiten ändern sich und wir ändern uns mit ihnen. »Je älter und größer die Kinder werden, umso mehr eigene Vorstellungen, Wünsche und Ansprüche haben sie auch an Urlaub und Reisen. Für Familien besteht die Herausforderung darin, Reiseangebote auszuwählen, die ihren eigenen Interessen als auch denen des Nachwuchses entsprechen«, umschreibt Torsten Schäfer die werbliche Zielrichtung der Reiseveranstalter. Doch manchmal stelle sich auch heraus, dass die Interessen der Familienmitglieder zu verschieden seien und alle mehr vom Urlaub haben, wenn sie unterschiedliche Angebote buchen. Passende Angebote für jede Konstellation biete der breit aufgestellte Reisemarkt: »Die Kinder können spezielle Jugendreisen unternehmen, während die Eltern auf kulturelle Entdeckungsreise gehen.«

Doch im Wunsch nach mehr Nähe und gemeinsam verbrachter Zeit packen Jung und Alt immer häufiger gemeinsam die Koffer. »Die Familie erlebt eine Renaissance«, sagt Ulrich Reinhardt, Tourismusexperte der Stiftung für Zukunftsfragen in Hamburg. Sie biete in unsicheren Zeiten eine Konstante. Zwei Drittel aller Deutschen geben an, die eigene Familie sei das Wichtigste im Leben, zitiert er aus eigenen Untersuchungen. Das Prädikat »familienfreundlich« hat also Potenzial, sich künftig zum Markenzeichen und damit auch zum finanziellen Gewinn der Wirtschaft zu entwickeln.

Diese Entwicklung ist auch darin begründet, dass Familienmitglieder heute schon lange nicht mehr an einem Ort wohnen. Im Alltag ist die Zeit durch berufliche Verpflichtungen und räumliche Entfernung knapp geworden, das generationenübergreifende Familienleben kommt häufig zu kurz. Die gemeinsame Urlaubsreise bietet eine gute Gelegenheit, alle Altersstufen wieder an einen gemeinsamen Tisch zu bringen. Im Ferienhaus oder am Strand wird Zusammensein zelebriert. Hotels und Apartmentanbieter haben die Signale längst gehört und sich auf die Nachfrage eingerichtet. Sie bieten den Platz, den Familien brauchen, auch wenn sie nicht unbedingt größer geworden sind. Apartments mit drei Schlafzimmern sind längst nicht mehr selten. »Den Urlaub zu nutzen, um wieder Familie zu sein«, beschreibt Torsten Kirstges den Trend. »Familie als Erlebnis«, nennt er das.

Das leidige Weihnachtsthema ins Erlebnishafte zu vergolden, ist auch dieser Familie gelungen: »Wir sind zum ersten Mal seit Jahren wieder alle zusammen«, strahlt die Mutter dreier Kinder und der Vater verbirgt seine Vorfreude hinter einem grimmigen Gesicht. »Heiligabend an der Copacabana, da haben meine Töchter doch gleich zugegriffen«, erklärt er seinen verdutzten Eltern beim Familienfest. »Wir fliegen zu viert los und treffen Lukas in Brasilien«, jubelt die Mutter. Ihren Sohn, den angehenden Sportwissenschaftler im Auslandssemester an der Uni in Rio de Janeiro, hat sie seit dem Abschied am Flughafen vor vier Monaten nicht gesehen. »Ich freu mich wie verrückt auf das Wiedersehen«, sagt sie, »und dass ich sie alle drei mal wieder zusammenhabe.« Der Vater setzt ein schiefes Grinsen auf. »Und ich bezahl das alles.« Sie legt beschwichtigend ihre Hand auf seine. »Jetzt lass doch mal gut sein. Die Mädchen haben's doch eingesehen.« Dann erklärt sie den Schwiegereltern, dass es einen Streit darüber gab, weil die Mädchen auch ihre Freunde gerne zum Weihnachtenfeiern an der Copacabana mitgenommen hätten.

Bis es so weit ist, dass sie mit den Enkeln im Ostseesand Burgen bauen muss, damit deren Eltern mal eine Stunde für sich haben, wird Katharina die neue Freiheit ohne Kinder genießen. Kanada war ein guter Anfang, findet sie. Laura und Robert flogen nach zwei Wochen allein zurück ins verregnete Berlin zum Chillen mit Freunden. Ihre Eltern fuhren trotzig noch zwei Wochen im Land ihrer Träume herum, jagten Grizzlys, fällten Bäume und sprangen mit Lachsen um die Wette. Braun gebrannt und sehr erholt kehrten sie zurück, bereit, bald wieder aufzubrechen. Und zwar zu zweit. Im Auto flüsterten sie über das nächste Urlaubsziel. Beim Wort »Kuba« merkt Laura auf dem Rücksitz auf. Sie habe schon immer mal nach Kuba reisen wollen und das auch deutlich gesagt. Ob die Eltern das etwa vergessen hätten? Sie empört sich, gerät richtig in Rage: Was soll das denn? Werden wir denn jetzt überhaupt nicht mehr gefragt?

Marie

Sobald meine Mutter merkte, wie sehr mir der Lateinunterricht in der Schule Spaß machte und dass die Freude an dieser Sprache offensichtlich eine Gemeinsamkeit von uns beiden war, versprach sie mir eine Reise nach Rom, wenn ich 15 Punkte auf dem Abiturzeugnis schaffen würde. Ich weiß nicht, ob sie nur nicht damit gerechnet hatte und mir deswegen eine so große Belohnung in Aussicht stellte oder ob sie einfach einen Grund haben wollte, mit mir nach Rom zu fliegen, aber mit den erreichten 15 Punkten fand ich eines Tages beim Mittagessen statt Lasagne und Salat zwei Tickets nach Rom auf meinem Teller.

Auch wenn ich mich wahnsinnig freute, überkamen mich einige

Zweifel, die in den letzten Jahren auf anderen Reisen entstanden waren, weil meine Eltern dazu tendieren, sich außerhalb Deutschlands positiv ausgedrückt anders zu verhalten. Vor einigen Jahren entschied sich mein Vater vor dem Versailler Schloss in Paris, die Schlangen an den Ausgängen der U-Bahn zu ignorieren und stattdessen den Eingang für Rollstuhlfahrer zu nehmen. Alle anderen waren in der Lage zu warten, aber irgendwie schaffte es mein Vater, in diese Schranke hinein- und dann nicht wieder herauszukommen, und steckte nun fest. Anstatt auf sich aufmerksam zu machen und bei den zahlreich vorhandenen Sicherheitsbeamten Hilfe zu erbitten, kletterte er kurzerhand auf die Ablagefläche und versuchte über die Glasschranken herüberzuklettern. Das wiederum machte französische Sicherheitsbeamte auf ihn aufmerksam, die ihn sowohl auf Englisch als auch Französisch darauf hinwiesen, dass er nicht auf einer Glastür herumklettern sollte, was mein Vater allerdings nicht verstand, noch weniger interessierte und letztendlich dazu führte, dass er, als die Schranken sich öffneten, fast dem Sicherheitsbeamten in die Arme fiel. Die Szene war mir so unangenehm, dass ich einfach draußen auf ihn wartete und von da an beschloss, dass ich nur noch in Urlaubsorte mitkommen würde, die U-Bahn-Schranken-frei waren.

Auch wenn meine Mutter für solche Aktionen zu besonnen ist, habe ich häufig das Gefühl, dass sie bei einer Reise so aufgeregt wie ein kleines Kind wird und alles um sich herum vergisst. Als wir vor fünf Jahren auf dem Rückweg von Kalifornien mit Verspätung in New York zwischenlandeten, verpassten wir aufgrund der langen Schlange in der Sicherheitskontrolle fast unseren Anschlussflieger. Mein kleiner Bruder und ich wurden als Letzte kontrolliert und ich holte gerade meinen Rucksack vom Band und wollte mich zum Schuheanziehen bücken, als ich aus dem Augenwinkel sah, dass unsere Mutter plötzlich losrannte, unserem großen Bruder hinterher. Zunächst blieb ich stehen, weil ich mir sicher war, dass sie nicht einfach ohne ihre zwei anderen Kinder zum nächsten Flieger laufen würde, aber sie drehte sich nicht um oder rief nach uns, weshalb ich mir die schweißnasse Hand meines Bruders schnappte, meine Schuhe in die Hände nahm und ihr hinterherhetzte. Bis wir das Anschlussflugzeug sahen, drehte sie sich nicht um, und als dann endlich klar wurde, dass wir noch rechtzeitig angekommen waren, fuhr sie plötzlich zusammen und schaute hektisch in die Richtung, aus der wir angerannt kamen. Erst als sie uns auf Socken den Weg entlangschliddern sah, beruhigte sich ihr Blick, und noch heute, wenn ich sie darauf anspreche, behauptet sie, dass sie uns nicht vergessen hätte. Sie hatte nur vorauslaufen und das Flugzeug aufhalten wollen, aber ich habe die Sekunde des Schrecks in ihrem Gesicht gesehen. Deswegen überlegte ich auch bei der Romeinladung eine Zehntelsekunde länger, bevor ich ihr kreischend und dankbar um den Hals fiel.

Weil ich nichts von dieser geschichtsschwangeren Stadt verpassen wollte, plante ich wochenlang mithilfe von drei verschiedenen Reiseführern den perfekten Städtetrip und so saßen wir zwei Monate später mit einem exakten Zeitplan und den farblich passenden Post-its auf den Seiten des Reiseführers in einem Flugzeug Richtung Italien. Schon für den Anreisetag hatte ich vier unterschiedliche Piazze eingeplant, die besucht werden sollten, und in den folgenden drei Tagen ging es so weiter. Meine Mutter hatte sich komplett aus der Planung herausgehalten und so besuchten wir das Forum Romanum, Kolosseum und die Spanische Treppe und für den Vatikan nahmen wir uns einen ganzen Tag Zeit. Meine Mutter beschwerte sich noch nicht einmal, als ich sie für den Besuch des Vatikans um fünf Uhr morgens weckte und sie schlaftrunken, ohne Frühstück im Bauch und noch vor Sonnenaufgang durch Rom lotste, um als eine der Ersten die Kuppel des Petersdoms besteigen zu können. Als sie sich vollkommen bockig auf einen Klappstuhl vor einem Café setzte und sagte, sie würde keinen weiteren Schritt in den Vatikan setzen, bevor sie nicht einen Kaffee bekommen hätte, knickte ich ein und riskierte damit eine halbstündige Verspätung im Zeitplan. Doch während die Asiaten in ihren Hotels noch frühstückten, bestaunten wir mit knurrendem Magen und ersten italienischen Sonnenstrahlen im Gesicht auf dem Petersdom die Dächer über Rom.

Rückblickend ist es ziemlich bescheuert gewesen von mir, anzunehmen, dass man eine ganze Stadt in nur vier Tagen besichtigen und kennenlernen kann, und den allerbesten Tag hatten wir letztendlich auch, als wir den Zeitplan in die Tasche schoben und einfach spontan betrachteten, was uns vor das Auge kam.

In vorangegangenen Kurzurlauben mit Freunden hatte ich meistens nach nur drei Tagen wieder abreisen wollen, weil mich irgendetwas immer störte, und wenn es nur die Art war, wie sie zum Frühstück ihr Müsli aßen. Mit meiner Mutter war alles eingespielter, denn obwohl wir außer der Zeit unter der Dusche jede Sekunde des Tages aufeinanderhockten, verstanden wir uns ausgezeichnet. Ich schätze, weil wir uns nun doch schon eine Weile kennen, mussten wir nicht erklären, wann es zu viel wurde oder jemand mal eine Pause brauchte, weil das ganz natürlich kam und dadurch kein eigentlich schon vorprogrammierter Streit entstehen konnte. Ich hatte nicht wie in Krakau auf Kursfahrt das Gefühl, meinen Freunden körperliche Schmerzen zuzufügen, wenn ich sie zu einer Kirche lotste anstatt in eine Einkaufspassage. Und während meine Mutter früher immer gesagt hatte, dass meine Kleider zu kurz waren, riet sie mir sogar zu den kurzen, schönen Sommerkleidern, die wir in den kleinen Gassen Roms fanden. Keine meiner Freunde hätte sich noch vor acht aus dem Bett quälen lassen, und meiner Schwester hätte ich erklären müssen, warum ich das im Preis inbegriffene riesige Frühstück ausfallen lassen will und stattdessen hungrig auf den Petersdom klettern möchte. Statt einen ganzen Vormittag vollkommen lebensecht gemeißelte Marmorstatuen von Bernini zu bewundern, hätte ich wahrscheinlich eher shoppen gehen und mit heißen Italienern flirten sollen. Der Tag hätte mit meinen Freunden wahrscheinlich erst nachmittags begonnen und anstatt vor dem Forum Romanum in einer Schlange zu stehen, hätten wir nachts versucht, in die beliebtesten Clubs der Stadt zu gelangen. Mit meiner Mutter hatte ich schon allein deshalb einen Heidenspaß, weil sie in jedem Restaurant versuchte, auf Italienisch zu bestellen, was mich beeindruckte, aber nur selten zu einem schnellen Resultat führte.

Neben dem kleinen Vorteil, dass meine Mutter mir diese Reise geschenkt hatte und fast alles bezahlte, genoss ich diese neue Seite unserer Beziehung. Denn die Zeit in Rom verbrachten wir nicht miteinander, weil wir Mutter und Tochter waren, sondern weil wir ein gemeinsames Interesse an dieser Stadt hatten. Anders als in Familienurlauben, wo es meistens vor allem um das Zusammensein der Familie ging und der ausgewählte Ort nur eine zweitrangige Rolle spielte, verbrachten wir diese Tage zusammen, weil wir das gleiche Interesse an der Geschichte, der alten Sprache, dem Wein und Essen hatten. Meine Mutter musste mir nicht erklären, warum sie die »Casa di Goethe« sehen wollte, und als ich am Freitagabend vorschlug, am nächsten Tag früh aufzustehen und vor dem Rückflug die Via Appia entlangzulaufen, kramte meine Mutter die verstauten Laufschuhe hervor und stellte ihren Wecker auf sieben Uhr.

Neben der Bestätigung, dass Rom tatsächlich eine unbeschreiblich schöne Stadt ist, in der man die Geschichte fast riechen kann, bemerkte ich, als wir im Flugzeug saßen und einen letzten Sonnenuntergang über Rom erlebten, den wahren Grund für meine Freude. Diese Tage hatten mir gezeigt, dass ich, auch wenn sie nicht meine Mutter und ich nicht ihre Tochter wäre, einfach nur als Mensch wahnsinnig gern mit ihr zu tun habe. Dass wir gleiche Interessen haben und uns über die Familienverbindung hinaus über ähnliche Dinge freuen und gern miteinander Zeit verbringen.

Bei der ganzen Umbruchstimmung, die sich bei mir mit dem bestandenen Abitur, der geplanten Weltreise und der Bewerbung um einen Studienplatz in einer anderen Stadt eingestellt hatte und immer noch einstellt, ist das ein beruhigender Gedanke, der mir mehr Gelassenheit ermöglicht, wenn es um das Beenden dieses ersten Lebensabschnitts geht. Es ist eine Erfahrung, die mir hilft, zu sehen, dass sich mit einem Studiumsbeginn nichts Grundlegendes zwischen meiner Mutter und mir ändert oder verloren geht, sondern die Verbindung zwischen uns im Gegenteil stabiler wird, weil sie jetzt nicht mehr nur auf familiären Bindungen beruht.

Wenn ich während meiner Reise auf Paare stieß, die in Neuseeland ihre erste gemeinsame Reise gestartet hatten, erzählten diese immer wieder, dass sie ihre Partner erst dadurch richtig kennengelernt hätten. Auf Fidschi vertraute mir eine Stewardess an, dass die Rückflüge von den Malediven für sie am anstrengendsten wären, weil häufig frischverheiratete Paare verstritten aus ihren Flitterwochen kommen und noch im Flugzeug einen Termin mit dem Scheidungsanwalt vereinbaren würden. Auch wir stiegen damals in Rom um einen Riesenkrach reicher in das Flugzeug nach Berlin, allerdings würde mich das nicht davon abhalten, mit ihr weitere lange und intensive Reisen zu unternehmen und sie dadurch richtig kennenzulernen. Ich muss zugeben, dass mir erst in Neuseeland aufgefallen ist, dass ich meine Mutter noch nie mit einem Rucksack gesehen habe und die Vorstellung mich reizt, mit ihr dort quer durch das Land zu fahren, zehnstündige Wanderungen zu unternehmen, sie in Queenstown beim Bungeejumping von der Brücke zu schubsen und sie vorher in Thailand für das Tauchen zu begeistern. Und dieses Mal würde ich in Bangkok am Flughafen loslaufen und nachher behaupten, dass ich nur das Flugzeug nach Auckland aufhalten wollte.

10. Kapitel
Die Reiferoute führt nach Down Under

Noch einmal, bevor das Leben anstrengend wird, die Freiheit des Reisens auskosten. Ferne Länder sehen, Abenteuer erleben, unbekannte Kulturen kennenlernen, Menschen aus aller Welt treffen und dazu atemberaubende Landschaften entdecken ... die Lust zu reisen scheint riesengroß. Schüleraustauschprogramme florieren, die Au-pair-Stelle, das year abroad, britische Internate oder das Freiwillige Soziale Jahr in Kenia, selbst der Master an einer international anerkannten Universität, wo auch immer auf der Welt: Mittelschichtseltern, die das Beste für ihre Kinder wollen, schicken ihren Nachwuchs selbstverständlich ins Ausland. Längst hat sich ein riesiger Markt an Organisationen, Agenturen und anderen professionellen Vermittlern von Auslandsaufenthalten für junge Erwachsene etabliert. Auslandserfahrungen und Fremdsprachenkenntnisse sehen im Lebenslauf gut aus – und ohne Auslandssemester wirkt doch jeder Bachelor, erst recht jeder Master ein wenig schmalbrüstig. Die Zahl der deutschen Auslandsstudenten ist in den vergangenen Jahrzehnten explodiert. Studierten 1980 nur knapp 20 000 Studenten außerhalb Deutschlands, stieg ihre Zahl zwanzig Jahre später auf 52 000. Im Jahr 2012 waren es schon 140 000. Nach Berechnungen des Bundesinstituts für Bevölkerungsforschung geht heute jeder Zehnte der 18- bis 30-Jährigen für mindestens einen Monat ins Ausland. Zugleich steigt die Zahl der jungen Frauen und Männer, die ihr ganzes Studium im Ausland absolvieren.

Allein in Deutschland ist in den letzten 25 Jahren die Zahl der von der Europäischen Union im Erasmus-Förderprogramm für Auslandsaufenthalte unterstützten Studenten von 657 auf 30 000 gestiegen. Und wenn es nach der Brüsseler Politik geht, sollen es noch mehr werden: Der Vorschlag des CSU-Europaabgeordneten Manfred Weber, wonach die EU Jugendlichen zum 18. Geburtstag ein Interrail-Ticket schenken soll, mit dem man in einem Monat durch bis zu 30 Länder fahren kann, kam gut an. Der italienische Premierminister Matteo Renzi bezeichnete das als eine sehr gute Idee. »Machen!«, sagt auch Alexander Graf Lambsdorff, Vizepräsident des Europaparlaments.

Arbeiten und reisen

Doch vielleicht ist Europa auch viel zu nah dran an zu Hause. Alle wollen zu work and travel, am liebsten nach Down Under, aufbrechen. Liegt es an der filmischen Strahlkraft von »Der Herr der Ringe«, dass die großen Kinder kaum, dass die Tinte auf dem Abi-Zeugnis trocken ist, ins Auenland aufbrechen? Oder durchs australische Outback streifen? Oder hat es etwas damit zu tun, dass kein Land der Welt als nur Neuseeland allein weiter weg von Deutschland ist?

Wenn das Geld nach Ausbildung und Schule oder im Studium knapp ist, wählen viele die populäre Kombination aus Reisen und Arbeiten und planen Dinge, die nichts mit Universität, dafür aber viel mit Abenteuer zu tun haben. Was einst die Ausnahme war, ist heute so verbreitet, dass sich für viele nicht mehr die Frage stellt, ob, sondern: Wann, wenn nicht jetzt?

Im nasskalten deutschen Herbst macht sich ein Großteil auf den Weg, denn dann beginnt Down Under der Sommer. Schöne verkehrte Welt, von hier aus betrachtet: Weihnachten im Hochsommer, im Oktober blühen die Osterglocken, im Juni ist tiefster

Winter. Alles genau andersherum als zu Hause, aber dank westlicher Prägung, guter Infrastruktur und Sicherheit ein bisschen wie daheim und nicht so fremd und exotisch, dass man komplett umdenken müsste. Für Abenteuer-Anfänger bestens geeignet: Australien und Neuseeland ziehen seit Jahren die Backpacker magisch an. Die meisten kommen begeistert zurück – und würden am liebsten gleich wieder aufbrechen. Doch das Working-Holiday-Visum gibt's nur einmal im Leben. Im Jahr 2000 haben Deutschland und Australien eine wechselseitige Vereinbarung über Visa für junge Leute mit Reiselust und Erwerbstrieb getroffen, seither erlaubt das Working-Holiday-Visum jungen Menschen zwischen 18 und 30 Jahren, für zwölf Monate in Australien oder Neuseeland zu arbeiten, um ihre Reise zu finanzieren. Arbeit gibt's als Erntehelfer auf Farmen, in Fabriken oder als Kellner, Tellerwäscher, Reinigungskraft in gastronomischen Betrieben. Der Plan, die eigene Reisekasse mit allen möglichen Jobs aufzubessern, und das nicht nur für drei, vier Wochen, sondern für viele Monate oder sogar ein ganzes Jahr, findet immer mehr Anhänger. Der Trend ist auch mit Zahlen belegbar: Sechs Millionen Touristen bereisen Neuseeland im Jahr, davon allein 60 000 Deutsche. Etwa 5000 von ihnen sind junge Erwachsene zwischen 18 und 30 Jahren, die mit dem Working-Holiday-Visum ausgestattet, durch Aotearoa, das Land der langen weißen Wolke, streifen. Die Maori erklären das so: Gott erschuf die Welt und sah, dass im Pazifik noch Platz für zwei Inseln war. Also nahm er von allen Kontinenten das Schönste und formte daraus Neuseeland. Die Vielfalt der Natur, Berge, Steilküsten, Sandstrände, Fjordland, Regenwälder, Seen, Vulkanlandschaften, das Gefühl von Freiheit, so erklären die Backpacker ihre Faszination für das Land der Hobbits, Elben, Zwerge, Menschen, Rinder und Schafe und schwärmen, man komme als anderer Mensch wieder.

Dasselbe Bild in Australien: Knapp 200 000 Visa der Kategorie 417, working holidays, wurden im Jahr 2015/16 an Reisende zwischen 18 und 30 Jahren ausgegeben. Deutsche waren schon im Jahr davor mit 26 819 Work-and-Travel-Visa ganz vorne dabei. Während die Zahl der Antragsteller aus einigen anderen Ländern deutlich zurückging, blieb auch ihr Anteil im Jahr 2015/16 mit 25 980 auf stabilem hohem Niveau. Die meisten Ferienarbeiter, 42 175 waren es im letzten Jahr, kommen aus Großbritannien, dicht gefolgt von Deutschen, Taiwanesen, Südkoreanern, Franzosen. Das Schlusslicht ist Italien mit 11 161 Work-and-Travel-Visa. Australiens Landwirtschaft hängt stark von den Ferienarbeitern ab. Im Northern Territory sind 85 Prozent der Arbeitskräfte »working holidaymaker«, im Landesdurchschnitt sind es 25 Prozent, vermerkt der Working Holiday Maker Survey der Australien Research Group.

Warum scheut man als junger Mensch weder Kosten noch Mühe, um den kleinsten Kontinent der Erde zu besuchen, der nach der Sahara die zweitgrößte Wüstenregion der Erde aufweist und dessen Tierwelt die giftigste der Welt ist? Bei bis zu 45 Grad im Schatten kämpfen sich angehende Akademiker durch die zahlreichen Spinnennetze der Bananenplantagen, um die zentnerschweren Bananenstauden von ihren Schultern in den Wagen zu hieven. In stickigen Lagerhallen sitzen reihenweise Studenten, die damit beschäftigt sind, Mangos nach der Größe zu sortieren. Welche Motivation treibt diese deutschen Frauen und Männer an, um auf dem trockensten bewohnbaren Kontinent der Erde bei widrigen Bedingungen als fruitpicker zu arbeiten?«, fragt Julian Hübner und füllt mit den Antworten auf diese Frage seine Examensarbeit im Fach Geowissenschaften an der Universität Koblenz-Landau, die 2010 im GRIN Verlag erschienen ist. Seine Fragebogenerhebung bei 150 deutschen working holiday makers zwischen 18 und 30 Jahren in Australien erkundet die Motivlage der Ferienarbeiter genau: Der überwiegende Anteil (74,7 Prozent) nutzt den Aufenthalt als Überbrückungszeit zwischen Schule und Studium oder Studium und Arbeitsstelle. Der Aussage »Feiern und Partymachen ist wichtiger als Arbeiten und Lernen« stimmen 24,8 Prozent der unter 21-Jährigen »eher zu« und 22,9 Prozent »gar nicht zu«. Bei den über 21-Jährigen reduziert sich die Zustimmung auf 17,1 Prozent und die Ablehnung wächst auf 36,6 Prozent. Aufschlussreich sind die Angaben der Befragten zum Fluchtmotiv: 77 Prozent der unter 21-Jährigen und 80 Prozent der über 21-Jährigen nennen das Motiv der Reise: Abstand zum Alltag daheim, Lösung aus Abhängigkeiten und Bindungen. Der Wunsch des Erwachsenwerdens ist ein Hauptmotiv der Backpacker, sagt Julian Hübner. Damit knüpften die jungen Menschen an Ideale wie Freiheit und persönliche Weiterentwicklung an.

Ein modernes Must: das Auslandsjahr

Vielleicht hat der deutsche Massen-Exodus etwas mit der verkürzten Schulzeit zu tun, vielleicht auch damit, dass die Jungen nicht mehr zum Bund müssen? Vielleicht auch damit, dass der Trip ans andere Ende der Welt zuverlässig eine so große Distanz verbürgt, dass die besorgten Eltern kaum nachkommen werden, um nach dem Rechten zu sehen?

Man kann viele gute Gründe dafür finden, die Lücke zwischen Schule und Ausbildung für einen Trip in eigener Sache zu dehnen. Auslandserfahrung macht sich auch im Lebenslauf als Sahnehäubchen gut, führen die reiselustigen großen Kinder gerne ins Feld, wenn die Eltern ob der großen Pläne noch zaudern und zagen. Die intensive Erfahrung eines Aufenthaltes im Ausland wird von Karriereberatern wie Reiseunternehmen empfohlen und in den Medien propagiert. Berufe werden internationaler, der Umgang mit ausländischen Geschäftspartnern und Kunden auch.

Da kann es ungemein hilfreich sein, sich schon einmal einem kleinen Kulturschock ausgesetzt zu haben. Ausland gleich bessere Jobchancen, heißt das Credo. Aber: Je mehr Leute ins Ausland gehen, desto weniger stimmt die Gleichung.

Aber vielleicht ist das Motiv der Joboptimierung oder die Eroberung eines beruflichen Alleinstellungsmerkmals auch gar nicht so entscheidend für die Reisemotivation. Oder wie der Schriftsteller, Hauslehrer und Reisebegleiter des Erbgrafen von Isenburg-Büdingen Carl Julius Weber im 19. Jahrhundert noch befand: »Reisen sind das beste Mittel zur Selbstbildung«, schreibt er in seinem Buch *Demokritos oder hinterlassene Papiere eines lachenden Philosophen*.

In der Gegenrichtung dasselbe Bild, wenn auch aus etwas anderen Gründen: »Von den 80 Mitschülern, mit denen ich Abitur gemacht habe, sind 20 zurzeit in Europa unterwegs«, sagt Ellie Christian, die gerade in einer Berliner Sprachschule einen vierwöchigen Deutschkurs besucht. »Herkunft, das ist unser Thema«, sagt Ellie und erklärt: »Wir sind zwar alle in Australien geboren, aber viele unserer Eltern und fast alle Großeltern sind aus Europa eingewandert. Da wollen wir wissen, woher unsere Familie kommt und wo unsere Wurzeln sind.« Die Eltern fänden das gut und finanzierten in den meisten Fällen die Reise kreuz und quer durch die europäischen Länder, wenn das Abitur bestanden und das Studium noch nicht begonnen ist. »England ist das erste Ziel«, sagt sie. Aber viele besuchten auch Tschechien, Russland und die Balkanstaaten, Frankreich, Spanien – »überall eben, wo die Familien herstammen, und dann treffen wir uns alle in Berlin.«

Reisen bildet …

Ob Herkunft, ob Abenteuer, ob der Drang, die große Freiheit zu erleben, Unabhängigkeit auszuprobieren – es ist gewissermaßen eine Phase im Leben, in der es um Bildung, um Reifung, auch um Loslösung aus dem Elternhaus geht: Die Idee, dass junge Menschen aus dem Haus müssen, um Welt- und Menschenkenntnis zu erwerben, folgt einer alten Tradition und spiegelt sich in Phänomenen wie fahrenden Scholaren, der Walz, den reisenden Künstlern und Denkern. Das verrät auch die innige Verwandtschaft aktueller Reisefreude junger Erwachsener mit der frühneuzeitlichen Grand Tour, der Großen Reise, der auch Kavalierstour genannten Bildungsreise der Söhne des europäischen Adels, später auch des gehobenen Bürgertums, die seit der Renaissance als Abschluss einer guten Erziehung galt und der Bildung junger Adeliger zwischen 16 und 25 Jahren den letzten Schliff verleihen sollte. Die jungen Herren, darunter vereinzelt auch junge Damen, suchten einen Kanon europäischer Städte auf und besichtigten dort die Baudenkmäler und Kunstschätze der Antike, des Mittelalters und der Renaissance. Die jungen Reisenden sollten Kultur und Sitten fremder Länder kennenlernen, vielfältige Eindrücke sammeln und Verbindungen knüpfen, die für das weitere Leben von Nutzen sein können. Doch die Tour diente auch der Vertiefung von Sprachkenntnissen, dem Gewinn von Weltläufigkeit und Prestige. Nicht zuletzt, aber meist unausgesprochen, bestand ein Ziel der Tour auch in der Erlangung gewisser Erfahrung in erotischen Angelegenheiten und gar nicht so selten gingen die Reisenden auch auf Brautschau.

Einen enormen Aufschwung erlebte die Grand Tour am Ende des 17. Jahrhunderts, als es im englischen Adel, vergleichbar mit einem Initiationsritus, Mode wurde, den Nachwuchs auf eine manchmal mehrjährige Bildungsreise auf das europäische Festland zu schicken, um ihren Horizont zu erweitern – finanziell unterstützt durch die Familie und meist in Begleitung eines Tutors, der seinen Schützling vor Schaden zu bewahren, seine Schritte zu lenken und die gröbsten Ausreißer zu unterbinden hatte.

Die Mode fand großen Anklang in anderen europäischen Ländern und erweiterte den Kreis der Reisenden auf das gehobene Bürgertum: Wer immer es sich leisten konnte, brach zumindest zu einer kurzen Reise auf. Wie die Reiseführer von heute auch, erschienen Ratgeber, Reisetagebücher und Reiseberichte zur Grand Tour, die Abenteuerlust, Fernweh und Reisefieber zusätzlich anstachelten. Reiseberichte gaben Empfehlungen zur Wegstrecke, listeten Sehenswürdigkeiten auf, erklärten fremde Sitten und Gebräuche und enthielten Tipps für die notwendige Kleidung, passende Ausrüstung, die Reiseapotheke und Lektüre. Sie verzeichneten wichtige Vokabeln und Sätze in fremden Sprachen. Um die Reisenden herum entstand ein eigener Dienstleistungssektor: Ratgeberliteratur erlebte einen frühen Boom, genauso die Anbieter von Ausrüstungsgegenständen, aber auch die Vermieter von Unterkünften konnten sich über blühende Geschäfte freuen. Das Spektrum der Übernachtungsmöglichkeiten reichte von preiswerten, aber wenig komfortablen Unterkünften auf den Strohsäcken der Poststationen über einfache Pensionen, Wirtshäuser und Herbergen entlang der Reiserouten, die wenigstens Verpflegung oder Wäschewaschen mit anboten. Teure Hotels lockten die adligen Herren mit dem gewohnten Komfort. Pfiffige Zimmerwirte boten mit dem »garnierten Bett« noch mehr: Reisende konnten über die Schlafstatt hinaus gegen Aufpreis auch eine Gefährtin darin buchen. Dass die Gelegenheit häufig dankbar ergriffen wurde, zumal das Sammeln erotischer Erfahrungen durchaus zu den Reisezwecken zählte, ist in vielen Reisetagebüchern vermerkt.

Was gefällt, ist heute, rund zweihundert Jahre später, alles erlaubt, und die Vermutung, dass die allfälligen Liberalisierungswellen das Sammeln erotischer Erfahrungen zu Hause wie auch auf Reisen in Jugendjahren dem Prostitutionsgeschäft empfindliche Dämpfer versetzt haben dürften, liegt nahe. Doch welche Rolle spielen heute eigentlich Wünsche erotischer Provenienz, der Genuss erwachsener Freuden oder eine gewisse Experimentierlust mit Rauschmitteln aller Art fernab von zu Hause, vorwiegend unter Gleichaltrigen und abseits elterlicher Argusaugen, gestützt durch die Flüchtigkeit der Anwesenheit an festen Orten, wie es das Reisen nun mal mit sich bringt? Nicht dass uns das irgendetwas angehen würde, aber fragen kann man (sich) das schon.

Man darf sich insgeheim wundern: Wie kommt es eigentlich, dass Kinder, die ihre Eltern nur verständnislos anschauten, wenn die am Strand, in den Bergen, im Wald oder am See die Schönheiten der Natur priesen, jetzt auf einmal die Panoramen Neuseelands in den höchsten Tönen loben? Sie haben nicht mal den kleinsten Familienausflug ohne Blasen überstanden – und jetzt ziehen sie mit einem 20 Kilo schweren Rucksack los und sagen, sie wollen den Abel Tasman Coast Track erwandern. Zu Fuß! Sie schlafen doch immer gern aus und haben jahrelang Vorbehalte gegen allzu große Arbeitsanforderungen gepflegt. Jetzt wollen sie in Muschelfabriken, Kneipen und Weinbergen, auf Kiwi-Farmen und Zwiebelplantagen jobben und damit ihren Lebensunterhalt beim Reisen sichern. Ihr Kinderzimmer haben sie schon seit Jahren zur exklusiven Privatsphäre erklärt und ihren Eltern den Zutritt verboten. Und jetzt teilen sie sich frohgemut mit zehn anderen Backpackern fünf Doppelstockbetten im beengten Dorm eines Hostels am anderen Ende der Welt …

Die Frage bleibt: Was machen die eigentlich da? Und warum?

Marie

Fast drei Jahre ist es her, dass meine Schwester und ich im Fitness-Studio vom Crosstrainer stiegen und sie mit immer nachdrücklicheren Worten versuchte, mir meine Zweifel bezüglich einer Weltreise zu nehmen: »Marie, mach es einfach und gönn dir die Pause! Geh weg und genieß es, nicht mehr die Marie mit der Familie und den Freunden aus Berlin zu sein, sondern einfach nur Marie. Studieren kannst du hinterher immer noch!«

Ich war erst seit einem halben Jahr aus der Schule und komischerweise war keiner meiner Freunde auf die Idee gekommen, zu reisen, stattdessen hatten sie alle schon eine Ausbildung oder ein Studium begonnen, und das verunsicherte mich. Sich ein ganzes Jahr eine Pause zu gönnen und, so wie es meine Mutter irgendwann mal ausdrückte, »nichts zu machen«, schreckte mich damals noch ab.

Noch im Flugzeug nach Dubai stellte ich mir später vor, wie ich als veränderte Marie zurückkehren und man mich nicht mehr wiedererkennen würde. Dass ich auf Bauernhöfen, umgeben von neuseeländischen Schafen so etwas wie eine Erleuchtung haben, Bergspitzen erklimmen und Grenzen überschreiten würde, um dann plötzlich zu verstehen, worauf es zumindest in meinem Leben ankommt. Was mich zu diesem Zeitpunkt vor allem an Neuseeland reizte und bis heute tut, waren weder die Natur oder die Entspanntheit der Kiwis, das Fallschirmspringen oder die Weine in den Marlborough Sounds, es war vielmehr die Tatsache, dass es tatsächlich das andere Ende der Welt ist. Ich wollte damals von allem weg, was es hier gab, wozu auch meine wunderbare Familie gehörte. Auch wenn ich mich mit drei Geschwistern sehr glücklich schätzen kann, war ich in Berlin nie richtig gezwungen, mich aus meiner Komfortzone herauszubewegen und tendierte dazu, bei jeder kleinen Entscheidung meine Familie um Rat zu fragen. Deren

Meinung bezüglich Kleidung, Berufswunsch oder Lebensplanung folgte ich eher als meinem eigenen Gefühl, weshalb Neuseeland, dessen Besuch mit einem zweitägigen Rückflug verbunden ist, der ideale Ort schien, um mir zu beweisen, dass ich es allein schaffen kann.

Auch wenn die Familienverhältnisse, egal ob gut oder schlecht, nicht bei jedem eine Rolle spielten, hatte ich bei meinen Reisebekanntschaften generell das Gefühl, dass sie ein Bedürfnis gehabt hatten, einfach mal aus allem herauszukommen und ein wenig mehr Distanz zum eigenen Leben zu erhalten. Vor allem Laura hatte sich mit mehr räumlicher Distanz auch eine vergrößerte innere Distanz zu den verwirrenden Familienverhältnissen und dem Verantwortungsgefühl gegenüber ihren kleinen Geschwistern erhofft.

Mit allen Unsicherheiten, die so eine Unternehmung für blutige Anfänger wie Laura und mich birgt, war uns unabhängig voneinander vor Reiseantritt wichtig, in ein politisch und wirtschaftlich sicheres Land zu gehen, in dem man sich als Backpacker in Ruhe ausprobieren kann. Auch in diesem Punkt schienen wir keine Ausnahme darzustellen, denn neben individuell variierenden Gründen, war das für die meisten einer der entscheidenden Faktoren gewesen, als es um die Wahl des ersten Ziels der Weltreise ging. Gerade bei deutschen Backpackern hatte ich häufig den Eindruck, dass die Leichtigkeit, ein Visum zu bekommen und es unzähligen andern Backpackern gleichzutun, die Entscheidung beeinflusst hatte. Während ich mich vor allem zum Ende der Reise an den Folgen dieser unlimitierten Vergabe deutscher Visa störte, weil es das eigentliche Kennenlernen von unbekannten Nationalitäten und neuseeländischer Kultur fast unmöglich machte, sieht mein Freund Joshi darin auch jetzt noch einen für Neuseeland sprechenden Punkt, weil es ihm den Kontakt zu anderen deutschen Backpackern extrem vereinfachte und man dadurch nicht Gefahr lief, zu vereinsamen.

Während ich meine Familie damals vor vollendete Tatsachen

stellte und gar nicht auf die Idee gekommen war, zur Beruhigung der Nerven meiner Eltern mit einer Organisation zu fliegen, musste ich während meiner Reise feststellen, dass ich entweder sehr egoistisch gewesen war oder die Eltern anderer Backpacker sehr verängstigt. Meine Freundin Caro wurde sozusagen gezwungen, mit einer Organisation zu reisen, weil ihre Eltern sie für zu tollpatschig und verplant hielten, als dass sie in der Lage wäre, sich in einem fremden Land zurechtzufinden und ohne Schaden wieder zurück nach Deutschland zu gelangen. Auch wenn die meisten Backpacker sich entschieden hatten, mit einer Organisation zu fahren, um sich selber sicherer zu fühlen und vor allem in den ersten Tagen eine Anlaufstelle zu haben, traf ich nicht selten auf Backpacker, die, obwohl sie zu zweit reisten, eine Organisation hatten buchen müssen, weil ihre Eltern nur unter dieser Bedingung eine finanzielle Unterstützung zugesagt hatten.

Der Beginn meines Auslandsjahres in Auckland war die schlimmste Woche, die ich in anderthalb Jahren Neuseeland erlebt habe. Ich verstand den komischen Akzent der Kiwis nicht und sie verstanden mich nicht. Ich fand keine Freunde in dem Hostel, weil ich zu schüchtern war, um auf sie zuzugehen und mich stattdessen auffällig lang neben Gruppen aufhielt, in der vergeblichen Hoffnung, sie würden mich irgendwann ansprechen. Emirates hatte mir mit seinem Hähnchen süßsauer auf dem Flug eine Magenverstimmung beschert, sodass ich am liebsten im Bett geblieben wäre, in der Hoffnung, meine Mutter würde jeden Moment mit Apfelschnitzchen und Kamillentee hereinkommen, mir über die Stirn streicheln und fragen, wie es mir geht. Weil ich mich aber um einen Job kümmern musste, dafür Bankkonto und Steuernummer brauchte und der Bus zu teuer war, lief ich die Hügel Aucklands bergauf und -ab in meiner zu dünnen roten Regenjacke und der roten Elefantenhose aus Thailand und tat so, als ob der strömende Regen mir nichts anhaben könnte.

Abends weinte ich, morgens stand ich wieder auf, kochte zwei Portionen Hafergrütze für den gesamten Tag und freute mich über den kostenlosen Zimt des Hostels, der meinem Frühstück und Abendessen wenigstens ein wenig Geschmack verlieh. Ich erfuhr, dass ich in frühestens zwei Wochen anfangen könnte zu arbeiten, weil die Bearbeitung der Steuernummer so lange dauern würde, und hatte ständig Angst, nicht genügend Geld zu haben, weshalb ich Neuseeland bis zu diesem Punkt ehrlich gesagt ziemlich scheiße fand. Erst im Laufe der nächsten Monate konnte ich feststellen, dass es allen am Anfang so ging.

Nach meinem ungemütlichen Start in Auckland nahm ich einen Bus nach Rotorua, überwand meine Schüchternheit und sprach ein Mädchen an. Frenzi war in meinem Alter, hatte über ihre Organisation schon am Frankfurter Flughafen zwanzig Backpacker kennengelernt, sich noch vor der Landung in Auckland mit drei anderen zusammengetan und bereiste momentan mit ihnen die gesamte Nordinsel. Wir verbrachten die nächsten Tage zusammen, wobei es eher die Abende waren, weil ich im Gegensatz zu meinen neuen Freunden keine Tausende von Euros hatte, um den höchsten befahrbaren Wasserfall des Landes in einem Gummiboot herunterzudüsen. Oder mich durch das berühmte Hobbitland hetzen zu lassen und umgerechnet sieben Hostelnächte zu bezahlen, um Maoris in Kunstlederfetzen, mit komischen Fratzen und Bemalungen im Gesicht bei einer Begrüßungszeremonie auf mich zurennen zu lassen, um danach mit ihnen heiliges Essen aus einem Erdofen zu essen. Wenn ich dann abends meine Portion Hafergrütze kochte, in diesen Tagen ohne Zimt, weil dieses Hostel Gewürze nicht umsonst anbot, klappten sie ihre iPads und MacBooks auf, luden die Bilder von der GoPro und Spiegelreflex und sendeten sie an alle ihre Freunde und die Familie in Deutschland.

Ich begegnete in den nächsten Monaten immer wieder Backpackern, die so wie Frenzi und ihre Freunde tagtäglich unglaubliche

Mengen an Geld ausgaben, um sich von einem Guide in einen Autoreifen setzen zu lassen und durch eine Höhle mit Glühwürmchen gezogen zu werden, in Sandalen Frodos Schicksalsberg hochzukraxeln, um auf dem Foto besser auszusehen, oder sich in einem Riesenballon mit ein wenig Wasser gefüllt den Berg herunterrollen zu lassen. Junge Leute, die sich einen Monat und 4000 Euro für die Erkundung des gesamten Landes nahmen, um aus einem Helikopter Walflossen zu betrachten, eine Stunde in einem Gletscher herumzuturnen und vor dem Rückflug ins Heimatland an einem Seil 134 Meter in die Tiefe zu springen. Deshalb bekam ich in Rotorua Zweifel, ob ich mit meinem Geldmangel jemals in der Lage sein würde, das »wahre Neuseeland« kennenzulernen. Erst als ich bei meiner ersten teuren touristischen Aktion fünf Monate später beim Schwimmen mit Delfinen auf offenem Meer so eine Panik vor einem Babydelfin bekam, dass ich ihn fast geboxt hätte, damit er nicht näher kommt, begriff ich, dass meine »wahren Neuseelandmomente« nicht im Geringsten vom Preis einer Attraktion abhingen. Weil ich das damals aber nicht wusste und stark mit Reisekomplexen kämpfen musste, darüber hinaus keinen Job in Aussicht und das Hostel keinen Zimt hatte, entschied ich nach einigen Tagen, dass unser gemeinsames Reisen aufgrund der unterschiedlichen Preisniveaus nicht wirklich zusammenpasste, und fuhr deshalb allein weiter Richtung Wellington.

Wenn ich von meinen Freunden zu Hause in den ersten Wochen neidische E-Mails bekam, fragte ich mich häufig, um was genau sie mich beneideten. Darum, dass ich morgens und abends aufgeweichte Haferflocken aß und zwischendrin versuchte, einen Job zu finden? Darum, dass ich am Strand in Wellington beim Muschelsammeln scheinbar so hungrig aussah, dass mir eine andere Backpackerin erklärte, dass ich diese Muscheln auch kochen und essen könnte? Darum, dass ich überlegen musste, ob ich mir das Bier im Pub wirklich leisten konnte, um Freunde zu finden, weil ich das Geld dafür eigentlich für die nächsten Haferflocken eingeplant hatte? Oder darum, dass ich meine Tage vor Weihnachten mit niemand anderem verbrachte als dem Computer in der Bibliothek und mich fragte, wie ich ein ganzes Jahr in Neuseeland überhaupt finanzieren sollte? In Neuseeland gab es niemanden, der sich so richtig interessierte für meine Probleme, und nachdem ich einmal die Höflichkeitsfloskel der Dame beim Abkassieren im Supermarkt, wie es mir gehen würde, ernst genommen und auf meine sehr lange und selbstmitleidige Antwort nur betretenes Schweigen geerntet hatte, entschied ich, auch meiner Familie nichts von meinen Schwierigkeiten zu berichten.

Eines der größten Missverständnisse von Leuten, die entweder nicht den Mut oder die Möglichkeit hatten, für einige Zeit als Backpacker zu reisen, ist die Annahme, es handele sich bei einem Auslandsjahr um Ferien. Dass die Tage sich nur unterscheiden würden, weil man an dem einen Tag mit Robben schwimmt und sich am nächsten Tag in einem Käfig vor Stewart Island in die Tiefen senken lässt, um Haie zu betrachten. Nichts ärgerte meine reisenden Freunde und mich mehr als E-Mails von zu Hause, in denen solche Sätze vorkamen: »Du hast es so gut, dass du ein ganzes Jahr wegbleiben kannst. Ich bin die ganze Zeit nur am Arbeiten.« Denn zum einen liegt dieser Aussage zugrunde, dass Backpacker so etwas wie Glück gehabt haben mit diesem Auslandsjahr und dass nicht Mut, Neugierde und Offenheit dazugehören, sich für ein Auslandsjahr zu entscheiden. Zum anderen drückt dieser Satz die vollkommene Missinterpretation der Lage eines Backpackers aus. Es gibt tatsächlich die Frenzis, die einen Vier-Monate-Crashkurs Neuseeland einlegen, die ganze Reise vollgestopft haben mit überteuerten Aktivitäten und monatelang in gemieteten Campervans durchs Land ziehen, aber die Mehrheit ist genau wie in Deutschland oder anderen Ländern mit Geldverdienen beschäftigt, weil man sich ansonsten so eine Auszeit nicht leisten könnte. Die viel beneidete Freiheit und Unabhängigkeit hat ihren Preis, weil man in Neuseeland einer von unzähligen Backpackern ist, und wenn ich, außer in den ersten Monaten, nie ein Problem hatte, einen Job zu finden, lag das häufig daran, dass ich die Bedingungen des Arbeitgebers akzeptieren musste, weil nach mir noch zehn andere Backpacker mit weniger hohen Ansprüchen und einer dreimonatigen Verpflichtung ihrer Arbeitskraft kein Problem gehabt hätten.

Ein weiterer Faktor, den meine Reisefreunde und ich komplett unterschätzt hatten, war das Geld, das schon allein für die Versorgung unserer Grundbedürfnisse nötig war. Zum einen ist Neuseeland wirklich teuer im Vergleich zu Deutschland und zum anderen kamen die meisten meiner Reisebekanntschaften wie ich aus Haushalten, in denen sie bisher nichts zur Miete oder der Kühlschrankfüllung beisteuern oder sich an täglichen Ausgaben wie Benzin oder Waschmaschinenladungen beteiligten mussten.

Deswegen war der erste bezahlte Job in Blenheim für Laura und mich zuerst ein Grund zum Feiern, bis wir nach drei Tagen harter Arbeit auf einem Zwiebelfeld und mithilfe von Mathematik feststellten, dass wir nach Abzug für Unterkunft und Essen sowie Waschladungen, um den Zwiebelgeruch loszuwerden, Blenheim mit einem Plus von nur 20 Dollar auf dem Konto wieder verlassen würden. Trotzdem quälten wir uns die nächsten zehn Tage um fünf Uhr morgens aus dem Bett, düsten eine Stunde in den Bergen herum und schnitten für umgerechnet sieben Euro die Stunde mit einer stumpfen Gartenschere bewaffnet die Blüten von Zwiebelpflanzen. Mit verbrannten Schulten und bei 35 Grad im Schatten standen wir für acht Stunden unter einem wolkenlosen Himmel in einem vertrockneten Feld, ließen uns von einem Maoriaufseher, der mich an Samuel L. Jackson in »Django Unchained« erinnerte, anschreien und mussten schweigend mit 30 anderen Backpackern arbeiten. Vier Asiaten, dick eingepackt in Imkerhosen, -hemden und -hüte, machten unser Zwiebelteam perfekt, aber weil sie scheinbar nicht verstanden, dass wir pro Stunde und nicht pro Blütenkorb bezahlt wurden, fegten sie wie wahnsinnig über die Felder und veranlassten Samuel L. Jackson dauerhaft dazu, uns anzuschreien, dass wir uns ein Beispiel an den Imkerasiaten nehmen und schneller arbeiten sollten.

Als dann Anfang Februar auch noch eine fünfköpfige Jungsgruppe aus Köln beschloss, den Karneval in Neuseeland einzuführen, tagelang in Riesenstramplern mit Tiermotiven herumlief und aus Musikboxen »VIVA COLOONIA« über den ganzen Campingplatz hallte, ging auch Laura und mir auf, dass wir an diesem Ort und unter diesen Bedingungen niemals genug Geld verdienen würden, um die Südinsel zu bereisen, weshalb wir die nächstbeste Mitfahrgelegenheit in das anderthalb Stunden entfernte Kaikoura nutzten.

In Kaikoura merkte ich, dass mein Bild vom typischen Backpacker, der finanziell gepolstert von daheim alle Aktivitäten des Landes mitnimmt und eben dieses Land wahrscheinlich verlässt, ohne jemals einen richtigen Kiwi (sowohl Mensch als auch Vogel) getroffen zu haben, nur den einen, wahrscheinlich kleineren Teil der Backpacker darstellt. In den nächsten zwei Monaten lernte ich diejenigen kennen, die genau wie ich zur Finanzierung ihres Auslandsjahres in regelmäßigen Abständen gezwungen waren, ihre Reise zu unterbrechen, an einem Ort zu bleiben und mithilfe eines oder mehrerer Jobs die Reisekasse wieder aufzufüllen.

Nach einigen Strandspaziergängen, reduziertem Sushi und einer zwölfstündigen Tageswanderung einen ewig steilen Berg hinauf trennten Laura und ich uns, und während sie sich mit einem herzförmigen Pappschild, auf das »Christchurch« gekritzelt war, an die Hauptstraße stellte und nach einigen Minuten freudestrahlend in einen riesigen Kuhlaster einstieg, machte ich mich auf den Rückweg zu meinem Hostel.

Ich hatte einen Tag zuvor endlich einen bezahlten Job als Putzkraft in einem Motel angenommen und beschwingt von der

Aussicht, endlich Geld zu verdienen, auch sofort in meinem Hostel nach einem WWOOFing-Platz gefragt. WWOOFing ist die Abkürzung für »World-Wide Opportunities on Organic Farms« und wurde ursprünglich als eine Initiative gegründet, um Reisenden im Austausch gegen ihre Arbeit einen Schlafplatz und je nach Vereinbarung Verpflegung zu bieten. Der Begriff »organische Farm« hat sich in Neuseeland mittlerweile aber so ausgeweitet, dass damit eher die gängige Praxis von Hostelbesitzern gemeint ist, die Kosten für Personalhaltung zu sparen und Backpackern durch ein wenig Kloputzen ein Dach über dem Kopf zu ermöglichen. Ich war am Vortag für den Job der Lakenfalterin engagiert worden und würde von nun an jeden Nachmittag neben der Rezeption stehen und auf dem Billardtisch acht Körbe Wäsche in zwei Stunden falten, sortieren und in drei unterschiedliche Schränke verteilen.

Die Einfachheit der Arbeit hätte mich in Bezug auf meine Unterkunft definitiv stutzig machen sollen, dann wäre ich vielleicht auch nicht so überrascht gewesen, als Jean, der kleine französische Manager um die 30, mir beschwingt den Rucksack abnahm und mich in mein neues Schlafquartier führte. Es ging viele, viele Stufen hinab, bis wir vor einer verhangenen Glastür standen, die ich in den Tagen zuvor für eine Garagentür gehalten hatte. Er deutete darauf, sagte, dass das freie Bett mir gehören würde, und drückte mir meine frisch gefaltete Bettwäsche in die Hand. Mein zweifelnder Blick muss sehr offensichtlich gewesen sein, als ich die Berge aus Schuhen, einem Surfbrett, verdreckten Handtüchern und leeren Weinflaschen vor der Tür sah, denn er klopfte mir aufmunternd auf die Schultern und lief mit der Bemerkung, dass meine neuen Mitbewohner ganz toll wären, lachend die Stufen hinauf, dem Tageslicht entgegen.

Für den Fall einer schnellen Flucht ließ ich meinen Backpack vor der Tür stehen und schob die Tür auf, hinter der meine Erwartungen leider nicht enttäuscht wurden. Im Halbdunkel konnte ich einige Kinderhochbetten sehen, jemand schnarchte, obwohl es drei Uhr mittags war, und ein unfreundlicher Kerl, der sich statt unter einer Decke unter einem Mikrofaserhandtuch zusammengerollt hatte, fuhr mich mit stark französischem Akzent an, ich solle die Tür zumachen, weil es arschkalt sei. Ich gehorchte, worauf leider der ganze Raum wieder im Dunkeln versank, tastete mich zu einem leeren Bett durch und blieb reglos sitzen, um den Mikrofaserhandtuchkerl nicht wieder zu ärgern. Ich versuchte, mich so gut es ging einzurichten, und fragte mich gerade, ob ich hier tatsächlich glücklich werden würde, als eine Gruppe den Raum betrat und alle Lichter anknipste. Bei Licht sah das Zimmer noch schlimmer aus, weil man plötzlich das gesamte Chaos in Augenschein nehmen konnte. Durch das gesamte Zimmer verliefen gefährlich aussehende Verlängerungskabel, an denen tragbare Akkus und iPads hingen. Decken lagen auf dem Boden, neben verdreckten Wanderschuhen, und erst jetzt nahm ich den muffigen Geruch des Badezimmers wahr, der fast den Geruch von Gras überlagert hätte. Zehn Minuten dauerte es, bis ich mit einem Bier und einem Joint in der Hand zwischen meinen neuen Mitbewohnern platziert wurde und das mitleidige, mittlerweile schon gewohnte Lächeln erntete, nachdem ich Deutschland als mein Heimatland angegeben hatte.

Während ich an diesem Abend noch dachte, ich würde nicht länger als ein paar Tage bleiben, weil ich mit dieser Horde trinkfreudiger Idioten keine Wellenlänge zu finden schien, wurde diese nasskalte Bude innerhalb weniger Tage mein Zuhause. Anstatt weiterhin Badelatschen in unserer verdreckten Dusche anzuziehen, entschied ich mich, einfach alles zu akzeptieren, und erkannte stattdessen nach drei Wochen fasziniert, dass, wenn man nie putzte, es irgendwann nicht mehr dreckig wurde, sondern das Drecklevel stagniert, und wenn man sich an dieses Level gewöhnt hat, dann braucht man auch eigentlich nie wieder zu putzen.

Die folgenden zwei Monate entpuppten sich als die besten

meiner Reise, und das lag nicht am Graskonsum, sondern daran, dass ich versuchte, so offen wie möglich auf alles zuzugehen, und fasziniert feststellte, dass viele Sachen mich eigentlich nur störten, weil meine Mutter es mir so beigebracht hatte. Sie hatte sich an unserem Suppeschlürfen gestört und es uns verboten, aber eines Morgens merkte ich, dass mir das Schlürfen der Asiaten eigentlich gar nicht auf den Keks ging. Die Behauptung meines Vaters, dass Dinge auf dem Boden schneller kaputtgingen, muss eine Lüge gewesen sein, denn die aufladbaren Akkus und iPads funktionierten tadellos, wenn man in den Bergen aus Klamotten und Elektrogeräten eine Hauptgasse bildete, auf der wir uns bewegen durften. Wir waren plötzlich eine Familie, die gemeinsam noch vor dem Putzen um zehn Uhr die »free food«-Regale der drei Küchen absuchte und fast in Tränen ausbrach, wenn eine Reisegruppe ein ganzes Kilo Käse dagelassen hatte oder die Betreuer am Vorabend lediglich eine halbe Flasche Wein geschafft hatten, nur um im Anschluss darüber zu streiten, wer die Schätze zuerst gesehen hatte.

Abgesehen von der perfekten Falte eine Motelbetts oder dem schlausten Stapeln von Geschirr, lernte ich in dieser Zeit, was es heißt, seine Vorsicht zu vergessen und sich auf andere Menschen einzulassen, die man nicht besonders lange kennt und nicht lange kennen wird. Backpacker aus anderen Ländern wie Frankreich, Ecuador, Kalifornien und Bayern, mit denen ich im Leben nichts zu tun gehabt hätte, wurden plötzlich Freunde und wissen auch heute noch teilweise mehr über mich als meine Freunde in Berlin. Es war nicht so, dass diese Zeit komplett streitlos ablief, weil jeder sich vorstellen kann, was passiert, wenn man sieben Jungs und drei Mädchen im Alter von 20 bis 30 und sechs unterschiedlichen Nationalitäten in einen Raum mit Hochbetten steckt.

Dabei störte mich anfangs gerade das mangelnde Verantwortungsgefühl, was die gemeinschaftliche Nutzung unseres Zimmers betraf, aber mit der Zeit sah ich das eher als eine Gleichberechtigung in rücksichtslosem Verhalten unter uns allen, denn weil wir alle gleich rücksichtslos waren, entstand keine Ungleichheit und somit kein Streit. Nur als Leslie, eine 30-jährige Französin, nach einigen Tagen anfing, nackt in unserem Zimmer umherzulaufen, gab es einige Interessenkonflikte. Den Jungs fielen fast die Augen aus dem Kopf, Miri und mir war das egal, aber meine britische Bettnachbarin Jenny störte sich sehr daran, weil ihrem italienischen Freund Marco immer die Spucke aus dem Mund lief, wenn Leslie auf dem Weg zur Toilette mit ihren kleinen französischen Brüstchen an ihm vorbeihopste.

Erst da begann ich zu ahnen, in was für eine hemmungslose Sexhöhle ich geraten war. An einem meiner ersten Freitagabende hatten Miri und ich den Pub früh verlassen und während ich auf meinem Bett einschlief, lud sie einen Kanadier aus einem benachbarten Hostel zu uns ein. Ich war nur kurz weggenickt, als ich plötzlich aufwachte und alles um mich herum bebte. Das Bett quietschte und wackelte, und weil wir in Neuseeland waren, ging ich von einem Erdbeben aus. Unser Zimmer befand sich im Keller und ich war noch leicht betrunken, weshalb ich den Impuls spürte, auf die Straße zu rennen. Ich suchte Miri und wollte gerade nach ihr rufen, als ich realisierte, dass mich kein Erdbeben, sondern sie und ihr Kanadier selbst aus dem Schlaf gerissen hatten. Nach der ersten Freude über das nicht vorhandene Erdbeben war ich unschlüssig, was ich tun sollte. Mein iPod war in ihrem Bett und Ohrstöpsel besaß ich keine, auf der anderen Seite hatte ich keine Lust, mir das anzuhören. Mein Bett hatte keine Leiter, weshalb ich nur über ihr Bett nach draußen gelangt wäre und sie gleichzeitig in Verlegenheit gebracht hätte, weil sie davon ausgegangen war, dass ich schlief. Ich entschied mich in meinem beschwipsten Zustand für die einzig richtige Möglichkeit und bohrte mir die Finger in die Ohren, denn auch bei normalen Erdbeben hatte ich erfahren, konnte man nichts anderes tun, als zu warten, bis es aufhört.

Zwei Monate dauerte es, bis ich genug Geld hatte und Laura ein Auto, woraufhin sie mich in Kaikoura abholte und wir unsere erste richtige Inselerkundung antraten. Weil die Südinsel sowieso die regenreichere der beiden Inseln ist und der näher rückende Winter diesen Faktor noch verstärkte, hatten sich zu diesem Zeitpunkt die meisten Backpacker und anderen Touristen verabschiedet und so spazierten wir tatsächlich an menschenleeren Stränden und gingen nackt baden in Gegenden, die für ihre Beliebtheit bei Touristen bekannt waren. Wir bemerkten schnell, dass die Idee, eine ganze Insel in sechs Wochen kennenzulernen, dabei zu entspannen und besondere Momente zu erleben, unmöglich ist, und weil in jedem Hostel neue Begegnungen mit Backpackern und deren Tipps für ganz besondere Orte warteten, beschlossen wir dem drohenden Stress ein Ende zu setzen und mit dem Zelten zu beginnen. Das Zeltaufbauen für zwei Stadtkinder wie uns war zunächst schwerer, als ein Sudoku zu lösen, und wenn wir uns abends bei Regen und Wind dieser Herausforderung widmeten, dauerte es ganze zwanzig Minuten, bis wir in das inzwischen nass gewordene Zelt krabbeln konnten. Allerdings schliefen wir dafür in Gegenden, wo uns der mit Sternen übersäte dunkle Nachthimmel den Weg zu den Toiletten wies und dieses Land mich von da an für jeden noch so schönen Sternenhimmel über Berlin auf ewig verdarb. Sechs Wochen nutzten Laura und ich, um vier Tage am Stück zu wandern und dabei Flüsse mit dem Rucksack auf dem Kopf zu durchqueren, weil wir bei der Berechnung der Flut einen Fehler gemacht hatten. An donnernden Wasserfällen zu stehen oder einen Gletscher zu besuchen, der, während wir nach der besten Pose für das Foto suchten, eine Schneelawine samt Geröll ins Tal schlittern ließ, war unbeschreiblich schön. Gerade in den kleinen Dörfern von Kiwis umgeben zu sein, die stolz auf ihr Land sind und dich jederzeit ermutigen, es zu erkunden, war ein Gefühl, das Laura und mir bis dahin völlig fremd war.

Nach einigen Wochen nur verkauften wir das Zelt, nachdem wir, abends in Queenstown angekommen, witzelnd über die Sorge der Managerin, dass es schneien könnte, eingeschlafen und von einer strahlenden Schneelandschaft umgeben aufgewacht waren.

Weil wir dann wieder in Hostels schliefen, konnten wir den unzähligen deutschen Backpackern gar nicht mehr entkommen und damit leider auch nicht der Eigenart, sofort vom Englischen ins Deutsche zu wechseln, sobald man sich selbst als Landsmann geoutet hatte. Lange Beschwerdegespräche über die Anzahl deutscher Backpacker in Neuseeland fingen dann häufig mit dem Satz an: »Ach, du kommst auch aus Deutschland. Na dann können wir ja auch auf Deutsch reden.« Kleine, dünne Mädels mit süddeutschem Dialekt fragten Laura und mich dann, ob wir uns erklären könnten, dass man nie mit anderssprachigen Backpackern ins Gespräch kommen würde. Wir verneinten und lachten uns beim Frühstück kaputt, wenn die gleichen Mädels am nächsten Tag dann endlich einen Franzosen kennengelernt hatten, aber während des Frühstücks immer wieder ins Deutsche zurückfielen und über den Franzosen hinwegredeten, woraufhin sich dieser Franzose nach zehn Minuten umsetzte und die Mädels ihm verwunderte Blicke hinterherwarfen.

Ich weiß nicht ganz genau, mit welchen Erwartungen diese Mädchen, die Blenheimer Karnevalsjungs, meine kleine Kaikourafamilie oder Laura in Auckland angekommen sind, aber mein Eindruck dieser Reise ist, dass es viel wichtiger ist, zu sehen, mit welchen Eindrücken sie das Auenland wieder verlassen haben, und wie unterschiedlich positiv und negativ diese auch sind, hat dieses Land weit weg von allem es ermöglicht, zu sehen, wer wir sind, wenn wir weg von allem sind.

11. Kapitel
Nicht weit vom Stamm

Im Fernsehen läuft der »Tatort«, es ist Sonntagabend. Business as usual: Ich stehe gut gelaunt am Bügelbrett und habe schon fast die Hälfte des Haufens mit zerknäulter, aber sauberer Bettwäsche zu akkuraten DIN-A3-Paketen verarbeitet. Auf dem Fernsehschirm vor mir wird ermittelt, was das Zeug hält. Meine Tochter schlenzt vorbei, bleibt stehen und bittet um eine Umarmung. Schon legt sie ihre Arme um meine Mitte, schließen sich meine um sie herum, ihr Kopf sinkt an meine Schulter und reflexhaft schnüffel ich an ihrem Haar, drücke ihr einen Kuss auf den Scheitel und mache beruhigende Muttergeräusche – wie früher, als ich auf diese Weise meinte herausfinden zu können, wie es ihr gerade geht. Halsschmerzen? Es gab eine Zeit, da konnte ich Streptokokken riechen, und zwar schon 24 Stunden bevor der Kinderarzt seinen Labortest präsentierte.

Nichts Ungewöhnliches also, bis vielleicht auf das: Sie ist 25, hat einen Vollzeit-Job, zwei Jahre in einer anderen Stadt gewohnt und ist schon seit langer Zeit gewohnt, alleine rund um die Welt zu reisen. Jetzt ist sie wieder da. Viele Jahre zuvor hätte es schon gereicht, dass sie wie ein Pfeil davonschießt, wenn ich auch nur versucht hätte, ihr zärtlich über den Kopf zu streichen.

Während dieser Moment der Nähe mich an unsere frühen Jahre erinnert und ich den vertrauten Augenblick genieße, spüre ich einen kleinen furchtsamen Stich: Läuft irgendetwas in ihrem Leben schief, sodass sie meine Hilfe braucht? Sorgen? Ängste? Und was kann und darf oder was darf ich auf keinen Fall fragen?

Die ehrliche Antwort ist: nicht sehr viel. Die frühen 20er-Jahre im Leben des Nachwuchses können zur kniffligsten Phase im Leben mit Kindern gehören, die gemeinhin völlig unterschätzt wird, solange man noch im Schweiße seines Angesichts versucht, einen Schwimmkurs zu buchen, während man Spaghetti kocht und währenddessen nebenbei die Hausaufgaben oder Kinderköpfe auf Läuse kontrolliert. Solange man noch die Größte in der Familie (nach Zentimetern) ist. Sobald man anfangen muss, nach oben zu schimpfen, wird's richtig schräg: Gleiche Augenhöhe ist ein glattes Parkett.

Der Markt überschwemmt uns mit belehrenden Ratschlägen über die Babyzeit, die frühe, die mittlere und die späte Kindheit und erst die Pubertät, die früher so nett wie achselzuckend beiläufig mit Flegeljahren oder Backfischzeiten umschrieben wurde. Aber darüber hinaus gibt es erstaunlich wenig über die vielen Jahre zu lesen, die Eltern mit ihren jungen Erwachsenen teilen, besonders über die tieferen emotionalen Verwerfungen, die selbst da beiden Seiten zu schaffen machen, wo das Verhältnis als ein eigentlich ziemlich gutes beschrieben wird.

Ich kann die Gespräche gar nicht mehr alle aufzählen, die ich mit verwirrten, verunsicherten oder enttäuschten Eltern von Söhnen und Töchtern zwischen 18 und 25 Jahren geführt habe, in denen es immer wieder um eines ging: Wie kann ich meine eigenen zwiespältigen, verwirrenden Gefühle aushalten, was davon zum Ausdruck bringen und was muss ich wegschieben und wie erst mit den ähnlich sprunghaften Gefühlen meiner Kinder umgehen?

Die Mutter einer 21-Jährigen erzählte mir: »Meine Tochter und ich haben immer über alles geredet. Wir waren so eng miteinander. Jetzt schaffen wir kaum ein harmloses Gespräch über das, was es abends zu essen geben soll.« Ein Vater von zwei Jungs, 20 und 23 Jahre alt, sagte: »Ich bin ständig bemüht, ihren Raum zu respektieren, sie nicht zu bevormunden, nicht zu gängeln, nicht zu bedrängen, mich nicht einzumischen. Am Ende, fürchte ich, wirkt das auf sie, als ob sie mir egal wären.«

Wie die meisten meiner Freunde, Bekannten und Altersgenossen habe ich mein eigenes Zuhause damals direkt nach dem Schulabschluss verlassen. »Es wäre ganz schön verrückt gewesen, nach dem 18. oder 19. Geburtstag weiter bei meinen Eltern zu wohnen«, sinnierte neulich ein alter Freund in der Tafelrunde. Heute ist das anders. Viele junge Erwachsene leben immer noch bei den Eltern, viele von ihnen arbeiten hart im Studium oder in unzähligen Praktika an beruflichen Perspektiven und auch an ihren Beziehungen mit Freunden wie Lieben. Sie meistern die praktischen Erfordernisse des Lebens, aber sie segeln in einer Brise von aggressiver Verunsicherung und dräuender Verzagtheit, weil es offenbar so viel schwieriger geworden ist, sich die notwendigen Ressourcen für ein eigenständiges Leben zu verschaffen.

Die Verzagtheit wirkt in beide Richtungen: »Meine Tochter ist kürzlich wieder bei mir eingezogen, nachdem sie drei Jahre in einer anderen Stadt gelebt und gearbeitet hat. Ich dachte, wir hätten die Abnabelung damals gut hinbekommen. Ich habe mich in meinem Leben allein gut eingerichtet und fühlte mich pudelwohl. Versteh mich nicht falsch, wir stehen uns wirklich nahe. Aber jetzt ist sie zurück in meiner Welt. Und ich stehe neben mir. Und fühle mich schuldig«, sagt die Mutter einer 26-jährigen Tochter.

»Es macht mich irre. Er hat keinen Plan. Er hat Abitur gemacht, gut. Und wie geht's weiter? Er macht keine Anstalten, eine Ausbildung zu beginnen, und stattdessen will er auf Reisen gehen. Jetzt jobbt er, und wenn nicht, liegt er den ganzen Tag im Zimmer herum. Wie soll das denn weitergehen? Wann muss ich eingreifen?«, sagt die Mutter eines 20-jährigen Sohnes.

Das Leben mit jungen erwachsenen Kindern macht es für ihre Eltern noch einmal schwieriger, einerseits da zu sein, wenn sie gebraucht werden, und andererseits sich zurückzuhalten und sie ihre eigenen emotionalen Probleme selbst lösen zu lassen. Wo hört die Hilfe zur Selbsthilfe auf, wo fängt Unmündigkeit und Abhängigkeit an? Wenn sie ausgezogen sind und nur zu Besuch kommen, ist die Übung leichter. Wenn sie ausgezogen sind und wieder einziehen, wird das schon schwieriger. Wenn sie aber immer noch zu Hause wohnen, kann das schnell zur Zitterpartie geraten. Ein Freund, dessen 23-jähriger Sohn gelegentlich unter depressiven Schüben leidet, erzählt: »Früher habe ich ihm hin und wieder ein Buch ans Herz gelegt, das mir gefallen hat. Er hat das immer gerne angenommen. Neulich machte ich ein paar behutsame Vorschläge und er antwortete: ›Entschuldige, aber das hilft mir jetzt gerade gar nichts.‹ Dann brach er das Gespräch ab. Es war eher eine erwachsene Zurückweisung, kein teenagerhaftes Aufbegehren. Und er hatte recht. Er führte mir einmal mehr vor Augen, dass ich nichts in Ordnung bringen oder ihm helfen kann, wenn er das nicht von mir will. Aber es ist hart, weil wir unter demselben Dach leben und ich sehe, was er falsch macht. Jeden Tag.« Vor zwei Wochen ist der Junge nun in eine Wohngemeinschaft gezogen und bat seinen Vater um Hilfe beim Bohren, Schrauben, Spachteln. Dass er das halt noch nie gemacht habe, setzte er ein bisschen vorwurfsvoll hinzu. Der Vater, der im Alter seines Sohnes damals bereits in ein besetztes Haus gezogen war und nicht im Traum daran gedacht hätte, seine Eltern zum Renovieren einzuladen, verstand das Hilfeersuchen als Kontaktangebot, sagte das geplante Essen bei Freunden ab, packte seinen Werkzeugkoffer und stand eine Stunde später beim Sohn vor der Tür.

Hotel, Motel, Hostel Mama?

Der Kühlschrank ist immer voll, Zahnpasta ist immer vorrätig, Klopapier wird vorsorglich nachgekauft, lange bevor es alle ist. Selbst das schmutzige Geschirr räumt irgendwer schon weg und die Wäsche wird gewaschen und, na schön, auch gebügelt. Klingt ziemlich gut, finden die einen. Absolut unerträglich und voll daneben, sagen die anderen. Als junger Erwachsener bei den Eltern zu wohnen – was diejenigen, die einst früh in eigene vier Wände flüchteten, als eine Art Flucht aus der Hölle auf Erden beschreiben, kommt zwei Dritteln der 18- bis 26-jährigen jungen Männer und knapp der Hälfte der gleichaltrigen jungen Frauen gerade recht. Sie wohnen immer noch oder schon wieder bei ihren Eltern. Zum Vergleich: 1972 lebten in Deutschland gerade mal 20 Prozent dieser Altersgruppe mit ihren Eltern unter einem Dach.

Dieser schlichte Fakt wird immer wieder bemüht, um das Bild vom Hotel Mama in grellen Farben zu malen – einsitzende Nesthocker oder wiederkehrende Bumerang-Kinder inbegriffen: Faul, unselbstständig, bequem bis zur Lebensuntüchtigkeit verharrt der Nachwuchs in fürsorglicher Belagerung durch die Eltern, die sich das alles gern und allenfalls heimlich mit den Augen rollend gefallen lassen. Psychologen warnen, Pädagogen schütteln den Kopf, Medien streuen genüsslich Häme. Ob es den großen Kindern wirklich schadet und ihre eigenständige Entwicklung hemmt, wenn sie mit ihren Eltern zusammenwohnen bleiben, oder nicht, mag dahingestellt bleiben. Es obliegt den Beteiligten, darüber zu befinden, wie sie leben wollen. Doch die Grundannahme hinter der Kritik am Zusammenleben von Eltern und Kindern greift zu kurz und wirft ein schlechtes Licht auch auf andere Beziehungen wie Freundschaften, Ehen oder Liebesbeziehungen. Warum auch sollte ein Zusammenleben unter einem Dach grundsätzlich die Reife zu innerer Autonomie unmöglich machen?

Das im Elternhaus verharrende oder nach kurzem Ausflug in die Außenwelt wiederkehrende Kind drückt sich derweil, so heißt es gern, vor altersgemäßen Entwicklungsaufgaben, die auf der Schwelle vom Jugendlichen zum Erwachsenen zu meistern sind: Auszug aus dem Elternhaus, ökonomische Unabhängigkeit, feste Partnerschaft oder gar eigene Elternschaft. Doch aufgeschoben ist bekanntlich nicht aufgehoben, die allermeisten Kinder werden tatsächlich irgendwann erwachsen: Der Status hat sich nur nach oben verschoben und das heißt, dass die jungen Menschen heute etwa um das 35. Lebensjahr herum in einem Stadium ankommen, das frühere Generationen zehn Jahre eher erreicht hatten. War der Auszug mit 18 in den 1980er-Jahren noch Standard, hat sich dies mit Beginn der 90er, aber noch stärker seit der Jahrtausendwende drastisch verändert. »Seit diesem Zeitpunkt bemerken wir, dass junge Leute viel länger zu Hause bleiben, und zwar in allen Schichten, in allen Ausbildungen, also nicht nur Studenten, sondern auch Auszubildende«, sagt die Entwicklungspsychologin Inge Seiffge-Krenke im SWR-Radio-Feature von Christina Bergengrün.

WG mit meinen Eltern?

Na und? Wäre das so schlimm? Warum soll man auch nicht zusammenwohnen bleiben, wenn man sich gut versteht? Oder wieder zusammenwohnen, wenn man auf eigenen Füßen ins Straucheln geraten ist? Das geregelte Familienleben mit festen Mahlzeiten und Haushaltsmithilfepflichten ist perdu, jeder macht halt seins. Kann der Umbau der Familie in eine lebenswerte Wohngemeinschaft nicht doch einfach gelingen, wenn alle Beteiligten das wollen und allen alten Hierarchien zum Trotz? Familien sind sichere Herkunftsorte – das Leben darf die Kinder dorthin abschieben, wenn der Job gekündigt, die Beziehung zerbrochen oder die Wohnung gekündigt wird.

Das Wort vom Hotel Mama findet auch Psychotherapeutin Christiane Wempe etwas vorschnell gewählt und nicht pauschal zutreffend. Oft unterstützen Kinder ihre Eltern. Söhne reparieren Fahrräder, tauschen Glühbirnen aus oder verlegen Holzdielen auf dem Balkon. Töchter legen für Mütter ein Profil bei Facebook an, richten gleich den neuen Computer ein, raten bei schwierigen Styling-Fragen und haben ein offenes Ohr für den Kummer der Mutter – und umgekehrt.

»Eltern verlassen sich darauf, dass Kinder für sie da sind, wenn es wirklich einmal darauf ankommt«, sagt Christiane Wempe. Sicher könne es auf Dauer nerven, mit den Eltern unter einem Dach zu wohnen. Aber das kann es, mit Verlaub gesagt, auch wenn man mit verträumten irischen Straßenmusikern, enterbten höheren Töchtern mit caritativen Ambitionen oder properen BWL-Karrierehengsten in statu nascendi in einer Wohngemeinschaft oder Gemeinschaftswohnung strandet. Der Haussegen gerät schnell in Schieflage, die Spannungen wachsen, wenn der Tagesablauf, die Lebensziele und die Sifftoleranz der einen nicht zu denen der anderen passen. Nachtaktive Feierbiester stören stramm berufstätige Eltern und umgekehrt. Intimitäten finden ihre Grenzen an dünnen Wänden, auch in Gemeinschaftsunterkünften derselben Art. Wo ist also der Unterschied?

Dass Nesthocker Halt suchen beim Erwachsenwerden, stellt die Psychotherapeutin fest. Viele seien verunsichert oder desorientiert. »Der späte Auszug gehört zu einem allgemein verzögerten Entwicklungsprozess.« Die jungen Erwachsenen seien später selbstständig, trauten sich alleine weniger zu. Mit dem Erwachsenwerden sollte die Eltern-Kind-Beziehung zu einer gleichberechtigten Partnerschaft werden. Doch Achtung: Wer zu Hause wohnen bleibe, bleibe leicht in alten Mustern stecken.

Doch die pauschale Schelte für das Hotel Mama und seine Logiergäste vergisst auch, dass Eltern, nebenbei gesagt, gesetzlich dazu verpflichtet sind, für ihr Kind zu sorgen. Minderjährigen müssen sie Wohnung, Essen, Trinken, Kleidung und auch Taschengeld gewähren. Bis zur ersten abgeschlossenen Berufsausbildung besteht diese Verpflichtung weiter. Das kann eine Lehre, ein Studium oder eine Lehre mit anschließendem Aufbaustudium sein. Auch für junge Erwachsene, die in der Ausbildung eigenes Geld verdienen, gilt der Unterhaltsanspruch; sogar wenn Eltern und Kinder unter einem Dach wohnen. Einen rechtlichen Anspruch auf Kostgeld werden Eltern wohl eher nicht durchsetzen. Das sind eher stillschweigende Übereinkünfte – man muss keine Miete und kein Kostgeld zahlen, bekommt aber weniger Geld von den Eltern oder übernimmt aus freien Stücken die Anschaffungskosten von teuren Turnschuhen oder neuen Wintermänteln mal selbst.

Dass die erwachsenen Generationen heute wieder ganz gern unter einem Dach zu wohnen scheinen, wird in erster Linie gern mit finanziellen Erwägungen der Nutznießenden, also der Kinder, erklärt. Steigende Mieten, Wohnungsknappheit in den großen Städten, unsichere Arbeitsverhältnisse, unbezahlte Praktika, längere Ausbildungszeiten, schwierige Berufsaussichten werden im Allgemeinen dafür verantwortlich gemacht, dass es sich kostengünstiger im Elternhaus leben lässt, wo die Eltern für alles Nötige sorgen und die Kinder deshalb ihr Geld für Überflüssiges ausgeben können. Es mag dahingestellt bleiben, ob die 18-Jährigen eine Generation vorher materiell tatsächlich besser gestellt waren oder vielleicht nur deren Ansprüche an den erträglichen Lebensstandard nach dem Auszug aus dem Elternhaus altersgemäß tiefergelegt waren (Stichwort Bücherregale aus Apfelsinenkisten, Klamotten vom Flohmarkt, Lebensmittel dank Containern, billigere Wurstabschnitte im Supermarkt. Kennt das noch jemand?).

Doch etliche Befragungen schnüren ein ganzes Bündel von Faktoren, die heute mitverantwortlich dafür sein sollen, dass junge Erwachsene sich später und zögerlicher von den Eltern lösen: die gestiegene Lebenserwartung eröffnet einen erfreulichen weiteren zeitlichen Horizont für das, was Psychologen Exploration nennen. Das bringt aber auch mehr Druck auf die eigenen Lebensentscheidungen, die man nicht einfach nach gewisser Zeit fällen, sondern zuvor nach Länge und Breite explorieren muss. Eine gewisse Zukunftsangst, zusammengesetzt aus traurig-pittoresken Einzelbefürchtungen, schüchtert die jungen Erwachsenen ein: Die Klimaveränderung zeigt erste bedrohliche Auswirkungen, Renten sind schon lange nicht mehr sicher, internationale politische Krisen bringen Unruhe auch in unseren heimischen friedlichen Wohlstand, die Terrorismusbedrohung wirkt allgegenwärtig. Noch dazu wachsen junge Menschen in eine globalisierte Arbeitswelt mit prekären und befristeten Beschäftigungsverhältnissen hinein. Das Berufliche ist ein sehr weites Feld voller Tretminen geworden. So mancher schreckt davor zurück, sich auf einen Beruf festzulegen, der möglicherweise nicht krisenfest oder resistent gegenüber anderweitigen Interessen ist und so oder so die eigene Existenz langfristig nicht sichern kann. Also will man Sicherheit gewinnen, überlegt lieber dreimal, bevor man sich festlegt. Oder beginnt eine Ausbildung, ein Studium, stellt fest, dass es nicht das Richtige ist, bricht ab und beginnt etwas Neues. Das gleiche Muster auch in Beziehungen. Das »Drum prüfe, wer sich ewig bindet, ob sich nicht was Bessres findet« versuchten auch die ehemaligen jungen Erwachsenen zu beherzigen. Aber die heutigen nehmen sich mehr Zeit dafür, den oder die oder das Richtige fürs Leben zu finden, und dürfen das auch, selbst wenn die Ergebnisse sie am Ende vielleicht auch nicht weiter als ihre Eltern tragen werden: Kein Mensch erwartet heute mehr von einem 25-Jährigen, den Bund fürs Leben geschlossen und die

Familiengründung in Angriff genommen zu haben. Man muss auch nicht mehr ausziehen, um in einer festen Paarbeziehung zu leben, genauso wenig, wie es dringend geraten scheint, aus privatem Unabhängigkeitsdrang die berufliche Laufbahn so früh wie möglich einzuschlagen. Das eröffnet Freiräume, aber erschwert auch die Entscheidungsfindung und verlängert unter Umständen die Exploration – die Phase des Ausprobierens, Scheiterns und (hoffentlich) Wiederaufstehens. Wo so viele Unsicherheitsfaktoren zusammenkommen, scheint es nahezuliegen, sich im Zweifel auf die eigene Familie als ureigene Ressource verlassen zu können – und nach einer gescheiterten Beziehung oder einer abgebrochenen Ausbildung oder plötzlich krank wieder im Elternhaus Zuflucht zu suchen.

Wer wohnt wie mit wem und warum?

Aber auch junge Erwachsene, die ausgezogen sind, leben nicht unbedingt auf Distanz mit ihren Eltern. Es gibt viel häufiger als früher erwachsene Kinder, die vom Ausbildungsort am Wochenende zu ihren Eltern pendeln oder ganze Urlaube mit ihnen verbringen. Auch nach dem Auszug sind die Beziehungen zwischen den Generationen heute sehr entspannt und innig, wie übereinstimmend alle Befragungen der letzten Jahre von der Shell-Jugendstudie bis zur Beziehungs- und Familienstudie »pairfam« zeigen. Während über zwei Drittel der Jugendlichen aus der unteren Mittelschicht bestens mit ihren Eltern auskommen, sind es in der Unterschicht nur knapp die Hälfte (40 Prozent). Die hohen positiven Werte in den mittleren und höheren Bevölkerungsschichten sind auch deshalb bemerkenswert, weil gerade in diesen Schichten die erwachsenen Kinder weiter weg von ihren Eltern wohnen. Das scheint dem engen Kontakt keinen Abbruch zu tun – nicht nur, aber auch:

Die digitale Nabelschnur hält. Mehr als die Hälfte der über 18-jährigen Deutschen hat jede Woche Kontakt zu den Eltern. Tägliche Telefonate sind keine Seltenheit: Abends die Mutter anrufen und erzählen, was am Tag so passiert ist, oder in jeder Situation, bei jeder kleinen Entscheidung eine SMS, eine WhatsApp-Nachricht, eine E-Mail schreiben ... voll normal.

Es bleibt nicht beim Reden. Auf tatkräftige elterliche Unterstützung können sich die jungen Erwachsenen verlassen. Mütter und Väter helfen beim Umzug, richten die Studentenbude ein, zahlen das Auto, schicken Geburtstagspakete und basteln für ihre großen Kinder Adventskalender. Auch nach der Ausbildung bleibt die enge Verbindung zwischen den Generationen häufig erhalten. Viele Eltern unterstützen ihre Kinder auch finanziell bis weit ins Erwachsenenalter hinein. Aber es liegt nicht immer nur an wirtschaftlichen Schwierigkeiten und Nöten, wenn die Kinder als Erwachsene noch oder wieder bei den Eltern wohnen: Rebellion und frühe Abgrenzung vom Elternhaus ist für die meisten jungen Erwachsenen heute kein (großes) Thema mehr.

Im Gegenteil: Inniges Einverständnis zwischen Eltern und Kindern herrscht, so weit man schaut. Der Anteil der Jugendlichen, die ihre Kinder so oder ähnlich erziehen möchten, wie sie selbst erzogen worden sind, ist zwischen 1985 und 2010 von 53 auf 73 Prozent gestiegen. Das alles müsse ja nicht automatisch ein Nachteil für die persönliche Entwicklung der jungen Erwachsenen sein, sagt Andreas Lange, Soziologieprofessor an der Hochschule Ravensburg-Weingarten. »Aus den Studien, die ich kenne, spricht nichts dagegen, dass eine starke emotionale Bindung später kein Hindernis für die Bewältigung von allen möglichen Entwicklungsetappen ist, die junge und nachher mittelalte Menschen dann bewältigen müssen. Karrierestart, gleichzeitige Familiengründung und später auch die eigenen Eltern pflegen. Ich glaube nicht, dass da eine starke Bindung ein Hindernis ist.«

Unter einem Dach

Bettina Isengard und Marc Szydlik, Soziologen an der Universität Zürich, haben in einem systematischen Vergleich von elf europäischen Ländern eine differenzierte Antwort auf die Fragen gefunden, welche Faktoren zum Zusammenleben von Eltern mit ihren erwachsenen Kindern oder zum Wohnen in getrennten Wohnungen, aber innerhalb eines Hauses beitragen. Darüber hinaus erkundeten die beiden Forscher, wie sich die länderspezifischen Unterschiede dieser beiden Wohnformen erklären lassen. Ihre empirische Analyse gründet auf den Daten des »Survey of Health, Aging and Retirement in Europe (SHARE)«. »Dass Eltern und erwachsene Kinder zusammen unter einem Dach wohnen, ist keineswegs ungewöhnlich in Europa, aber es ist im Süden weiter verbreitet als im Norden.« So lebten in Italien und Griechenland annähernd 30 Prozent erwachsene Kinder bei ihren Eltern, in Schweden hingegen nur fünf Prozent, in Dänemark nur vier Prozent. Für Deutschland, Österreich und die Schweiz gilt: Zusammenwohnen unter einem Dach oder in getrennten Wohnungen im selben Gebäude ist weniger verbreitet als im Süden, aber nicht häufiger als in den Niederlanden, Belgien und Frankreich.

Weitere Ergebnisse: Arbeitslosigkeit der Kinder ist eine der stärksten Einzelursachen für Koresidenz, nicht aber für das Wohnen in enger Nachbarschaft. Auch der Bildungsgrad hat Einfluss auf die Wahl der Wohnform: Kinder mit hohem Bildungsgrad leben weniger häufig mit ihren Eltern zusammen als Kinder mit mittlerem oder niedrigem Bildungsabschluss, bei denen sich die Quote derjenigen, die mit den Eltern zusammenwohnen, signifikant erhöht.

Anders präsentiert sich die Frage ökonomischer Notwendigkeit aufseiten der Eltern: Deren Einkommensniveau hat keinen Einfluss auf den Entschluss, unter einem Dach mit den Kindern zu leben. Aber die Tatsache, ob die Eltern ein Haus besitzen oder zur Miete wohnen, ist entscheidend. »Koresidenz ist wahrscheinlicher bei Hausbesitzern und wächst mit der Zahl der Räume. Je mehr Raum zur Verfügung steht, desto eher bleiben die Kinder bei den Eltern wohnen.«

Der Gesundheitszustand der Eltern hat keinen Einfluss auf den Entschluss zum Zusammenwohnen, gesundheitliche Einschränkungen machen Koresidenz erst wahrscheinlicher, wenn kein Partner da ist. Ähnlich verhält es sich beim Alter: Das Alter der Eltern für sich genommen beeinflusst die Neigung zusammenzuwohnen nicht, wohl aber das Vorhandensein von Enkelkindern, deren begrüßenswerte Existenz mit steigendem Alter der Eltern wahrscheinlicher wird. Doch auf Koresidenz wirken Enkel sich negativ aus, lediglich das Zusammenleben unter einem Dach, aber in getrennten Wohnungen wird ab dem zweiten Enkelkind wahrscheinlicher. Auch die Familiengröße macht geneigt oder abgeneigt: Je mehr Kinder in einer Familie aufwachsen, desto unwahrscheinlicher wird es mit jedem einzelnen Kind mehr, dass alle zusammenwohnen. »Vielleicht fühlt sich in großen Geschwisterrunden jedes einzelne Kind weniger verantwortlich für die Eltern, weil ja immer noch die anderen da sind, die auch in der Verantwortung stehen?«, vermuten die Forscher. »Alternativ kann es natürlich auch andere Fluchtgründe geben«, sagt Bettina Isengard, »knappere Ressourcen der Eltern, was Zeit, Geld und Raum für jedes einzelne Kind angeht.«

Die Partnerschaft eines erwachsenen Kindes spielt eine große Rolle. Hier spiegeln sich die Altersnormen eines verinnerlichten Lebenslaufkonzepts wie auch akzeptierte gesellschaftliche Erwartungen: die eigene Familiengründung ist der Hauptgrund für die Wahl einer eigenen Wohnung. Auch andere Faktoren spielen noch in die Entscheidung zusammenzuwohnen hinein: Söhne neigen eher zur Koresidenz als Töchter, »was daran liegt«, erklärt die Soziologin, »dass sie später heiraten und eine Familie gründen als Töchter.« Auch sinkt die Wahrscheinlichkeit des Zusammenwohnens mit zunehmendem Alter der Kinder. Doch wenn Söhne und Töchter ins 54. Lebensjahr kommen, ist ein Wendepunkt erreicht und die Wahrscheinlichkeit, dass Eltern, die dann um die 70 Jahre und älter sind, dann wieder mit ihren Kindern zusammenziehen, steigt.

Unterschiede gibt es zwischen Stadt und Land. In ländlichen Regionen gibt es mehr Platz und mehr Eigenheime als in den Städten, dies reduziert den Bedarf an eigenen Wohnungen. Hier wohnen Eltern und erwachsene Kinder deutlich häufiger unter einem Dach als in Städten und städtischen Wohngebieten mit relativ kleinen Mietwohnungen.

Auch ein Migrationshintergrund wirkt mit auf die Wahl der Wohnform von Familien. Sei es traditionellen oder religiösen Überzeugungen geschuldet – in Familien mit Migrationshintergrund wohnt der größere Teil der 18- bis 24-Jährigen ganz selbstverständlich bei ihren Eltern: Auszugsgrund ist zumeist die Gründung einer eigenen Familie.

Allgemein lässt sich erkennen, dass die Bedürfnisse der Eltern viel weniger ausschlaggebend sind als die Bedürfnisse der Kinder, wenn beide Generationen zusammenleben. »Es sind die Möglichkeiten der Eltern und die Bedürfnisse der Kinder, die wichtig sind«, zieht Bettina Isengard ein Fazit. Die Wohnung oder ein Haus zu teilen, geht einher mit häufigem Kontakt, gegenseitiger Hilfe und finanziellem Nutzen. Emotionaler Gewinn entsteht besonders da, wo Freude am Zusammensein mit getrennten Rückzugsmöglichkeiten in eigene Wohnungen möglich werde – eine gute Option, wenn Enkel kommen oder später alte Eltern Unterstützung brauchen.

»Man zieht zwar von zu Hause aus, bleibt aber zumeist in der Nähe«, schreibt Marc Szydlik und zeichnet aus eigenen Untersuchungen ein genaues Bild: Knapp ein Drittel der Eltern mit erwachsenen Kindern wohnt mit mindestens einem von ihnen in derselben Wohnung, vier von zehn leben unter demselben Dach. Bei neun von zehn Eltern mit erwachsenen Kindern, die außerhalb des elterlichen Haushaltes leben, beträgt die räumliche Distanz von Wohnung zu Wohnung maximal zwei Stunden. 80 Prozent leben maximal eine Stunde voneinander entfernt, sechs von zehn sogar im gleichen Ort. »Der Auszug aus dem Elternhaus ist also für die meisten erwachsenen Kinder nicht mit der Überwindung großer Entfernungen verbunden.« Die räumliche Distanz allein sage jedoch noch nicht viel über die Qualität des Verhältnisses zwischen Eltern und Kindern aus. Auch wenn man nahe beieinander wohne, müsse man noch lange nicht viel miteinander zu tun haben. Doch die Untersuchungen belegten auch: »Neun von zehn Eltern sprechen von einer engen emotionalen Verbundenheit mit mindestens einem erwachsenen Kind außerhalb des Haushalts. Drei von fünf Eltern berichten sogar von einer engen oder sehr engen emotionalen Beziehung. 85 Prozent sehen oder sprechen sich mindestens einmal pro Woche. Vier von zehn Eltern haben mit einem erwachsenen Kind sogar täglich Kontakt, auch wenn sie nicht mit ihm zusammenleben.« Von einem medial gelegentlich verbreiteten Kampf, gar Krieg der Generationen könne keine Rede sein. »Der flexible Job-Hopper, der fern von seinen Eltern im Ausland Karriere macht und höchstens ab und zu eine schnelle E-Mail nach Hause schickt, stellt eindeutig die Ausnahme dar.«

Die Generationenbeziehungen sind intakt

Zwar seien nicht pauschal alle Generationenbeziehungen gleichermaßen eng. »Es sind eher die Mütter und Töchter als die Väter und Söhne, welche die Familie zusammenhalten, wenn man nicht mehr zusammenlebt. Zudem sprechen Eltern generell von einem engeren Verhältnis zu ihren erwachsenen Kindern als umgekehrt. Eltern tendieren dazu, das Ausmaß ihres Verständnisses für die Ansichten der Kinder, ihr gegenseitiges Einvernehmen und ihre emotionale Verbundenheit zu überschätzen. Die Kinder hingegen betonen eher die Gegensätze und erinnern sich an die Frustrationen und Spannungen mit den Eltern«, differenziert Marc Szydlik und betont den Hintergrund der neuen Nähe zwischen den Generationen: »Lebenslange Solidarität auf kurze Distanz.« Anlass zum Optimismus, so versteht er die enge emotionale Verbundenheit zwischen erwachsenen Kindern und ihren Eltern und nennt ein paar Gründe für das Verschwinden der Generationenkonflikte, vor allem ökonomische: Öffentliche Transferleistungen sorgen dafür, dass erwachsene Kinder ihre Eltern gesichert wissen. Das stärkt die Position der Älteren innerhalb der Familie, weil deren ökonomische Abhängigkeit von den Kindern verringert wird – und daher weit weniger Anlässe für Konflikte als früher entstehen. Parallel ermöglicht der Generationenvertrag den Älteren, die Nachkommen zu unterstützen – im Falle von Jobverlust, langwierigen Ausbildungen, beim Erwerb von Wohneigentum oder wenn Enkel auf die Welt kommen. Öffentliche Transfersysteme unterstützen die Familie: Von Versorgungsaufgaben entlastet, trägt der Generationenvertrag zum Wachsen der Familiensolidarität und der Integration ihrer Mitglieder bei. »Untersuchungen zeigen, dass sich dort, wo ökonomische Bedürftigkeit herrscht, die Generationenbeziehungen in der Familie lockern.« Allerdings habe die ausgeprägte Familiensolidarität auch ihre Kehrseite: Private

Generationensolidarität fördert soziale Ungleichheit, weil sie bestimmte Gruppen bevorzugt und andere benachteiligt. Einkommen und Vermögen der Eltern sind der wichtigste Einzelfaktor: Wer mehr hat, gibt mehr. Wer nichts hat, bekommt in der Regel auch nichts dazu. So zieht soziale Ungleichheit in der Elterngeneration auch die soziale Ungleichheit in der Kindergeneration nach sich. In den kleiner gewordenen Familien konzentriert sich alle Liebe und Fürsorge auf die Kinder, auch weil es so wenige sind. Früher hatten Kinder einen wirtschaftlichen Nutzen, sie kosteten nicht sehr viel, halfen in Haus, Hof und Garten und je mehr es waren, desto gesicherter die Altersversorgung der Eltern. Die Einführung der Bismarck'schen Sozialversicherung hat die Beziehungen zwischen Eltern und Kindern von der ökonomischen Zweckhaftigkeit freigestellt und die emotionale Erfüllung des Kinderhabens an deren Stelle treten lassen. Schritt für Schritt, aber mit jedem Jahrzehnt ein bisschen mehr. Heute haben Kinder keinen wirtschaftlichen Nutzen mehr für Eltern, umso größer ist der emotionale Wert.

Elternliebe: serve and protect forever?

Es ist nicht immer die pure Selbstlosigkeit, wenn Eltern ihren Kindern aus lauter Liebe immer alles geben. Wenn man sich heute darauf einlässt, rund 25000 Euro zu investieren, dann will man Rendite: dafür will man etwas sehen – und die Bringschuld dieses Geld-Gefühls-Transfers lastet auf den Schultern der Kinder. Aber das ist noch lange nicht alles. Je nach persönlicher Präferenz sollen sie dann auch erfolgreich sein, mit hervorragenden Eigenschaften glänzen – oder wenigstens lieb und freundlich sein und einen irgendwie glücklich machen. Mehr noch: Was die Entwicklungspsychologie etwas sperrig als altruistische Abtretung bezeichnet, meint die Überidentifizierung der Eltern mit ihren Kindern. Als wär's ein Stück von mir – so neigen Eltern dazu, in der Fantasie die Grenze zwischen sich und den Kindern zu verwischen; sie erleben gedanklich und emotional mit, was die Kinder leben. Das weiß jede Mutter, die schon einmal zusammengezuckt ist, weil das Kind beim Arzt eine Spritze bekam. Vielleicht sind es ja auch noch die Reste der längst vergangenen Symbiose, vielleicht ein mit der Geburt entstandener Spiegelneuronenüberschuss, der Eltern erwachsener Kinder stolzgeschwellt sagen lässt: »Ich habe eine Tochter, die studiert jetzt Architektur in Melbourne.« Oder: »Er hat gerade das zweite Staatsexamen in Wirtschaftsrecht gemacht und die Kanzleien reißen sich schon um ihn. Brüssel hat auch schon angeklopft.«

Schwer zu sagen, wo Empathie aufhört und Narzissmus anfängt. Doch dass Eltern heute ihre Kinder vor den eigenen narzisstischen Karren spannen, ist längst keine Ausnahme mehr. »Es ist naiv anzunehmen, dass Kinder nie benutzt wurden. Sie werden heute nur anders, nämlich psychologisch benutzt«, sagt die Entwicklungspsychologin Inge Seiffge-Krenke. »Und was ich so frappant finde, ist, dass das, was wir früher in den klinischen Familien gefunden haben, heute deutlich spürbar bei ganz normalen Familien da ist. Es ist zu einer normalen Seite von Elternsein und Kindsein geworden.«

Die narzisstische Aufladung der Kinder für ihre Eltern erkläre auch deren Bestreben, das Kind zu kontrollieren, indem sie es zu Hause halten oder bei allem, was das Kind tut, genau hinschauen – unter dem Deckmäntelchen der Bemutterung und Behütung ginge es um Kontrolle. »Da sie ja nicht mehr autoritär kontrollieren wollen und können, wenden sie psychologische Kontrolle an, also wecken Schuldgefühle«, sagt die Psychologin. Sätze wie »Das macht mich jetzt aber sehr traurig, dass du ...« oder »Ich würde mir wünschen, dass du ...« oder »Deine Mutter liegt die ganze Nacht wach und macht sich Sorgen, weil du ...« führten bei Kindern einerseits zu mehr Ängstlichkeit und Depressivität, andererseits zu mehr Exploration. Es habe also einen gegenteiligen Effekt, weil sie sich auf jeden Fall absetzen wollen von dem, was die Eltern machen. »Fast ein Teufelskreis-Effekt. Je mehr die Eltern intrusiv werden, desto mehr exploriert das Kind.« Manche Mütter bezögen ihre Identität sehr stark über ihre Mutterrolle. Sie behinderten unterbewusst die Autonomie der Kinder, indem sie bei ihnen Schuldgefühle verursachen, sobald diese sich zu sehr ablösten.

Abnabelung geht heute anders ...

Wir reisen zusammen und entfernen uns voneinander, das klingt nur scheinbar paradox. Dass erwachsene Kinder heute so viel näher an ihre Eltern gerückt sind und viel länger als früher unter deren Einfluss stehen, geht aus vielen Studien, aber auch aus der unmittelbaren Anschauung hervor. Doch ist das gut oder schlecht? Wie viel Abgrenzung und Ablösung brauchen junge Menschen? Ist räumliche Distanz eine unabdingbare Voraussetzung für den Abgrenzungsprozess, den schließlich beide Seiten bewältigen müssen? Das kleine Wort ist verräterisch: »Noch« bei den Eltern zu wohnen, birgt im Kern nicht mehr als eine verinnerlichte gesellschaftliche Erwartung, für deren Nichterfüllung Häme droht und Abhängigkeit, Faulheit und Bequemlichkeit unterstellt wird, gar nicht so selten von den Experten- und Medienstimmen formuliert, die selbst den frühen Blitzstart aus dem Elternhaus hingelegt haben und heute noch insgeheim stolz darauf sind, einmal im Leben so wild und frei gewesen zu sein. Auch diese eigene Lebenserfahrung spült viel Verachtung für die verfemten Nesthocker und ihre gluckenden Eltern nach oben.

Früher war vielleicht klarer, ab wann man erwachsen ist und ab wann man als alte Jungfer, Hagestolz oder Muttersöhnchen durchgeht. Doch heute gibt es auch mehr Möglichkeiten, die zeitlichen Grenzen und bloß geglaubten Normen mit der Besinnung auf den jeweils eigenen Fall zu sprengen. Ob und wann jemand auszieht, liegt an den Beteiligten und den Umständen. Das Zusammenleben mit Kindern nach Art einer Wohngemeinschaft, in der Freunde mit Freunden wohnen, nur dass manche Freunde eben noch gewickelt und gefüttert, beaufsichtigt und gelenkt werden müssen, ist sicher kein zukunftsträchtiges Modell. Wie käme man auch dazu, einen Freund um acht Uhr ins Bett zu legen oder ihm einen dringenden Wunsch auszureden? Doch Familienmitglieder begegnen sich, je älter die Kinder werden, auch eher als Personen und nicht ausschließlich in ihrer Eigenschaft als Mutter, Vater Kind. Kinder sind keine Freunde, aber wenn man mit ihnen wirklich sprechen kann, wenn sie ihre Sprüche klopfen, die immer witziger werden, dann finde ich, dass das Festhalten an häuslichen Hierarchien etwas Lächerliches bekommt. Im Film »Lost in Translation« gibt es eine wundervolle Szene: Scarlett Johansson fragt Bill Murray, ob es im Laufe der Zeit eigentlich leichter wird mit Ehe und Familie und allem. Er seufzt, was die Ehe angeht. Aber die Kinder, sagt er, die als Kleinkinder so eine Last waren, »die werden im Lauf der Jahre immer mehr zu den Leuten, mit denen du am allerliebsten zusammen bist«.

Ausziehen, wiederkehren oder bleiben? Es erfordert in jedem Fall eine Entscheidung, mit der Eltern und Kinder gut leben können. Nichts kann ein Kind daran hindern, sich dem elterlichen Einfluss zu entziehen, nicht einmal räumliche Nähe. Und nichts kann gute Eltern (und das sind wir doch alle) dazu zwingen, das Kind vor den eigenen narzisstischen Karren zu spannen. Doch der entscheidende Punkt ist die innere Unabhängigkeit und Abgrenzung, die Fähigkeit, sich eigene souveräne Entscheidungen zu erarbeiten. Das ist die Chance, die widerstreitende, komplizierte, verwirrende Gefühle im Leben mit erwachsenen Kindern eröffnen, und zwar beiden Seiten. Grenzen neu ausloten, der inneren Stimme lauschen, Konturen entwickeln, das etwa wäre der gemeinsame Teil der Aufgabe. Umso besser, wenn das innerhalb liebevoller, enger Beziehungen geschehen kann, weit abseits vom vermeintlich unabdingbaren Konflikt zwischen den Generationen. In guten Beziehungen darf man wachsen und sich bewegen, in schlechten herrscht Stillstand und Starre. Auf dieser Basis nimmt die Aufgabe für Eltern und Kinder einen unterschiedlichen Verlauf. Da sein, ohne sich aufzudrängen – Versatzstücke dieser Strategie haben die meisten Eltern schon in den explosiveren Teenagerzeiten angewandt. Fahrten, Spaziergänge, Einkaufsbummel, ein Essen zusammen kochen: Vom Gewicht der Erwartungen befreit, redet es sich leichter. Eltern lernen spätestens in der kniffligen Zeit mit ihren jungen erwachsenen Kindern, mehr zuzuhören, als selbst zu reden, und ein genuines Interesse an ihren Kindern zu haben, wie sie wirklich sind und nicht, wie sie sein sollten oder ihre Eltern sie sich vorgestellt haben. Ganz ähnlich wie die Fähigkeiten einer Freundschaft auf Augenhöhe, die auch überraschend viele Erwachsene noch nicht entwickelt haben: Es ist nicht leicht, das Richtige zu tun, aber sehr schnell klar, was das Falsche ist.

Ob's gut oder schlecht läuft, ob man der Chimäre hinterherrennt, mit Kindern wie Freunden zu leben, oder sich in das schickt, was ist, und enttäuscht das innere Altenteil bezieht: Das Verhältnis bleibt asymmetrisch. Sie bleiben Kinder, wir bleiben Eltern – und wollen das auch gerne: der sichere Hafen, die letzte Zuflucht, von der aus sie sich selbstbewusst, allein und ungehindert auf den Weg machen – imstande, eine andere Familie zu gründen, Glück und Stärke über Generationen hinweg weiterzugeben. Bestenfalls bleibt die Familie: der einzige Ort, wo sie dir immer die Tür aufmachen müssen, selbst wenn du nur gezwungenermaßen hingehst.

Marie

Seitdem ich Ende Juni von meiner Reise wiedergekommen und auch wieder eingezogen bin bei meiner Mutter, liegt meine Schwester mir in den Ohren, dass ich eigentlich direkt wieder ausziehen müsste. Dass ein Auszug gut für mich und meine Eigenständigkeit wäre und ich mich dann auch nicht mehr wegen jeder Kleinigkeit, die meine Unabhängigkeit einschränken könnte, aufregen würde. Auch wenn sie nach ihrem Auslandsjahr wieder für einige Monate bei uns einzog, war ziemlich schnell klar, dass sie wieder ausziehen würde, und rückblickend würde ich definitiv sagen, dass ihr Auszug zu mehr Harmonie zwischen ihr und meiner Mutter geführt hat. Eine WG mit unserer Mutter könne sie sich erst wieder vorstellen, wenn sie selbst Kinder hat, um sich beim Babysitten abzuwechseln, aber bei mir ist das anders. Denn eigentlich verstehe ich mich wunderbar mit meiner Mutter, und bis auf ein paar Ausnahmen haben mein kleiner Bruder, meine Mutter und ich mittlerweile unseren Rhythmus gefunden. Muss ich, um tatsächlich unabhängig und selbstständig zu sein, meine eigenen vier Wände haben oder könnte ich nicht auch während des Studiums zu Hause wohnen?

Wenn ich ehrlich bin, genieße ich es sehr, nach anderthalb Jahren der Heimatlosigkeit wieder in einem ewig warmen Bett zu schlafen und mich täglich an ein »Tischlein deck dich« zu setzen, weil unsere Mutter das Kochen liebt. Dass ich nicht mehr planen muss, wann ich den Kühlschrank fülle, weil er immer voll ist, und mich weder in Wärme- und Stromverbrauch einschränken noch aufgrund der Miete in ein kleineres Zimmer ziehen muss, ist eine riesige Erleichterung. Eigentlich ist immer jemand zu Hause und wenn ich krank bin, dann kann ich zu Hause bleiben, weil die Haltung der Wohnung und der volle Kühlschrank nicht von meinem Gang zur Arbeit abhängig sind. Es ist praktisch, dass ich, wenn ich Hilfe benötige, einfach nach nebenan gehen kann und meine Mutter immer bereit ist, mir zuzuhören und mich zu beraten. Als ich neulich einen riesigen Rahmen an der Wand haben wollte, aber mir das alles eher wie eine männliche Aufgabe vorkam, bin ich einmal über den Flur gehuscht, habe meinen kleinen Bruder um Hilfe gebeten und nach nur fünf Minuten hing der Rahmen.

Nach anfänglichen Schwierigkeiten, mich in meinem alten Zuhause zurechtzufinden, genieße ich mittlerweile die Vorzüge des Familienlebens und stelle gleichzeitig aber auch fest, dass ich wieder in alte Verhaltensmuster zurückfalle und mich mit zu viel Freude in diesen Kokon der Bequemlichkeit einspinne. Während ich vor einem Jahr nicht mal mehr im Traum daran gedacht hätte, jemanden in meiner Familie um Rat bezüglich eines Wechsels im Handyvertrag zu fragen, bin ich mittlerweile schon überfordert, wenn ich mich für neue Bettwäsche entscheiden soll, und führe deshalb ein halbstündiges Gespräch mit meiner Schwester. Bei Computerproblemen, Hammeraufträgen oder Jobbewerbungen greife ich viel zu schnell auf die Hilfe meiner unmittelbaren Zimmernachbarn zurück, obwohl ich das vor einigen Monaten prima selbst hinbekommen habe. Es ist fast zu einfach, wieder zu Hause zu leben, umringt von einem gewohnten Kreis aus Familienmitgliedern und Freunden, und fast würde ich meiner Mutter manchmal zustimmen wollen, wenn sie vorschlägt, auch während meines Studiums weiterhin zusammenzuleben und die Familie einfach zu einer WG umzufunktionieren.

Aber an einem Gelingen dieses Projektes hätte ich meine Zweifel, weil meine Mutter und ich es bisher vermieden haben, über Miete zu reden. Nach der Reise sollte ich erst einmal einen Ort zum Ankommen haben, aber wie lange dauert so ein Ankommen denn?

Eben weil wir noch nicht über so etwas geredet haben, obwohl ich seit einigen Monaten mein eigenes Geld verdiene, versuche ich im Gegenzug für all die von meiner Mutter bereitgestellten Annehmlichkeiten häufiger zu putzen oder mitzudenken, wenn der leere Mülleimer vor der Haustür darauf wartet, mit nach oben genommen zu werden. Ich versuche mein Geschirr sofort abzuspülen, weil ich weiß, dass meine Mutter in dreckigem Geschirr eine stille Aufforderung sieht, diesen Zustand zu ändern, auch wenn meiner Meinung nach das Geschirr genauso gut nach zwei Tagen noch abgewaschen werden könnte. Ich versuche, keine Wäschehaufen in meinem Zimmer zu bilden und zu warten, bis ich eine Waschmaschinenladung voll habe, sondern täglich meine Dreckwäsche zusammenzusuchen, damit sie die mit ihrer zusammen waschen kann. Auch wenn ich häufig nach der Arbeit am liebsten einfach noch für eine Stunde fernsehen und dabei gern still mein Abendessen herunterschlingen würde, decke ich den Tisch und frage sie nach ihrem Tag.

Wenn meine Mutter dann manchmal im Spaß sagt, dass wir ja wie eine WG wären, und sich darüber freut, frage ich mich, ob sich das WG-Leben so anfühlt und ob eine Familie tatsächlich eine WG werden kann? Mittlerweile klappt unser Zusammenleben definitiv besser als noch vor ein paar Jahren, aber als richtige WG würde ich uns trotzdem nicht bezeichnen.

Wenn ich bei Wikipedia nachschaue, was denn die offizielle Definition für das Wort »Wohngemeinschaft« ist, wird in einem knappen Artikel erklärt, dass es sich dabei um das Zusammenleben mehrerer unabhängiger, meist nicht verwandter Personen handelt, in dem allgemeine Räume wie Bad, Küche und Wohnzimmer gemeinsam genutzt werden würden. Dem angenehmen Zusammenleben zuträglich wären dabei Geduld und Kompromissbereitschaft sowie ähnliche Vorstellungen von Sauberkeit. Im weiteren Artikel wird die Zweck-WG, die sich vor allem über die vordergründige

Kostenersparnis und das nur zweitrangige Gemeinschaftsleben definiert, dem Prinzip der Nicht-Zweck-WG entgegengesetzt, bei der persönliche Beziehungen, die gemeinsamen Unternehmungen und die Gemeinschaft unter Mitbewohnern Priorität haben.

Würde ich diese Definition der WG auf uns drei anwenden, dann sieht mein kleiner Bruder dieses Zusammensein definitiv als eine Zweck-WG, weil er sich momentan keine eigene Wohnung leisten könnte und ein Interesse an gemeinschaftlichen Aktivitäten hat, das gegen null geht. Wenn ich meine Mutter frage, dann ist unser verbliebener Familienrest definitiv eine Nicht-Zweck-WG, in der sie versucht, auch aus einem gemeinsamen Abendessen eine Unternehmung zu machen, und ich tanze auf beiden Partys mit. Wäre in diesem Fall also eine WG möglich, wenn schon bei der Grunddifferenzierung klare Unstimmigkeiten auftreten? Dank dieser Definition ergibt sich nun auch endlich, warum unser Zusammenleben vor allem in den letzten Jahren nicht immer als angenehm bezeichnet werden konnte. Denn die Vorstellungen von Sauberkeit klaffen zwischen meinem Bruder und mir auf der einen Seite und meiner Mutter auf der anderen definitiv auseinander. Kompromissbereit würde ich meine Mutter auch nicht bezeichnen, denn als ich ihr vorschlug, um den Küchentisch vier schöne und stabile Stühle statt der acht wackeligen von IKEA zu stellen, weil wir beim Essen sowieso nie mehr als drei Leute an einem Tisch wären, verneinte sie mit eisernem Blick, weshalb auch jetzt noch sieben wackelige IKEA-Stühle um unseren Tisch stehen, von denen vier als Ablage- und nicht als Sitzfläche benutzt werden. Von Geduld kann ich ein Liedchen singen, denn wenn meine Mutter meinen kleinen Bruder bittet, die Sixpacks Wasser in den vierten Stock zu tragen, und sie tagelang im Hausflur stehen, bis die ersten Milliliter schon verdunstet sind, platzt mir der Geduldsfaden und ich renne eher vier Mal mit schlechter Laune wegen ihm die Treppen hoch und runter, als ihn noch einmal anzubetteln, sich zu bewegen.

Ein weiterer Grund, der gegen uns als eine WG spricht, liegt in der Definition des Wortes Wohngemeinschaft begründet, weil mein kleiner Bruder und ich vor allem finanziell abhängig sind von unserer Mutter, wodurch keine Gleichberechtigung unter uns entstehen kann. Nicht selten ist es mir unangenehm, dass wir beide wie die Maden im Speck leben und nebenbei das gesamte selbst verdiente Geld für uns ausgeben können, während das erarbeitete Geld meiner Mutter zu großen Teilen in die Aufrechterhaltung der Familie fließt.

Wenn ich mich bei meinen Freunden umhöre, dann hat keiner zu Hause Miete gezahlt, auch wenn diese bis zum Auszug teilweise noch drei Jahre zu Hause gelebt haben. Wenn Eltern also lustiglocker behaupten, sie würden jetzt in einer WG mit ihren Kindern wohnen, warum fordern sie dann nicht auch von ihren Kindern einen Beitrag zur WG-Kasse, so wie es bei meinem Freund Olly der Fall war? Ein Brite, der nächstes Jahr 30 wird und bis vor einem Jahr noch zu Hause lebte, hat, seit er den ersten bezahlten Job begonnen hat, monatlich seinen Eltern 200 Euro überwiesen. Auch wenn dieser Wert eher symbolisch gemeint war, weil er nicht den Mieten und der Kühlschrankfüllung in London entspricht, hat er sich damit erkenntlich zeigen können und seiner Kindheit ein sichtbares Ende gesetzt.

Viel wichtiger als der Auszug selbst ist die Symbolhaftigkeit, die mit dem Schritt des Ausziehens behaftet ist. Wenn Eltern uns Kinder allerdings widerstandslos und ohne Gegenleistung fordernd bei sich wohnen lassen, helfen sie uns damit nicht. Sie vermitteln uns das Gefühl, dass es in Ordnung ist, weiterhin ein Kind zu bleiben, obwohl es längst Zeit ist, erwachsen zu werden. Denn wer außer unseren Eltern würde denn jemals wieder das Füllen unseres Kühlschranks oder das Zahlen unserer Stromrechnung übernehmen? Wir sind nicht mehr die hilflosen Kinder und unsere Eltern sind längst nicht mehr die Hauptverdiener einer Familie, weil jeder geistig und körperlich gesunde Mensch in meinem Alter mit nur ein wenig Anstrengung durchaus genügend Geld verdienen könnte, um wenigstens einen kleinen Betrag in die Familienkasse zu zahlen. Das Unangenehmste an meinen Altersgenossen und mir ist, das wir das alles für selbstverständlich nehmen und das mietfreie Wohnen im Elternhaus nicht mit mehr Wertschätzung verbunden ist. Ich verstehe nicht, wieso sie es als gute Tat sehen, dass sie das Zusammenleben mit ihren Eltern so lange ausgehalten haben, anstatt anzuerkennen, was unsere Eltern auch noch über das 18. Lebensjahr hinaus für uns leisten. So viele meiner Freunde waren im Ausland und haben für ihre Unterkunft genauso wie ich zwei Stunden am Tag geputzt oder das Bett bezahlt, warum also liegt der Gedanke so fern, es so ähnlich auch im Elternhaus zu machen?

Meine Freundin Anna erzählte mir vor einigen Monaten bei einem gemeinsamen Kaffee, dass sie nach einem Jahr in der eigenen Wohnung wieder überlegt hat, bei ihren Eltern einzuziehen. Vordergründig waren für sie vor allem die Finanzen entscheidend, und während ihr Ton mit jedem weiteren Kaffee immer herablassender wurde, zählte sie mir all die Gründe auf, die für so eine Rückkehr ins Elternhaus sprachen. Selbstzufrieden fläzte sie sich in ihren Sessel und gab dabei ganz offen und unverblümt zu, dass ihr dieser Gedanke nur aus reiner Bequemlichkeit gekommen war, weil sie dann ihren Nebenjob kündigen könnte und mehr Zeit für sich selbst haben würde. Außerdem sei ihr in einem Jahr nun doch aufgefallen, was für eine Last die ganze Arbeit im Haushalt sei, und sie würde großzügigerweise den Preis ihrer Freiheit und Unabhängigkeit zahlen. Ihren Vortrag krönte sie mit dem Kommentar, dass sie ihre Eltern nicht finanziell belasten, sondern nur sich selbst entlasten würde. Die beiden hätten ohnehin nichts zu tun, seit sie aus dem Haus sei, und ihre Mutter würde sich über ein Kind, um das sie sich sorgen könne, ja auch freuen, deswegen wäre das für alle eigentlich eine Win-win-Situation.

Das Elternhaus als eine Art Basislager zu sehen und dann temporär dort wiedereinzuziehen, weil es momentan die beste Lösung ist, verstehe ich, aber ich verstehe nicht, warum Eltern so häufig um jeden Preis das Familienlager fortbestehen lassen wollen und es halb im Scherz und halb im Ernst als Familien-WG tarnen, auf der anderen Seite aber keine Gegenleistung von ihren schon längst lebensfähigen Kindern fordern. Dadurch wird das Ausnutzen der Eltern vonseiten der Kinder noch verstärkt und ein Bild vermittelt, das nicht der Realität des Lebens entspricht. Es vermittelt uns in keiner Weise, dass es auch finanzielle Konsequenzen hat, wie wir leben, und dass man für seine Lebensweise irgendwann Verantwortung übernehmen muss.

Eine WG mit meiner Mutter wäre definitiv möglich, allerdings bin ich nicht sicher, ob sie sich immer noch für diese Idee begeistern würde, wenn ich als Miete zahlendes Mitglied dieser WG ein Mitspracherecht bei der Umgestaltung unserer Wohnung, dem Erstellen eines Putzplans und dem Großeinkauf hätte. Dann wäre die Küche bunt, die Haare im Ausfluss würden an die Macht kommen und es gäbe Leitungswasser und kein zum Hochtragen aufforderndes Sprudelwasser in Sixpacks.

12. Kapitel
Alles auf Anfang

»Papa? Ich muss dir was sagen.« Da steht ein kleines Mädchen im Türrahmen. Sie reißt die himmelblauen Augen weit auf, atmet tief durch, macht den Rücken gerade. Sie legt die ganze ernsthafte Entschlossenheit einer sechs-, vielleicht siebenjährigen Lebenserfahrung in die helle Kinderstimme. Der Papa auf dem Sofa lässt die Zeitung sinken, schaut fragend freundlich auf sein niedliches Töchterchen. Sie sagt ernst und dabei doch sehr behutsam: »Ich zieh aus. Hab 'ne ganz tolle Wohnung gefunden.« Dann schiebt sie hastig schmeichelnd hinterher: »Du hilfst mir doch beim Renovieren?«

In Millisekunden sehen wir das alles: Der Schreck, der Papas Gesicht kurz schockgefriert, und den tapferen Ruck, den er sich gibt, um lieb und auch ein bisschen ergeben zu nicken. Klar wird er ihr helfen, so wie wir alle als Mamas und Papas nichts als helfen, wenn die Kinder ausziehen wollen: Baumärkte durchstreifen, Wände streichen, Löcher bohren, das Auto zur Verfügung stellen, Kisten schleppen, Abschied nehmen. »Alles okay?«, wird am Ende ein zuversichtlich lachendes, frisches junges Gesicht den zerknittert wirkenden traurigen Papa fragen und ein hilflos dünnes Lächeln auf seine welkenden Züge malen. »Die Zeit vergeht so schnell«, murmelt er. Tochter Clara lacht Papa Walters Sorgen einfach weg. »Papa, ich zieh nur aus. Ich bin nicht aus der Welt. Und danke, dass du meiner WG das MagentaEINS spendiert hast.«

Das ganze Programm – und ein emotionaler Volltreffer dazu. Dass heute 77 Prozent der Deutschen etwas mit dem Slogan »Besser die Eins« anzufangen wissen, liegt auch an der Werbefamilie Heins, die seit Jahresbeginn in den Werbeblöcken aufspielt. Die phasenreiche Kampagne des Netz-Konzerns steht für einen neuen Abschnitt in der Markenstrategie. Aber sie steht auch, erkundet und bebildert genau, für den neuen Lebensabschnitt in Familien, wenn wegen analogen Ausziehens das digitale Zusammenbleiben wichtiger wird. Der Spieleabend mit den WG-Freunden, mit dem Smartphone vorgetäuschte Weltreisen, die technikaffine Oma – die Episoden der Werbespots schöpfen aus dem vollen Leben mit ausziehenden Kindern und zurückbleibenden Eltern.

Mit diesem Werbespot trifft die Deutsche Telekom einen Nerv, der gewissermaßen kollektiv zuckt. Familienvater Heins muss verkraften, dass sein kleines Mädchen Clara flügge geworden ist und ausziehen will – ein neuer Lebensabschnitt der Familie beginnt, und das ist nicht für beide Seiten, Eltern wie Kinder, ein freudiges Ereignis. Wir sehen den Vater, wie er so herzweh wie hilfreich seine Tochter Clara beim Auszug aus dem Elternhaus und beim Einzug in die neue Wohngemeinschaft begleitet. Zusammen mit dem tieftraurigen und doch tapfer um liebevolle Unterstützung des Vorhabens bemühten Vater sehen wir Zuschauer Clara noch einmal als kleines blondes Mädchen in Pink und mit großen blauen Augen. Der Soundtrack zum Drama ist der Billy-Joel-Song: She's always a woman. Erst die Umarmung zum Abschied lässt die Illusion zerplatzen: Aus dem kleinen Mädchen ist längst eine junge Frau geworden.

Die Telekom erklärt die leidige Geschichte, die sich so oder anders in Tausenden Familien abspielt, wenn die Kinder groß geworden sind, in der kürzestmöglichen filmischen Straffung, dem Werbespot: »Es ist für Vater Heins nicht leicht zu verstehen, dass sich sein kleines Mädchen Clara so rasend schnell entwickelt und plötzlich groß und selbstständig ist. Aber weil sie immer seine Kleine bleibt, egal wie alt sie wirklich ist, will er natürlich auch immer nur das Beste für sie und hört nie auf, sich um Clara zu sorgen. Auch wenn die Verbindung zwischen Clara und Walter und dem Rest der Familie ab jetzt digitaler wird, bleibt sie dennoch so stark wie zuvor.«

Von Margarine zu Magenta

Wie einst die Margarine-Werbung die heile Familie inmitten unabdingbarer Versatzstücke ihres machbaren Glücks inszenierte und über den gemeinsamen Esstisch, die schöne Mama und den reichen Papa, der munteren Kinderschar und alle zusammen auf der sattgrünen Wiese beim Frühstück ein Bild mit Strahlkraft schuf, das über die Wahl des richtigen Brotaufstrichs weit hinausreichte, bildet diese Magenta-Werbung bis ins Kleinste die Kalamitäten der Familien am Beginn eines neuen Lebensabschnittes ab, der ja auch immer das Ende des alten bedeutet: Abschiedsschmerz auf der einen, Vorfreude aufs eigene Leben auf der anderen Seite, viel auf Rührung angelegtes werberisches Kalkül bei der Anpreisung der Produkte, die dem Schmerz der Lebenslage Abhilfe versprechen. Natürlich wird die Verbindung gehalten, bleibt die digitale Nabelschnur intakt, sofern man die Kreditkarte zum Einsatz bringt. Was liegt also näher, als der Tochter die dazu nötige Ausstattung zu spendieren? Hier geht's um mehr als einen schnöden Internetzugang. Sie soll sich doch freuen, die Kleine – ein altes Credo der korrekten Elternliebe gilt doch noch immer und für immer. Man könnte fragen, wie selbstständig und groß genau Tochter Clara jetzt ist, während sie offensichtlich weder Renovierung, Umzug noch den Internetzugang einzurichten allein auf die Reihe kriegt. Oder haben sich die Eltern aufgedrängt? »Und wenn irgendwas ist«, stammelt der Papa beim Abschied. »Dann habe ich ja immer noch euch«, strahlt die Tochter.

Alles beim Alten und das soll auch so bleiben. Und so ist ganz nebenbei mit dem Kaufakt auch der Beifall der jugendlichen Mitbewohner gesichert, die alsbald ein Jubel-Selfie ins verwaiste Zuhause schicken. Im Werbespot kommt die Message kleinteilig und subkutan rüber: Für die Eltern wollen die Kinder immer nur das Beste. Sie hören nie auf, sich um sie zu sorgen. Und egal wie alt die Kinder sind, für die Eltern bleiben sie immer die Kleinen.

Aber auch der Horizont über den aktuellen Stand der Generation ziemlich beste Freunde scheint in diesem Werbespot auf: Kinder sind die größte Liebe des Lebens, sie werden zu Freunden, die man nicht missen will. Sie verlassen uns, wir fühlen uns darüber plötzlich alt, nicht mehr gebraucht. Wir lassen sie aber niemals los, und sie werden uns dafür dankbar verbunden bleiben. Für Eltern bleiben Kinder immer Kinder, auch wenn sie längst erwachsen sind. Sprich, Eltern sind nicht in der Lage zu erkennen, was die Realität ist, und halten mit aller Macht an der Vergangenheit fest. Das kommt besipielsweise Telekommunikationsanbietern sehr gelegen: Dass Eltern Kinder mit Internetanschlüssen versorgen müssen, muss man nicht erklären. Dass sie das auch für junge Erwachsene tun müssten, schon.

Wir gucken sie klein, um uns selbst groß zu fühlen

Die Frage drängt sich auf, welche Sinnestäuschung nicht nur dem Vater-Morgana in der Telekom-Werbung, sondern hin und wieder allen Müttern und Vätern im richtigen Leben genau so unterläuft. Warum eigentlich sieht man die Kinder immer noch als Kinder, obwohl sie längst erwachsen sind? Für erwachsene Kinder und ihre alten Eltern gibt es ja noch nicht mal eine eigene Bezeichnung und so greifen wir auf amerikanische Knallervokabeln wie Kidadults, Best ager und Empty Nester zurück, die allesamt von

Marktstrategen entworfen sind und über das Herz auf unser Geld zielen.

Das zugrunde liegende Gefühl lässt sich vielleicht so umreißen: Gerade in Grenzsituationen – wenn sie krank sind, wenn sie traurig und unglücklich sind, wenn sie Angst haben und erst recht, wenn sie sich von uns verabschieden – springt der Schalter der Perspektive um, der Augenschein beginnt zu trügen und der Fürsorge-Impuls springt an. Andere mögen eine junge erwachsene Person sehen, weiblich und gelungen oder männlich und aufstrebend stark. Wir Eltern sehen plötzlich ein Baby mit Reisepass, ein Spielkind am Steuer des Sprinters, einen über alles geliebten kleinen Sonnenschein mit ängstlich aufgerissenen Augen und geröteten Wangen, der uns in diesem Moment wieder so zart, angreifbar und verletzlich erscheint wie vor vielen Jahren, als er für uns die Welt zu einem schöneren Ort werden ließ, der allerdings voller Bedrohungen war: Der jäh aufflackernde Impuls, dieses zauberhafte Wesen vor jeder Gefahr zu bewahren und vor jedem Unbill zu schützen, der uns Tag und Nacht in seinen Bann zog – er hat die Jahre unbeschadet überstanden und trübt uns jetzt die klare Sicht auf das, was ist.

Unterwegs im Spiegelkabinett

Papa Heins optische Täuschung im Telekom-Spot zeigt auch, dass man im Äußeren nur gespiegelt erkennt, was einen innerlich umtreibt. Die Außenwelt mit ihren handelnden Personen gerät zur Projektionsfläche innerer Verwerfungen: Der Papa hat es längst mit einer erwachsenen Tochter zu tun und sieht nur das kleine Mädchen aus der Vergangenheit. Wie kann das angehen? Wie fing das an und wann?

Mit quasi einsatzbereit zuckenden Händen haben wir jeden

Schritt ins gefährliche Leben da draußen begleitet und vorausschauend Gefahren gewittert – Steckdosen noch schnell versiegelt, wenn die Wehen begannen, scharfe Tischkanten vorsorglich mit den Fingern abgedeckt und Putzmittel in Hängeschränken verstaut. Versehentlich, aber nachhaltig haben wir vielleicht mit all der Vorsorge suggeriert: Das kannst du nicht alleine, deshalb passe ich auf dich auf. Schaffst du das nicht, bin ich immer bereit, einzuspringen – es steht dahin, ob aus den behüteten Kindern ängstliche junge Erwachsene werden. Aber es scheint, als ob dauerängstliche, immer behütende und ewig helfende Eltern aus ihrer Rolle nie wieder herausfinden und das auch gar nicht wollen, weil sie sich keine andere vorstellen können und an dem alten Drehbuch eisern festhalten – wie die kleinen Esel in Spanien, die ihr Leben lang den Brunnen umrunden, um die Pumpe in Gang zu halten, und die dann, wenn sie alt sind, vom Joch befreit auf der Weide ihr Gnadenbrot verzehren und immer noch im Kreis laufen.

Die Idee der kommunizierenden Röhren, in der jeder weitere Schritt in die Selbstständigkeit des Kindes einen Hohlraum vergrößert, in der das eigenständige Wollen und Können der Eltern nachströmt, scheint heute in den sich so nahestehenden Generationen wenig Anklang zu finden. Stattdessen hält man an der Vergangenheit, dem Gewohnten, Sicherheit versprechenden Modell fest und fällt kein bisschen aus der Rolle, die vor Jahrzehnten festgeschrieben wurde. All das stete Kümmern, sorgsame Vorausdenken und Erahnen möglicher Gefahren, Aufspüren etwaiger Talente, Abwägen allfälliger Entscheidungen, Unterstützen, wo immer möglich, und die Bereitschaft, im Zweifel Himmel und Hölle in Bewegung zu setzen, damit es dem Kind an nichts fehlt – es ist jetzt nicht mehr angemessen, aber es ist immer noch da und es bricht sich Bahn, wenn ein neuer Lebensabschnitt beginnt. Erinnern wir uns.

Was alles passieren kann!

»Hast du denn keine Angst, dass er entführt wird?«, fragte mich die Mutter eines anderen Sechsjährigen, nachdem sie beobachtet hatte, dass der meinige neuerdings alleine in die Schule geht. Schockschwerenot! Daran habe ich ja noch gar nicht gedacht! Bitte, er wollte nach zwei Monaten Begleit-Service unbedingt alleine gehen, und weil es ja nicht reicht, ihnen immer nur vom Leben da draußen zu erzählen, habe ich ihn ziehen lassen. Wir haben die Ampeln geübt, das Abbiegen memoriert, »dumme Mama« gespielt, die mit geschlossenen Augen an seiner Hand den Schulweg abgeht. Und jetzt geht er alleine. Uff. Hoffentlich passiert nichts.

Wie lang und wie locker soll die Leine sein? Haben Sie sich selbst auch schon mal dabei erwischt, wie Sie Ihrem Kind übereifrig zur Seite springen und jedes kleine Hindernis beseitigen? Mit einsatzbereit zuckenden Armen dabei zuzuschauen, ob der kleine Sonnenschein selbst herausfindet, dass er sein Bobby-Car nicht steuern kann, wenn er verkehrt herum darauf sitzt, das ist schon eine Leistung. Wie oft legen wir vorschnell mit Hand an, um kleinere Enttäuschungen und blaue Flecken zu vermeiden?

Die Jahre gehen ins Land und mit Schmerzen erkennen wir unsere begrenzten Möglichkeiten, unsere Kinder zu beschützen. Im Schulbus gibt es keine Sicherheitsgurte, der Mathe-Lehrer ist ein Sadist, die Freundin Ihrer Tochter lästert auf Facebook über Ihr liebes kleines Mädchen. Die Gratwanderung zwischen freundlicher Ermutigung zur selbstbewussten Durchsetzungsfähigkeit und dem nötigen Schutz, den ein Kind braucht, hat längst begonnen. Meistens sind wir übervorsichtig, und dabei besteht die Gefahr, die ganze Welt außerhalb des Familienumfeldes als ein einziges Nest von Perversen und Kindsmördern zu sehen. Wo immer einem Kind etwas Furchtbares widerfahren ist, suchen wir in der Zeitung nach Hinweisen, das Opfer sei an einem Ort gewesen, wo sich unsere Kinder niemals und schon gar nicht alleine aufhalten würden, zu einer Zeit, wo sie immer zu Hause sind, oder unter Umständen, die wir niemals zulassen würden. Wenn wir nichts dergleichen finden, verschärfen wir die Familienregeln.

Aber wollen wir wirklich darauf bestehen, eine Handvoll lebenstüchtiger Teenager zur Autogrammstunde von Robert Pattinson zu begleiten, obwohl alle wissen, wie sehr uns das anödet? Es kann sehr schwierig sein, eine statistische Wahrscheinlichkeit gegen überwältigende Liebe abzuwägen.

Eltern wollen ihre Kinder immer ein bisschen zu sehr beschützen. Der ausgleichende Faktor ist der Widerstand der Kinder. Sie wollen Neues kennenlernen, ihre Fähigkeiten erproben, Fehlschläge riskieren und Leuten begegnen, die nicht die Meinung der Familie vertreten. Versagt man ihnen das, hat man es bald mit einem ängstlichen, misstrauischen Kind zu tun, das sich selbst nichts zutraut.

Kinder müssen für sich sein dürfen. Sie brauchen unbeaufsichtigte Wege und Zeiten, in denen sie sich austesten können. Sie müssen Fehler machen und daraus lernen dürfen. Leib wie Seele brauchen Ballaststoffe – schlechten Umgang, etwas gefährliche Situationen. Wenn wir ihnen das vorenthalten, behindern wir ihr Potenzial. Das müssen wir aushalten. Das Leben ist nun mal lebensgefährlich, und ein übertriebenes Gefühl der Bedrohung nährt die Eltern-Paranoia, die die eigentliche Aufgabe, sich überflüssig zu machen, leicht verdrängt.

Man braucht ein bisschen Vertrauen in den Lauf der Dinge. Und besonders viel Vertrauen in das eigene Kind, das übrigens selbst auch Wert darauf legt, am Leben zu bleiben.

Das entbindet nicht von der Verantwortung, aber im Hinterkopf muss man die Idee wachhalten, dass nicht alles so furchtbar tragisch ist, dass nicht jeder Irrweg in die Katastrophe führt. Kinder werden ängstlich und unselbstständig, wenn wir sie in ihrer

Kreativität und Freiheit zu sehr beschränken – und Eltern müssen das Loslassen lernen.

Vielleicht steht nur das am Urgrund der optischen Täuschung: die ganze Fürsorge, unser innerster Daseinsgrund scheint plötzlich obsolet, und schon bäumt sich noch einmal die ganze Liebe auf. Da geht ein Stück von mir, und so ist es ja auch. Der innere Abschied von einer Zeit, die viele Eltern als die intensivste, wichtigste und lustigste Zeit in ihrem Leben beschreiben. So viel haben sie gegeben – und das soll's jetzt gewesen sein?

Ja.

Umso mehr heutzutage, wo die Aufgabe, ein Kind großzuziehen, so kompliziert und aufwendig erscheint wie eine Nordpolexpedition und das Kinderhaben emotional aufgeladen ist wie wahrscheinlich niemals zuvor in der Geschichte. Hinzu kommt, dass unsere üppigen Ressourcen an Zeit, Energie, Geld, Emotion und Ambition immer weniger Kindern zugutekommen. Auch die Verheißung von Stabilität in Zeiten brüchiger Partnerschaften verdeckt die klare Sicht: Ein Kind hat man doch für immer, so glaubten wir.

Aber Mutter weinet sehr, hat ja nun kein Hänschen mehr, Hänschen sich darauf besinnt und kommt nach Haus geschwind – wenn es nicht so ausgehen soll wie im Lied vom missglückten Aufbruch in die weite Welt hinein, müssen wir uns ein paar Gedanken machen. Der Wirklichkeit nicht entfliehen, sondern näher kommen. Genauer hinschauen und riskieren, endlich ein bisschen aus der Rolle zu fallen, damit die Figur sich wie in einem wirklich berührenden Roman, aufwühlenden Theaterstück oder packenden Film weiterentwickeln kann.

Selten so harmonisch wie ausgemalt

»Acht Monate war sie weg und jetzt ist sie wieder da«, erzählt eine Mutter. »Ein paar Tage vor dem Wiedersehen habe ich angefangen, die Stunden zu zählen. Ich war verrückt vor Freude aufs Wiedersehen, hatte ihr Lieblingsessen gekocht und etwa tausend Ideen erträumt: Wir würden zusammen ins Kino gehen, wieder auf dem Sofa sitzen und stundenlang quatschen, zusammen in die Sauna und zum Sport gehen«, erinnert sie sich und lächelt schief. Dann kam der große Tag und sie konnte am Flughafen überglücklich ihre Tochter in die Arme schließen. Doch sie hatte nicht allein gewartet. »Ihre besten Freunde waren auch alle da.« Im Willkommenstrubel beschlich die Mutter ein mulmiges Gefühl – sie sah ihre Hoffnungen auf gemeinsame, in schönster Harmonie verbrachte Stunden dahinschmelzen. Und richtig: »Mama, wir gehen alle noch ein bisschen feiern. Ist doch okay für dich?«, die Tochter sprachs und verschwand am Arm eines jungen Mannes, umringt von weiteren jungen Männern und Frauen.

Klar ist das okay! So hatte sie beteuert. Und jetzt?

Große Erwartungen sind die Hypothek in der Nähe zwischen den Generationen. Und dann: Eher selten sind die Treffen so schön wie ausgemalt. Schon kleine Bemerkungen können Irritationen auslösen, im Handumdrehen kippt die Situation. Nähe macht verletzlich: Weil die Kinder uns so nahestehen, haben sie auch die Möglichkeit, uns mit kleinen Nadelstichen so wehzutun. Respekt haben wir ja nie eingefordert, Abstand nie gehalten! Stattdessen haben wir unser Innenleben jahrelang auf Nähe und Übereinstimmung gepolt, Konflikte vermieden, Ärger heruntergeschluckt und mehr als einmal gute Miene zum bösen Spiel gemacht. Und jetzt das: Aus Gedankenlosigkeit, fehlendem Fingerspitzengefühl oder Ignoranz, nicht aus böser Absicht, sondern weil sie überwiegend ihre eigenen Belange im Kopf haben, trampeln sie durch den mütterlichen Porzellanladen. Weihnachten? Feiert schön, ich geh noch in eine Bar, mit Freunden. Liebeskummer, den man in einer schwachen Stunde der Tochter anvertraut hat, rächt sich: bist du immer noch nicht mit der Sache durch?«, fragt sie und schnippt missbilligend mit den Fingern.

Und die Kinder? Sie dürfen uns noch nicht einmal doof, peinlich oder altmodisch finden, weil uns das verletzen würde – ein Privileg, dass wir gegenüber unseren Eltern noch selbstverständlich in Anspruch nahmen, wie uns auch deren mutmaßliche Verletzungen wenig Kopfzerbrechen bereiteten. Erinnern wir uns: Ins eigene Leben aufzubrechen heißt, Abgrenzung vom Alten, Gewohnten, Vertrauten zu suchen, das Abenteuer, das ganz Eigene zu finden. Das fällt schwerer, wenn die Beziehung zu den Eltern gut, eng und angenehm ist. Gar nicht so übel daheim, man hat doch alle Freiheiten und gleichzeitig ein gut organisiertes Basislager, doch die Bequemlichkeit korrumpiert auch das Streben nach Eigenständigkeit. Kinder mögen ihre Eltern auch heute noch als peinlich, total daneben und dem Kontrollwahn verfallen empfinden, aber – sie lieben uns. Was da über die Jahre gewachsen ist, braucht Zeit, um sich voneinander zu lösen. Ob langsam, schrittweise oder abrupt, weil in der WG der großen Schwester plötzlich ein Zimmer frei geworden ist oder sich überraschend doch noch ein Studienplatz in einer anderen Stadt aufgetan hat, am Abschied haben Eltern und Kinder zu knacken.

Abschiedsschmerz ist nicht nur für die Eltern reserviert und Aufbruchsfreude nicht nur für die Kinder!

In ihrem Schmerz vergessen Eltern leicht, dass der Auszug aus der vertrauten Welt auch den erwachsenen Kindern Seelenarbeit abverlangt und sie genauso hin- und hergerissen empfinden. Ambivalenz ist das Gebot der Stunde, hier wie da: Wir wollen sie bei uns behalten, obwohl sie uns mit ihrem Egoismus, ihrer Rücksichtslosigkeit und ihrer manchmal zur Schau getragenen Kaltschnäuzigkeit verletzen. Und sie würden nie zugeben, dass es ihnen schwerfällt, ohne uns zu leben. Genau wie uns schwerfällt, sie gehen zu lassen. Denn wir wollen teilhaben an ihren Möglichkeiten, Erfolgen, an ihrer Jugend. Bitte braucht mich noch ein bisschen, bettelt das innere Mutterpersönchen ganz leise, während die äußere Mutterpersönlichkeit verkündet, wie sehr sie sich darauf freut, nun weniger Arbeit und mehr Zeit für sich selbst, ihre Freundinnen, ihre beruflichen Ambitionen, ihre Hobbys zu haben. Daran ist nichts verkehrt: Die Kinder freuen sich ja schließlich auch, dass sie nun nicht mehr ständig auf die Befindlichkeiten, Ordnungsvorstellungen und Kommunikationsbedürfnisse ihrer Mütter Rücksicht nehmen müssen. Sie können es gar nicht erwarten, sich mit den Schrullen ihrer Mitbewohner herumzuärgern und dabei das ganze Leben mit Behördengängen, Geldverdienen und Müll herunterbringen in Eigenregie zu gestalten. Schon bald werden sie merken, wie nett es zu Hause war, wie lieb und pflegeleicht ihre Mütter waren, und in einer Art Erinnerungsoptimismus feststellen, dass sie eine tolle Kindheit hatten, und auch, dass es zu Hause doch am schönsten ist. So lockert man die Fäden und behält sie gleichzeitig in der Hand ...

Raus aus dem Klammerblues: Mein Tanzbereich, dein Tanzbereich.

Diese Übergangszeit geht wie jeder Transit einher mit Verunsicherung, Verletzlichkeit und zwiespältigen Gefühlen: Traurigkeit und Erleichterung, Ärger und Freude, Niedergeschlagenheit und Aufbruchsstimmung, manchmal in stündlichem Wechsel. Und:

Je näher man sich steht, desto größer die (gegenseitige) Verletzlichkeit.

Die alte Haut ist zu klein geworden und die neue noch nicht gewachsen – es ist eine empfindliche Zeit, die der Zwiespalt beherrscht. Loslassen zu können lautet der gesellschaftliche Anspruch an die Mütter Heranwachsender, und das macht die Aufgabe für sie nicht einfacher. Und doch führt kein (guter) Weg daran vorbei. Sich den wachsenden Unabhängigkeitsbedürfnissen der jungen Erwachsenen anzupassen und sich darin zu üben, noch da zu sein, aber auf andere Weise als bisher – zurückgenommener, mehr auf Anfrage –, ist ein zweischneidiger Rat, der Mütter auch leicht zur immerwährenden Service-Tankstelle verdonnern kann.

Der Zwiespalt der Übergangszeit kann allerdings auch ein Geschenk sein: Wenn die Dinge so in Bewegung geraten, entsteht viel Platz für Veränderung. Das hat auch sein Gutes, obwohl wir dazu neigen, uns gegen Veränderungen zu sperren. Wir wollen da bleiben, wo wir uns eingerichtet haben, ob es uns oder anderen guttut oder nicht. Doch Veränderung ist nicht dasselbe wie das Ende, sondern die Angst, die sie auslöst, taugt zu mehr. Wie die gesunde Portion Prüfungsangst, die einen an den Schreibtisch treibt. Gut so! Veränderungen wecken die Lebensgeister, schärfen den Verstand, bereiten neuen Ideen eine Bühne und zwingen uns, die Dinge neu zu betrachten. Man stirbt schließlich nicht, nur weil man die Kinder nicht mehr um sich hat.

Negativ formuliert: Unser Schwachpunkt ist unsere emotionale Bedürftigkeit, die wir allzu oft mit Liebe verwechseln. Unsere Angst vor Veränderungen ruft enorme Beharrungskräfte auf den Plan. Soll alles so bleiben, wie es ist? Wir bleiben allzeit bereit, die Kinder lassen sich fallen. Ihr Schwachpunkt ist die Bequemlichkeit; und dem Reiz der Privilegien zu erliegen, die das Leben zu Hause nun mal bietet, aber auch das Gefühl, den Eltern verpflichtet zu sein, nährt das schlechte Gewissen, weil die Eltern so viel für einen getan haben.

Ihre Stärke: die Fliehkräfte, den Drang zu Selbstständigkeit. Unsere Stärke: Wir sind erwachsen, und wir wissen immer noch mehr übers Wandern als sie, die den ganzen Weg noch vor sich haben. Die Chance: innig verbunden bleiben, aber als zwei unabhängig voneinander bestehende, vernünftig abgegrenzte Individuen.

Die der Vergangenheit zugewandte optische Täuschung, die uns dazu verleitet, in Kindern für immer Babys zu sehen, könnten wir umgehen, wenn wir sie erkennen als das, was sie ist: ein Bild für unsere Weigerung, die Realität zur Kenntnis zu nehmen und im Blick auf das Vergangene zu erstarren. Davon erzählt die Geschichte von Lots Frau, der Gott auftrug, mit ihrer Familie aus der zerstörten Stadt zu fliehen und sich dabei nicht umzuschauen. Sie gehorchte nicht, schaute zurück – und erstarrte zur Salzsäule. Vom gebotenen Blick nach vorn erzählt auch die Geschichte von Orpheus und Eurydike. Orpheus vertut seine einzige Chance, auf dem Weg aus der Unterwelt in die Oberwelt seine Geliebte ins Leben mit zurücknehmen zu dürfen. Er verliert die Zuversicht und das Vertrauen, dass sie ihm folgt, und dreht sich um. Damit hat er sie verloren.

Die Energie, die nötig ist, uns zum Handeln zu treiben, gewinnen wir aus dem Zwiespalt, dem Unbehagen – aus Angst, Schmerz, Empörung, Kränkung – an einer Realität, die nicht so ist, wie wir sie uns wünschen. Die Kinder sind groß, werden erwachsen und lassen uns zurück. Solche Wahrnehmungsschocks wie die, ein Baby mit Reisepass zu sehen, wo eine junge Frau in ihr Leben aufbricht, sind allerdings umsonst, wenn wir anschließend keine Verbesserung zustande bringen und nur unsere Seelenruhe verlieren.

Lassen wir sie doch ziehen. Sie haben alles, was sie brauchen, innerlich. Sie werden ihren Weg finden. Grätschen wir doch nicht rein, wenn sie ihre Dinge in die Hand nehmen, ohne unsere Unterstützung zu erbitten. Lernen wir doch von den Kindern. Auch davon, dass sie sich nicht mehr so häufig melden und uns immer weniger brauchen, wenn alles gut geht. Könnten wir nicht dasselbe tun wie sie? Unser Leben, das jahrelang von den Kindern bestimmt wurde, jetzt beherzt wieder in die eigenen Hände nehmen – ohne Netz und doppelten Boden. Wenn wir ebenfalls aufbrechen, müssten wir uns auch nicht verlassen fühlen und könnten darauf verzichten, uns das Etikett »verlassene Mütter« anzuheften und in die gemütliche Opferrolle zu schlüpfen. Das lähmt und lässt in Passivität erstarren, wo noch so viel Platz für so viel Leben ist.

Vielleicht gehörten auch ein wenig Dankbarkeit und ein Hauch Demut an dieser Stelle dorthin, wo der Schmerz über den Auszug der erwachsenen Kinder überwältigend zu werden droht. Denken wir doch kurz an die Mütter und Väter, die keine Aussicht haben, ihre Kinder jemals ganz loslassen zu können, weil die Kinder krank oder behindert sind und auf lange Sicht immer auf die Hilfe und den Beistand ihrer Eltern angewiesen sein werden. Gott bewahre, was sein wird, wenn deren Eltern einmal nicht mehr da sein werden.

So viel Anfang war nie

Wenn man diese heiße Etappe des Familienlebens unter einem Dach hinter sich lässt, überquert man eine Schwelle und betritt einen neuen Raum: Er sieht vielleicht aus wie der Spa eines Wellnesshotels, wie ein Hobbyraum, wie eine Bibliothek, wie ein Garten, wie eine Schiffskabine – oder er ist leer. Endlich befreit von Wecker, Familienpflichten und dem Takt der Schulferien, stellt man überrascht fest, dass man nun machen kann, was man will.

Der Zeitwohlstand, auf den man sich vielleicht seit Jahren freut, kann plötzlich belasten. Niemand braucht einen mehr oder sagt einem, was man tun soll. Zögerlich, wehmütig auf Vergangenes und verunsichert auf Künftiges blickend, stehen wir vor der Aufgabe, unserem Alltagskleid eine neue Fasson zu geben: Welchen Sinn kann ich jetzt noch finden? Welcher Herausforderung sollte ich mich jetzt stellen? Wer oder was braucht mich noch?

Und ehe man sich versieht, sind die beflissenen Makler der vergessenen Träume zur Stelle. Sie sagen: Du siehst, die Leere des Raumes eignet sich hervorragend als Meditationsort, mach daraus eine Insel deiner spirituellen Erhebung. Oder: Eine bessere Turnhalle findest du nicht, mach daraus deinen Ort beinharten Fitnesstrainings. Oder: Langweilig soll es in diesem Lebensabschnitt nicht sein. Mach es zum Ort deiner Partys, lade Freunde ein und zeig was du hast, werde ein begnadeter Gastgeber. Und sie alle, die uns beraten, haben etwas zu verkaufen: die einzig richtige Yogamatte samt exklusiver Klangschale zum Meditieren, blitzende Sportgeräte und magische Tiegel, deren Gebrauch ewige Jugend verspricht, die opulente Sitzgruppe für gesellige Abende und das Luxus-Catering gleich dazu. Ganz unverblümt sagen die Verkäufer: Fülle diesen Raum mit Gegenständen, mit unseren Angeboten, mit Reisen. Wir haben schwimmende Paläste auf dem Meer, da ist auch eine Kabinen-Suite für dich frei, und du brauchst nicht mehr allein zu Hause zu sein, im leeren Zimmer deines leeren Hauses.

Kaum hat man die Schwelle überquert und den Raum betreten, indem man viele Dinge endlich nicht mehr muss, gerät man schon wieder in einen Druckraum neuer Anforderungen, in dem es heißt: Du musst aktiv bleiben ... dich bewegen ... gesund essen ... deine Beziehung auf Vordermann bringen ... neue Hobbys entdecken oder alte neu beleben ... dein Gedächtnis trainieren ... auf Weltreise gehen. Du musst! Kaum hat sich der neue

Raum eröffnet, wird er belagert vom Zwang zu konsumieren. Das Wechselspiel aus Verlustangst und der Verheißung von Vitalität will uns an die Kandare nehmen und schielt dabei nur auf unsere ureigenen neu gewonnenen Möglichkeiten, unsere Zeit und unser Geld: Kaufe unser Angebot und dein Leben ohne Kinder wird gesund und glücklich sein.

Betreten wir das neue Zimmer doch als einen Raum des Verweigerns: Was wir mit den Jahren aus familiären Gründen haben mitmachen müssen, ist jetzt nicht mehr nötig. Endlich frei. Wie wir einst unseren Eltern entwachsen sind, entwachsen wir heute unseren Kindern. Wenn die Kinder ausgezogen sind, hält als Erstes die Ordnung Einzug – man könnte auch sagen, die eigene Unordnung, die man selbst für Ordnung hält. Aber die sehr persönliche Ordnung wirft einen auch mächtig auf sich selbst zurück.

Es ist nur eine Idee, aber vielleicht eine gute: Wäre die Gelegenheit nicht gekommen, sich jetzt endlich einmal selbst erziehen zu können? Wenn wir ein bisschen von der unendlichen Liebe zu den Kindern jetzt auf uns selbst verwenden, könnte daraus etwas Gutes entstehen. Damit noch kommen kann, was da kommen will und kommen soll. Nicht das Fichtennadelduftschaumbad, in das wir eintauchen und der Welt verkünden, dass wir uns lieben, ist damit gemeint, sondern die echte, tief empfundene und dankbare Liebe zu dem Wesen, das man mittlerweile geworden ist. Was gefällt mir an mir und was will ich endlich loswerden? Bin ich die Person, die ich immer sein wollte? Was kann ich ändern und mit was muss ich mich abfinden? Freiheit von den Elternpflichten bereitet den Boden für die Freiheit, zu sich zu kommen. Und wir könnten jetzt frei sein, die ganze liebende Fürsorge, das sorgfältige Vorausdenken, das Formen liebenswerter Eigenschaften, das Korrigieren von Abwegen, sogar das populäre Fördern und Fordern auf uns selbst zu verwenden. Jetzt, wo wir wissen, wie's geht: nach den Kindern uns selbst zu erziehen.

Das tut der eigenen Entwicklung gut, aber es entlastet auch die Kinder aus den Fängen unserer Bedürfnisliebe.

Meine Freundin Christiane, deren Sohn vor einem Jahr und die Tochter vor wenigen Wochen ausgezogen ist, erklärte vor Kurzem ihren Empty-Nest-Koller für beendet. Sie schrieb mir: »Vielleicht bedeutet Freiheit auch, sich endlich an den Dingen gebührend hingebungsvoll freuen zu können, die sich sonst so zwischen den (selbst auferlegten) Pflichten den nun auch schon erwachsenen Kindern gegenüber einfach nur so ergaben und nun endlich in den ihnen gebührenden Mittelpunkt treten und entsprechend goutiert werden dürfen. Weil's nun wieder das eigene Leben ist, in dem gestaltet und gewaltet wird.«

Marie

Als ich irgendwann einmal meine Mutter fragte, was die schönsten Momente ihres bisherigen Lebens gewesen sind und wir die typischen und immer viel zu detaillierten Beschreibungen der Geburten von meinen Geschwistern und mir hinter uns gebracht hatten, erklärte sie mir nach einigem Zögern, dass an fünfter Stelle ein Tag im Frühling stand, an dem sie alle Termine geschwänzt und den ganzen Tag lang im Bett gesessen und gelesen hatte. (Ich bin sicher, dass sie mehr als fünf schönste Tage im Leben hatte, aber wahrscheinlich hat sie mir alles, was mit Abenteuer, Gesetzesbrüchen oder Sex zu tun hat, verschwiegen.) Diesen fünften schönen Tag beschrieb sie so: Es gab uns noch lange nicht und obwohl sie geplant hatte aufzustehen, blieb sie einfach liegen und entschied sich spontan mit ihrem Buch in der Hand und der Sonne im Gesicht, den Tag im Bett zu verbringen, und als ihr Freund, mein späterer Vater, abends wiederkam, lag sie immer noch im Bett und las.

Obwohl meine Mutter für ihre Arbeit viele Bücher liest, kann ich an einer Hand abzählen, wie oft ich sie in den letzten Jahren einen Roman in der Hand haltend sitzen gesehen habe. Denn seit mittlerweile 26 Jahren kann sie morgens nicht mehr einfach im Bett liegen bleiben, weil sie uns vier hat. Ich wünsche mir als Langzeitfolge von meinem Auszug und dem meines kleinen Bruders einen sechsten schönsten Tag in ihrem Leben, an dem sie wieder in ihrem Bett sitzt und den ganzen Tag lesen kann, ohne dass sie sich um den Einkauf, das Geldverdienen mit Schreiben, das Kochen und das Für-uns-da-Sein kümmern muss. Ich wünsche mir, dass mein Auszug ein schöner Tag für uns beide wird und wir die Tür meiner Kindheit zusammen schließen und direkt nach vorn schauen, wo sich die nächsten hundert Türen vor uns öffnen.

Vielleicht wirkt es immer so, als wären wir Kinder beim Abschied von unserem Elternhaus die starken, aufgeregten jungen Erwachsenen, die gar nicht schnell genug mit dem Sprinter wegfahren können, und für einige mag das auch stimmen, aber mehrheitlich fiel es auch meinen Freunden nicht leicht, sich an das neue eigenständige Leben zu gewöhnen.

Nach Hause zu kommen in eine leere Wohnung, statt wie früher ihren Hund zu kraulen, während sie ihrer Mutter vom Tag berichtet, war für Miri eine zu große Umstellung. Deshalb kaufte sie sich noch in der ersten Woche ein Radio, stellte es mit Betreten ihrer Wohnung ein und beantwortete, während sie Schuhe und Mantel auszog, die Fragen des Moderators von Radio Fritz, ohne dass dieser jemals darauf reagiert hätte.

Meine Freundin Toni ging auch nach dem Umzug noch zweimal die Woche zu ihren Eltern und behauptete jedes Mal, ihr Kühlschrank sei leer und sie käme nur aufgrund des Essens, fühlte sich aber insgeheim zu einsam in ihrer neuen Wohnung und schaffte es erst nach einigen Monaten, zwei Wochen am Stück bei sich zu Hause zu schlafen.

Auch wenn ich durch meine Reise vielleicht schon einen kleinen

Vorgeschmack bekommen habe, wie es sich anfühlt, die komplette Verantwortung für mein Leben zu besitzen, und ich es in gewisser Weise auch nicht mehr erwarten kann, dass in meiner ersten eigenen Wohnung zu verwirklichen, weiß ich auch, das damit das erste große Kapitel in meinem Leben zu Ende geht. Es geht dabei nicht nur um mein Kinderzimmer, sondern auch um die Frage, ob sich etwas in der Beziehung zu meiner Mutter oder auch meinem Vater ändern wird und wir vielleicht in ein paar Jahren nicht mehr so eng und offen miteinander umgehen, wie das momentan der Fall ist. Auch wenn ich vermute und hoffe, dass dafür etwas noch Besseres entsteht, und man diese ganze Zeit der Abnabelung einfach braucht, um sich dann tatsächlich auf Augenhöhe zu begegnen, bereitet es mir doch Sorgen. Der Gedanke, dass meine Familie und ich, so wie sie momentan besteht, nie wieder über einen langen Zeitraum miteinander leben wird und mein Auszug so wie schon für meine großen Geschwister auch etwas Endgültiges hat, ist gewöhnungsbedürftig. Aber Akzeptieren muss man es doch irgendwann, weil man sonst den Absprung nicht schafft. Obwohl es also für viele Gleichaltrige und deren Eltern die gleichen Probleme, Ängste und Sorgen sind, werden wir Kinder so dargestellt, als würden wir verlassen, und die Eltern so, als wären sie die Verlassenen.

Vielleicht ist es aber eher die Einstellung, die uns von unseren Eltern unterscheidet, weil wir mutig sein müssen und nach vorn rennen trotz Angst und Ungewissheit, und Eltern komischerweise mit ähnlichen Möglichkeiten verunsichert vor der Ungewissheit herumtänzeln, anstatt es uns nachzutun. Denn auch wenn sich mein bevorstehender Auszug manchmal anfühlt, als würde ich meine Mutter verlassen, sehe ich, wenn ich genauer hinschaue, eigentlich eher eine Möglichkeit für uns beide. Ich sehe für meine Mutter eine Möglichkeit, einen Tag im Bett zu bleiben, wenn sie das möchte, und für mich eine Aufgabe, den großen Leerraum, den sie beim Wechsel von der ersten in die zweite Reihe hinterlassen hat, mit neuen Personen zu füllen. Nicht nur in Bezug auf Abschiede hat mir meine Reise gezeigt, wie ich mich mit einem ergatterten Studienplatz in einem halben Jahr in einer anderen Stadt fühlen könnte, sondern auch was das Platzfüllen meiner liebsten Menschen angeht. Ich werde in einer anderen Stadt dazu gezwungen sein, mich Neuem eher zu öffnen und mich nicht immer auf den Rückhalt und die Gesellschaft meiner Familie zu verlassen. Ich hoffe, dass das Fehlen vom Alten die Suche nach etwas Neuem in Gang setzen wird, und ähnliche Möglichkeiten sehe ich bei meinen Eltern aufblitzen, wenn sie ihre Nesttrauer nur kurz beiseiteschieben. Als mein Vater mich bei unserem letzten Treffen noch nicht einmal fragte, wie es mir geht, und ganz begeistert berichtete, dass er mit seiner neuen Freundin jetzt einen Krav-Maga-Selbstverteidigungskurs beginnen würde, war ich zunächst beleidigt, musste dann ein Lachen unterdrücken und freute mich im Endeffekt tierisch, weil es so ein beruhigendes und entlastendes Gefühl ist, zu wissen, dass wir Kinder nicht der Nabel seiner Welt sind.

Es wundert mich, dass meine Altersgenossen es eher schaffen, die Angst zu vergessen und das Neuartige zu umarmen, obwohl unsere Eltern doch die Erfahrenen sind mit besseren Möglichkeiten, Neues auszuprobieren. Wie toll muss es sein, als erfahrener Mensch noch einmal Dinge zu tun, die man jung und dumm nicht tun konnte oder wollte. Eltern sind doch im Gegensatz zu ihren Kindern meistens in einer finanziell komfortableren Situation und können sich Dinge ermöglichen, von denen wir Kinder momentan noch träumen. Warum werden wir Kinder also dargestellt, als stünde uns die Welt offen, wenn die Aufnahme des Studiums oder einer Ausbildung erst einmal wenig Geld, viel Lernen, viele zu treffende Entscheidungen, eine Menge zu machende Fehler bedeutet und daher eher eine Einschränkung darstellt. Während Eltern eigentlich die Welt offensteht, weil sie die ganzen Entscheidungen, die mit Existenzaufbau und Familienplanung zu tun haben, schon hinter sich haben und jetzt eigentlich mit gutem Gewissen um die Welt reisen oder woanders hinziehen könnten und sich sonst was herausnehmen, weil sie die zu machenden Fehler ja schon begangen haben.

Eine Woche nachdem ich auf Koh Tao meinen Open-Water-Diver-Kurs bestanden hatte, kam in das von jungen Leuten wimmelnde Tauchzentrum ein Ehepaar Anfang sechzig. Beide waren nur mit einem Backpack unterwegs und die Dame hatte sich spontan entschlossen, einen Tauchkurs zu machen. Im Vergleich zu vor vierzig Jahren hatten die beiden jetzt die nötige Zeit und das Geld. Während sie im Wasser lernte, welche Zeichen bei Atemnot in 18 Metern Tiefe zu geben sind, trank ihr Ehemann Piña Coladas am Strand, und dabei war es zwölf Uhr mittags.

Warum also beschwören unsere Elternvögel das Bild von einem leeren Nest herauf, während sie dem Kindervogel beim erfolgreichen Fliegen nach Süden traurig hinterherschauen, anstatt freudestrahlend das Nest zu zertreten, den kleinen Ästen beim Fallen zuzusehen und dann in Richtung Norden zu fliegen, um sich irgendwann auf der anderen Seite der Welt wiederzutreffen? Warum werden nicht nur Eltern, sondern auch wir Kinder so ängstlich, wenn es darum geht, über den Rand des eigenen Nests hinauszuschauen, anstatt uns darüber zu freuen, dass es jetzt überflüssig wird?

Emma erzählte mir bei einem Telefonat, dass sich ihre Mutter nur einen Monat nach ihrem Umzug nach Hamburg wieder bei dem Schwimmverein angemeldet hatte, bei dem sie Mitglied war, bevor sie vier Kinder bekommen hatte. Wenn sie und ihre Mutter telefonierten, dann ging es jetzt nicht wie zunächst befürchtet immer darum, wie böse der Vater schon wieder gewesen ist, sondern um das Training der Mutter und deren Verwunderung über die ihr zur Verfügung stehende Zeit. Als sie ihre Eltern einmal in den Semesterferien besuchte, musste sie die neue Ausrüstung ihres Vaters bestaunen, der sich entschlossen hat, den Jakobsweg zu gehen.

Sowohl Eltern als auch Kinder sehen in dem Schließen dieses Kapitels etwas Trauriges und Endgültiges, und das möchte ich auch nicht kleinreden, aber sich gegenseitig überflüssig werden ist eigentlich etwas zu Begrüßendes. Es muss doch ein tolles Gefühl sein, wenn man sieht, dass das kleine Kind von allein die Stützräder vom Fahrrad schraubt und mit ein paar Schlingern davonfährt, weil es so viele Kinder gibt, die aufgrund von Einschränkungen ihr ganzes Leben nicht auf Stützräder verzichten werden können. Wie viele Kinder würden liebend gern die Tür des Elternhauses hinter sich schließen, aber sind körperlich oder geistig so eingeschränkt, dass sie die Tür gar nicht allein aufbekommen? Und wie viele Eltern würden sehr gern überflüssig werden, einem Sprinter zum Abschied hinterherwinken und sich dann einen Platz in der zweiten Reihe suchen, müssen aber akzeptieren, dass es so einen Abschied nicht geben wird, weil ihre Kinder nicht in der Lage sein werden, ein selbstständiges, unabhängiges und eigenverantwortliches Leben zu führen?

Nach jahrelangem Polieren und Ausbessern meines Segelschiffs, von innen und außen, haben meine Eltern eine Pause verdient. Mit mehr Werkzeugen für das offene Meer hätten sie mich nicht ausstatten können, und auch wenn ich traurig und mit Tränen auf meinem eigenen Schiff stehe, meine ich die Gewissheit zu haben, dass sich an der Tiefe unserer Beziehung nichts ändern wird.

Während es die Aufgabe von uns Kindern ist, in den nächsten Jahren ein wenig ziellos und stolpernd durch das Leben zu rennen, nach unserem Platz zu suchen und eurer Augenhöhe ein bisschen näher zu kommen, habt ihr Eltern, während ihr darauf wartet, dass wir euren Vorsprung aufholen, die beste Möglichkeit, gelassen die nächsten schönsten Momente eures Lebens zu planen, egal ob das in Form von einem Buch im Bett, einem israelischen Selbstverteidigungskurs oder einer staubigen Feldstraße mit dem Namen »Jakobsweg« ist.

Verwendete und zitierte Literatur

1. Kapitel:

Heike Buhl, Significance of individuation in adult child-parent-relationships. In: *Journal of Family Issues*, 29, 2008, S. 262–281

Heike Buhl, My mother: My best friend? Adult's relationships with significant others across the lifespan. In: *Journal of Adult Development*, 16, 2009, 239–248

2. Kapitel:

Gudrun Lukasz-Aden, *Die schrecklichen Eltern*, München 1989

Yvonne Schütze, Jugend und Familie. In: *Handbuch der Familienforschung*. Opladen 1992

Christiane Wempe, zit. nach: Wann Studenten das Hotel Mama verlassen sollten. In: *Die Welt*, 19.7.2014

3. Kapitel:

Silke Burmester, *Mutterblues. Mein Kind wird erwachsen und was werde ich?* Köln 2016

Susan Neiman, *Warum erwachsen werden? Eine philosophische Ermutigung*. München 2014

Matthias Horx, Christian Schuldt, *Youth Economy: Die Jugendstudie des Zukunftsinstituts*. Frankfurt 2015

4. Kapitel:

Benjamin R. Barber, *Consumed! Wie der Markt Kinder verführt, Erwachsene infantilisiert und die Demokratie untergräbt*. München 2007

Georg Simmel, *Die Philosophie des Geldes*. Berlin 1900

Peter Wippermann im Interview mit Carolin Lockstein, In: *Zeit Online*

Melanie Holz und Patrick Da Cruz, *Demografischer Wandel in*

Unternehmen. Herausforderung für die strategische Personalplanung. Wiesbaden 2007

Agentur Eberle und Wollenweber (Hrsg.), *Empty Nesters: Die Kinder sind aus dem Haus – auf ins Leben?!* Konstanz 2016, www.euw.de

Generation 55+ – Chancen für Handel und Konsumgüterindustrie, Institut für Marketing und Handel, Universität St. Gallen, hg. v. PricewaterhouseCoopers AG, Frankfurt 2006

5. Kapitel:

Matthias Pollmann-Schult, Elternschaft und Lebenszufriedenheit in Deutschland. In: *Comparative Population Studies – Zeitschrift für Bevölkerungswissenschaft,* Jg. 38, 1 (2013), S. 59–84

Laurence Steinberg, *Crossing Paths: How Your Child's Adolescence Triggers Your Own Crisis.* New York 1994

Angus Deaton, Arthur Stone, Evaluative and hedonic wellbeing among those with and without children at home. In: *PNAS,* Vol. 111, Nr. 4, S. 1328–1333, 11.12.2013

Hans Jellouschek und Bettina Jellouschek-Otto, *Familie werden – Paar bleiben. Wie man einen wichtigen Lebensübergang meistert.* Bern 2014

Claire Ashton-James, Kostadin Kushlev, Elizabeth W. Dunn, Parents reap what they sow: child-centrism and parental well-being. In: *Social Psychological and Personality Science,* Vol. 4, Nr. 6, S. 635–642, 14. März 2013

Jennifer Senior, *Himmel und Hölle. Das Dilemma moderner Elternschaft.* Zürich 2014

Bettina Isengard, *Nähe oder Distanz? Verbundenheit von Familiengenerationen in Europa.* Unveröffentlichte Habilitationsschrift für das Fach Soziologie an der Philosophischen Fakultät der Universität Zürich, 30.4.2015

6. Kapitel:

Christiane Collange, *Die Wunschfamilie*. Düsseldorf 1993

Judith Wallerstein, *Gute Ehen: Wie und warum die Liebe bleibt*. Weinheim 2004

Verena Kast, *Loslassen und sich selber finden: Die Ablösung von den Kindern*. Freiburg 2009

Claus Koch, in: *Frankfurter Allgemeine Sonntagszeitung* vom 18. September 2016

Margaret Mead, *Jugend und Sexualität in primitiven Gesellschaften. Bd. 1: Kindheit und Jugend in Samoa*. München 1987

Helmut Schulze, *Nesthocker Mensch. Neurosen als Folge verfehlter Nestablösung*. Stuttgart 1993

Jeffrey Jensen Arnett, Freischwimmer. In: *Kulturaustausch*, Ausgabe I, 2009, 17. Menschen von morgen

7. Kapitel:

Silke Burmester, *Mutterblues. Mein Kind wird erwachsen und was werde ich?* Köln 2016

Dörthe Binkert, *Den Schlüssel kannst du ja behalten. Was kommt, wenn die Kinder ausziehen*. München 2007

Dona Schwartz, *On the Nest*. Heidelberg/Berlin 2015

8. Kapitel:

Melanie Mühl, in: *FAS*, 19.12.2013

Wilfried Schumann, in: Mareike Knoke, Mama steh mir bei, in: *DUZ* 5/13, 26.04.2013

9. Kapitel:

Torsten Schäfer, Dachverband der Reisebüros (DRV)

Torsten Kirstges, Jade-Hochschule Wilhelmshaven

Andreas Heimann: Mehrgenerationenurlaub, In: *Spiegelonline*, 04.06.2011

10. Kapitel:
Julian Hübner, *Work and Travel in Australien. Welche Motivation bewegt junge Deutsche zu einem »Work&Travel« Aufenthalt in Australien?* München 2010
M. J. Hartung, Ausland über alles. In: *Die Zeit*, 39, 20.09.2007
Carl Julius Weber, *Demokritos oder hinterlassene Papiere eines lachenden Philosophen.* Stuttgart 1832
Hermann Bausinger, Klaus Beyrer, Gottfried Korff (Hrsg.), *Reisekultur. Von der Pilgerfahrt zum modernen Tourismus.* München 1999

11. Kapitel:
Christina Bergengruen, *Die anhängliche Generation. Junge Erwachsene und die enge Bindung zum Elternhaus.* SWR, Sendung vom 14.03.2015
Inge Seiffge-Krenke, zit. nach Christina Bergengruen in SWR
Andreas Lange, zit. nach Christina Bergengruen in SWR
Bettina Isengard, Marc Szydlik, Living Apart or Together? Coresidence of Elderly Parents and Their Adult Children in Europe. In: *Research on Aging*, 34, 2012, S. 449–474

12. Kapitel:
Dörthe Binkert, *Den Schlüssel kannst du ja behalten. Was kommt, wenn die Kinder ausziehen.* München 2007
Gottfried Benn, *Briefe an Friedrich Wilhelm Oelze 1932–1945.* Frankfurt 1979
Alain de Botton, *Trost der Philosophie. Eine Gebrauchsanweisung.* Frankfurt 2001